Prix : 1 fr. 25

CLARISSE JURANVILLE

LE SAVOIR-FAIRE ET LE SAVOIR-VIVRE

GUIDE PRATIQUE DE LA VIE USUELLE

A l'usage des jeunes Filles

—

200 Gravures

—

LIBRAIRIE LAROUSSE
Rue Montparnasse, 17
Succursale : Rue des Écoles, 58
PARIS

Ouvrage inscrit sur la liste des Livres
fournis gratuitement par la Ville de Paris à ses Écoles communales
et porté sur la plupart des Listes départementales

LAROUSSE CLASSIQUE ILLUSTRÉ, le meilleur dictionnaire scolaire, 3 fr. 30

LIBRAIRIE LAROUSSE, 13-17, rue Montparnasse, PARIS
Envoi *franco* au reçu d'un mandat-poste.

LA JEUNE MÉNAGÈRE

PAR

Mme Julie SÉVRETTE

70 gravures, dont un grand nombre de reproductions photographiques d'après nature. — Cartonné . . . . . **1 fr. 20**

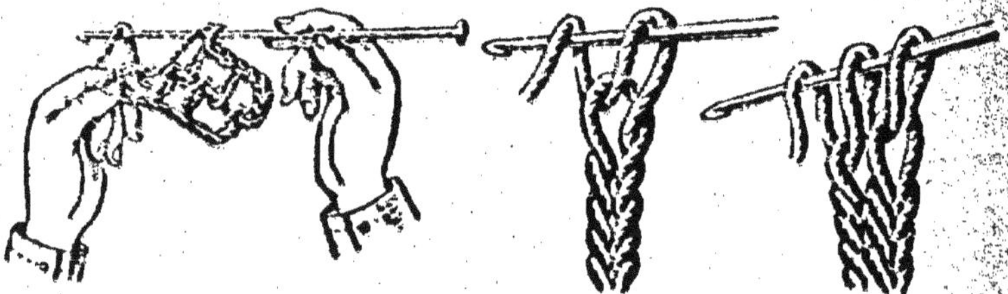

Cet ouvrage constitue un véritable manuel d'économie domestique, d'une forme originale, qui condense en un récit attrayant tout ce que doit savoir une jeune fille au point de vue pratique : soins domestiques, cuisine, travaux à l'aiguille, notions de droit usuel, hygiène et médecine élémentaire, jardinage, etc.

COUPE ET ASSEMBLAGE

PAR

Mme N. CHOUTEAU

Livret à l'usage des jeunes filles. In-8°, 34 figures. . . . . **0 fr. 50**

Notions de coupe et confection des vêtements les plus faciles. Mesures à prendre. Dessin des patrons et assemblage des pièces composant la layette d'un enfant et les principaux objets de lingerie d'une jeune fille.

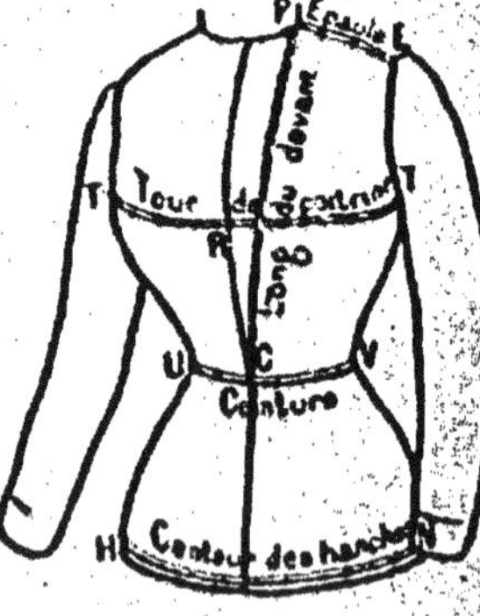

70. — Paris. — Imp. Larousse, rue Montparnasse, 17.

Au Souvenir
de ma bien-aimée Mère
CL. JURANVILLE.

LE

SAVOIR-FAIRE

ET LE

SAVOIR-VIVRE

Ouvrages de Mlle Clarisse JURANVILLE

LE PREMIER LIVRE DES PETITES FILLES, Historiettes morales et Leçons de choses. 160 gravures. Vol. in-12, cart. . . . . » fr. 75

LE DEUXIÈME LIVRE DES PETITES FILLES, Historiettes, Poésies, Premières notions des sciences naturelles, 320 gravures. Vol. in-12. . 1 fr. »

LE TROISIÈME LIVRE DES JEUNES FILLES, Voyage de deux jeunes filles en France. (En collab. avec *Mme P. Berger.*) In-12 de 398 p., 400 grav. 1 fr. 40

LE SAVOIR-FAIRE ET LE SAVOIR-VIVRE, Guide pratique de la vie usuelle, à l'usage des jeunes filles. 200 gravures. Vol. in-12 de 336 pages, cart. 1 fr. 25

LE BAGAGE SCIENTIFIQUE DE LA JEUNE FILLE. (En collaboration avec *Mme Pauline Berger.*) In-12, 400 pages, 500 gravures, cart. . . 1 fr. 50

LE BAGAGE LITTÉRAIRE DE LA JEUNE FILLE. (En collaboration avec *Mme Pauline Berger.*) In-12, 388 pages, 168 gravures, cart. . . . 1 fr. 50

LA CIVILITÉ DES PETITES FILLES. (En collaboration avec *Mme Pauline Berger.*) Vol. in-12, 45 grav., cart. . . . . » fr. 60

JEANNE D'ARC racontée aux jeunes filles. Livre de lecture courante, illustré de 12 grandes gravures. Prix. . . . . » fr. 60

MANUEL D'ÉDUCATION MORALE ET D'INSTRUCTION CIVIQUE, à l'usage des jeunes filles. In-12, 336 pages, 40 gravures, cart. . . . . . . 1 fr. 25

DICTÉES AMUSANTES, ÉLÉMENTAIRES ET GRADUÉES, à l'usage du jeune âge. Vol. in-12, cartonné. . . . . 1 fr. 50

DICTÉES RÉCRÉATIVES SUR L'ORTHOGRAPHE USUELLE. Exercices présentant, sous la forme de textes suivis, tous les cas où le même *son* et la même *finale* ont une orthographe différente. Vol. in-12. . . . . 1 fr. 50

DICTÉES CURIEUSES sur les Difficultés, les Contrastes, les Bizarreries, les Anomalies, les Irrégularités et les Subtilités de la langue française, suivies de Dictées données dans les examens. Volume in-12. . . . 1 fr. 50

LES PARTICIPES EN HISTOIRES. Règles. Devoirs d'invention et d'imitation. Exercices analogiques et monograph., nombreuses histoires servant d'application. — Livre du Maître, 1 fr. 50. — Livre de l'Élève, cart. . 1 fr. »

PREMIERS SUJETS DE STYLE (1er degré), avec Sommaires raisonnés; méthode intuitive, mise à la portée des plus jeunes enfants. — Livre du Maître, 1 fr. — Livre de l'Élève . . . . » fr. 50

MANUEL DE STYLE ET DE COMPOSITION (2e degré), méthode raisonnée et pratique. — Livre du Maître, 1 fr. 50. — Livre de l'Élève . . . . » fr. 75

LE STYLE ENSEIGNÉ PAR LA PRATIQUE (3e degré). Leçons sous forme de catéchisme; exercices comparatifs destinés à former le goût et à exercer le jugement; devoirs d'invention dans lesquels les élèves doivent employer eux-mêmes toutes les figures de style; rédactions usuelles, indispensables dans la pratique de la vie; nombreux sujets de style, avec sommaires raisonnés. — Livre du Maître, 2 fr. — Livre de l'Élève. . . . . 1 fr. »

MÉTHODE DE CALCUL ORAL, mise à la portée des jeunes enfants, renfermant plus de 250 Exercices et Problèmes variés. In-12 . . . » fr. 30

LA VOIX DES FLEURS, origine des emblèmes donnés aux plantes, souvenirs et légendes qui y sont attachés, proverbes auxquelles elles ont donné lieu, pensées morales, vers qu'elles ont inspirés aux poètes. Joli volume in-18, broché, 2 fr. — Relié en percaline, titre doré . . . . 2 fr. 50

LE SAVOIR-FAIRE ET LE SAVOIR-VIVRE

GUIDE PRATIQUE DE LA VIE USUELLE

A l'usage des jeunes filles

Par Clarisse JURANVILLE

Éducation. —	Convenances sociales, Usage, Politesse.
Instruction.	ÉCONOMIE DOMESTIQUE : Ménage, Cuisine, Recettes utiles, Conseils pratiques. HYGIÈNE : L'Habitation, les Vêtements, Soin des malades, Remèdes usuels.
Récréation. —	Poésies, Historiettes, Chants, Anecdotes.

27e Édition, augmentée de 10 nouveaux chapitres et illustrée de 200 Gravures

PARIS
LIBRAIRIE LAROUSSE
13-17, RUE MONTPARNASSE (6e)
SUCCURSALE : Rue des Écoles, 58 (Sorbonne).

PRÉFACE

L'instruction la plus étendue laisserait fort à désirer et serait même peu appréciable chez une femme, si elle n'avait pour complément la Science du ménage, *condition indispensable du bonheur domestique.*

La jeune fille qui va quitter l'école pour devenir maîtresse de maison doit connaître ces mille détails qui constituent la vie de famille. Il importe donc de lui parler de ses devoirs, de la familiariser avec ses obligations futures. Il est des choses qu'on ne fait bien que lorsqu'on a l'habitude de les faire souvent, parce qu'elles exigent une longue pratique.

Dans cet ouvrage, dont le succès a dépassé nos espérances, nous initions nos lectrices au Savoir-faire, *c'est-à-dire à toutes les questions concernant l'économie domestique, cette science par excellence des femmes, et au* Savoir-vivre, *c'est-à-dire aux qualités qui font le bonheur dans le ménage et le charme des relations sociales.*

LE SAVOIR-FAIRE

ET

LE SAVOIR-VIVRE

1. — La Mission de la jeune fille.

Enfants! oh! comme il est ennuyeux, n'est-ce pas, le jour sans soleil; comme il est sans attraits le jardin sans fleurs! Et nous ajouterons : Qu'elle est grande la maison sans enfant, et qu'il est triste le foyer sans jeune fille!

La jeune fille au milieu de la famille, c'est la fleur qui embellit le parterre, c'est le rayon de soleil qui réchauffe et égaye, c'est l'oiseau qui, par son doux gazouillement, charme les oreilles et réjouit le cœur. Son rôle au milieu des siens est tout de paix, de douceur, de condescendance, d'abnégation; elle doit toujours être prête à se sacrifier pour faire plaisir aux autres. N'a-t-elle pas pour récompense ce grand stimulant : se sentir aimée!

Le dépôt précieux de l'union des familles vous est confié, jeunes filles; c'est à vous de mettre en œuvre ces ressources immenses d'amabilité que vous possédez. Montrez à tous le bien que font les autres, dissimulez les torts, cachez les fautes, calmez les ressentiments.

Malgré votre inexpérience des choses du monde, vous êtes plus capables que personne de maintenir la paix; il est en vous des charmes auxquels on ne résiste pas : la simplicité de votre âge, l'affection sincère de votre cœur, la droiture de votre esprit que rien n'a faussé encore.

Enfants! nulle tâche sur la terre n'est plus belle que la vôtre! Si le bonheur habite votre demeure, rendez-en grâce à la Providence; si la douleur y pénètre, supportez-la avec résignation et rendez-la moins amère aux autres par votre dévouement. Prodiguez autour de vous les soins et les douces paroles; usez de la tendresse que vous portent vos parents pour faire renaître la confiance dans leur âme. Soyez dans vos familles l'anneau qui lie, la voix qui console, le bras qui soutient et, par vos actions et vos vertus, faites-y aimer le nom de Dieu.

2. — La Jeune Fille au foyer paternel.

Traçons quelques-uns des devoirs qui incombent à une jeune fille. Lorsque après une journée de travail le père rentre le front soucieux, elle a bientôt, par ses affectueuses prévenances, ramené la sérénité sur le visage du chef de la famille; elle écoute, comme sa mère, le récit des contrariétés qu'il a éprouvées, et toutes deux, par de bonnes paroles, le plaignent d'abord, l'encouragent ensuite.

Si la mère est souffrante, sa fille la remplace dans les soins du ménage; puis, dans les moments qu'elle a de libres, elle vient travailler à l'aiguille près de la malade ou lui fait une lecture qui la distrait, la console et la fortifie.

Pendant les longues veillées d'hiver, quand la jeune fille s'aperçoit que la conversation languit, vite elle la ranime avec entrain, raconte une anecdote, questionne l'un et l'autre pour les faire parler. Ou bien elle chante la romance aimée de la grand'mère, les couplets patriotiques qui font les délices du père ou du frère aîné. Est-elle musicienne? elle se dirige vers son piano et en tire d'harmonieux accords.

Dans les difficultés de la vie, elle est toujours pour la conciliation; du reste, il est tellement dans le caractère de la femme d'être indulgente, d'aimer à pallier les torts, qu'on éprouve un sentiment pénible quand on la voit exciter au lieu de calmer.

A ce propos, nous nous permettrons de rappeler ici un souvenir. L'été dernier, nous étions en villégiature dans une maison amie; le garde vient tout ému trouver son maître et lui raconte qu'ayant surpris un braconnier chassant, il lui avait dressé procès-verbal, et que cet homme l'avait injurié grossièrement. Le propriétaire se montra sévère et dit que la justice suivrait son cours. Tout le monde se tut; mais le soir, au dîner, Laure, la fille aînée de la maison, amena adroitement la conversation sur la femme et les enfants du braconnier; elle raconta combien cette femme avait de mérite : elle était propre, laborieuse, et élevait très bien toute sa petite famille... Le père de Laure n'eut pas l'air de faire attention à ces paroles; mais, quelques heures plus tard, le garde recevait l'ordre formel de ne pas donner suite au procès; il devait seulement faire venir le délinquant et le réprimander. — Une autre fois, c'étaient des bestiaux qui avaient pacagé dans un pré réservé, ou un homme qui avait coupé du bois vert; et, à chaque délit nouveau, Laure plaidait les circonstances atténuantes avec tant de prudence et d'adresse que, presque toujours, elle gagnait son procès. Aussi tous ceux qui la connaissaient l'appelaient-ils l'*ange du foyer*.

Sujet de rédaction. — Expliquer la mission de la jeune fille au foyer paternel. Dire l'influence qu'elle peut exercer au milieu de sa famille.

3. — L'Économie domestique.

Il est un art de conduire les ménages, d'administrer les maisons et les familles, qui est le propre des femmes, et qu'il convient aux jeunes personnes d'étudier de bonne heure ; c'est l'*économie domestique* ou *privée*. Elle a pour objet de procurer le plus de bien-être avec le moins de dépense possible, et elle exige des femmes une réunion de qualités également nécessaires : l'ordre, la prévoyance, la propreté, la régularité, l'amour du travail et le dévouement. Nous ne parlerons ici que de la première de ces qualités, l'*ordre*, en ce qui regarde le *budget* de la famille.

Voulez-vous établir un ordre parfait dans votre maison? écoutez les conseils suivants :

Ayez un livre de comptes, sur lequel vous inscrirez d'abord votre revenu, si votre position vous permet de le connaître à l'avance ; puis vos recettes et vos dépenses. Mais prenez garde, en calculant votre revenu, de ne pas vous laisser abuser par l'espérance d'être plus riche que vous ne l'êtes réellement. Ne comptez pas comme vous appartenant ce qui ne repose que sur un *peut-être ;* établissez vos dépenses d'après ce que vous *avez* et non d'après ce que vous *espérez*.

Si vous savez combien vous aurez à dépenser dans une année, divisez exactement la somme, sans oublier la part des pauvres et de l'imprévu, et voyez ce que vous pouvez dépenser par mois et par jour. D'après le calcul, établissez la dépense que vous pouvez faire pour le logement, pour la nourriture, pour les vêtements, et prenez garde de ne jamais la dépasser.

Si vos revenus fixes ne sont pas suffisants pour tous vos besoins, travaillez, gagnez de l'argent. Une personne n'est pas pauvre parce qu'elle n'a rien, mais parce qu'elle ne travaille pas. Le travail nourrit toujours celui qui le fait avec assiduité. Si par vos dépenses exagérées vous laissez des vides s'introduire dans votre bourse, vous aurez nécessairement recours aux emprunts, vous aurez des *dettes*. Oh! alors, malheur à vous! Rien n'assombrit la vie, ne gâte les joies et ne ruine insensiblement comme les dettes. Une dette dans le ménage est comme une déchirure à un vêtement : elle s'agrandit toujours, si on ne la répare pas tout de suite.

Enfin, toutes les fois que vous le pourrez, *payez comptant :* vous serez mieux servie, vous payerez moins cher et vous ne risquerez pas de dépenser au delà de vos ressources.

Parlons maintenant du livre de dépenses.

Dans un ménage bien tenu, la maîtresse de maison inscrit jour par jour les dépenses qui ont été faites. Comme elle a mille sujets de préoccupation et de distraction, elle doit prendre l'habitude de ne se coucher jamais sans avoir noté sur un petit carnet l'argent versé dans la journée. Pour ne pas être tentée de négligence, elle a besoin d'avoir ce registre dans sa chambre et sous la main.

On entend quelquefois des femmes qui manquent d'ordre dire à leurs amies : « A quoi sert d'écrire ses dépenses? à vous effrayer par le total, car enfin ce qui est fait est fait, ce qui est dépensé ne reviendra pas. » Ce raisonnement est faux et dangereux. Lorsqu'on écrit ses dépenses, on peut se rendre compte à toute heure des sommes déboursées ; et quand le total d'une semaine dépasse les prévisions et les ressources, on réfléchit aux moyens à employer pour économiser; puis, quand le mari s'étonne qu'il n'y ait déjà plus d'argent dans la caisse, la ménagère lui présente les pièces à conviction et lui montre l'emploi exact des sommes remises.

Quelques femmes établissent des chapitres spéciaux pour chaque espèce de dépense ; ainsi il y a des pages réservées aux vêtements, au pain lorsqu'on paye à la taille, au vin, à la viande, à l'épicerie, aux bonnes œuvres. A la fin de l'année elles dressent leur bilan dans un résumé clair, exact et fidèle. D'un côté se trouvent les recettes, à mesure qu'elles se sont présentées ; de l'autre, les dépenses ; et la balance indique la situation financière. C'est là un moment solennel pour la mère de famille : malheur à elle si les dépenses surpassent les recettes ! sa maison s'en va à grands pas à la ruine. Grande joie si le contraire existe, si elle a un *boni* entre les mains, si elle a pu réaliser quelques économies destinées à parer aux jours mauvais ou à l'achat d'une surprise aimable pour son mari ou ses enfants ! On a dit avec raison : Dépenser plus que son revenu est le fait d'un fou, dépenser tout son revenu est le fait d'un imprévoyant, et dépenser moins que son revenu est le fait d'un sage.

D'après le bilan des recettes et des dépenses, établi à la fin de l'année, le mari et la femme se concertent. S'il y a *déficit*, ils examinent ce qu'on peut retrancher, ici ou là, pour les dépenses à venir ; ils prennent l'un et l'autre la ferme résolution de ne pas se créer de besoins inutiles, de ne plus rien dépenser sans une absolue nécessité, et tout fait espérer alors que le budget de l'année suivante se soldera par un excédent de recettes.

Dans quelques maisons d'éducation, on exige que les élèves aient un petit livre de dépenses où elles consignent tous leurs achats à mesure qu'ils se produisent. Qu'il en soit de même de vous, mes petites amies ; accoutumez-vous dès maintenant à vous rendre compte par écrit de la manière dont vous dépensez l'argent qu'on vous donne pour vos menus plaisirs ou pour vos petites fournitures de toilette. Cette comptabilité si simple, si facile, vous accoutumera à une tenue de livres plus sérieuse, indispensable plus tard.

Sujet de rédaction. — Dites ce qu'on entend par l'Économie domestique. Détaillez la comptabilité indispensable pour une maîtresse de maison. Prouvez l'utilité d'écrire ses dépenses.

4. — L'Enfant.

L'enfant est roi parmi nous
Sitôt qu'il respire;
Son trône est sur nos genoux
Et chacun l'admire.
Il est roi, le bel enfant!
Son caprice est triomphant
Dès qu'il veut sourire.

C'est la gaité du manoir
Jadis solitaire;
Ses yeux éclipsent le soir
Notre lampe austère.
C'est la primeur du verger,
L'agneau blanc cher au berger,
La fleur du parterre.

C'est pour lui qu'on a semé,
Qu'on remplit la grange;
Le pain blanc reste enfermé
Pour le petit ange.
C'est pour lui, joyeux garçon,
Que chacun dit sa chanson,
Pour lui qu'on vendange.

V. DE LAPRADE [1].

5. — L'Instruction pour les femmes.

Grande question que celle-ci : Est-il bon que les femmes soient instruites, ou n'est-il pas préférable qu'elles ne possèdent que les connaissances dont elles ne peuvent se passer dans leur humble et modeste rôle de ménagère ? Nous ne craignons pas de dire que cette question est injurieuse pour les femmes, et voici ce que nous répondrons : Une jeune fille doit recevoir une instruc-

1. LAPRADE (*Victor-Richard de*), poète français, né à Montbrison en 1812, mort à Lyon en 1883.

tion sérieuse, solide, étendue, complète même si sa condition le permet. On ne doit rien négliger pour orner son esprit et développer son intelligence. Les âmes, comme la terre, quand on les laisse en friche, ne produisent que des fruits sauvages. Les femmes ont, comme les hommes, une raison à conduire, une volonté à régler, des passions à combattre, une santé à conserver, des biens à gouverner ; leur est-il plus facile qu'aux hommes de satisfaire à tous ces devoirs sans rien apprendre? Les devoirs que les femmes ont à remplir sont les fondements de toute la vie humaine. Ne sont-ce pas les femmes, en effet, qui ruinent ou qui soutiennent les maisons, qui règlent tout le détail des choses domestiques, et qui, par conséquent, décident de tout ce qui touche de plus près à tout le genre humain? Qu'on se persuade bien d'ailleurs qu'un esprit cultivé est de tous le plus propre à comprendre ses devoirs.

C'est au nom de la famille, au nom du salut de la famille, au nom de la maternité, du mariage, du ménage, qu'il faut réclamer pour les filles une forte et sérieuse éducation.

Nous dirons donc aux jeunes filles : étudiez, cultivez sans cesse votre intelligence ; mais alors deux conditions vous sont imposées : la première, c'est que jamais vos devoirs de fille, d'épouse ou de mère n'aient à souffrir de vos études ; qu'ils aient toujours la première place ; la seconde, c'est qu'il ne faut jamais faire parade de votre savoir, aimer à le produire ; vous pouvez tout au plus *le laisser soupçonner.* A ces conditions, soyez aussi instruites que vous le désirerez et nul ne pourra y trouver à redire.

Nous avons connu une jeune femme, charmante sous tous les rapports, qui un jour fut surprise par son mari à corriger des devoirs de latin et de grec donnés à son fils au collège. Le mari, étonné, s'écria : — Mais, vous savez donc ces deux langues? — Oui, mon ami, répondit en souriant l'heureuse mère. Quelle belle leçon de modestie!

Devenez, mesdemoiselles, des femmes studieuses et non

des femmes savantes; des femmes instruites et non des femmes ridicules; des femmes sensées, réfléchies, sérieuses, et non des pédantes, et vous serez l'honneur de vos familles, et vous n'aurez point à craindre les ironies et les interprétations malignes.

Lisons, dans le chapitre suivant, ces vers tout d'à-propos de Mme Lesguillon [1].

6. — Les Femmes savantes.

Les femmes de Molière ont si longtemps fait rire,
Qu'une femme avec crainte apprend à bien écrire;
Mais Molière, en esprit prophétique et profond,
N'attaquait que la forme et respectait le fond.
Il raillait à bon droit dans les fausses savantes
La sottise en rubans et les phrases pédantes,
Mais ne proscrivait pas le vrai du sentiment
Qui s'instruit et s'élève au noble enseignement.
S'il revenait, Molière, il verrait avec joie
La femme l'admirer en dévidant la soie,
Et la jeune ouvrière, en tournant un chapeau,
Commenter La Fontaine et réciter Boileau.

Devoir de rédaction. — Expliquez pourquoi l'instruction est nécessaire aux femmes. Sous quelles conditions les femmes peuvent-elles recevoir l'instruction?

7. — La Fille de Lamartine.

Notre grand poète Lamartine avait une fille charmante qu'il perdit, à l'âge de onze ans, durant un voyage en terre sainte qu'il faisait avec elle et sa mère, en 1833. Le cœur brisé et meurtri par cette mort, il exhala sa douleur dans des vers qu'on ne peut lire sans une poignante émotion.

1. LESGUILLON (*Hermance* SANDRIN, dame), femme de lettres française, née et morte à Paris (1812-1882).

Le poète se plaît à énumérer toutes les joies que lui donnait son enfant. Il la compare à ce qui, dans la vie, réjouit le cœur et charme les oreilles. Puis, l'heureux père retrouvait en sa fille l'image de sa mère bien-aimée, Mme de Lamartine. Ce portrait rajeuni, mais fidèle, le fait revivre dans le passé ; il lui rappelle ses jours heureux et lui en fait espérer de semblables pour l'avenir.

LAMARTINE (*Alphonse-Marie-Louis* PRAT *de*), poète français, né à Mâcon en 1790, mort à Paris en 1869.

. . . .

C'était sur ma fenêtre un rayon de soleil,
Un souffle harmonieux la nuit, près de ma couche,
Une caresse à mon réveil.

C'était plus : de ma mère, hélas ! c'était l'image ;
Son regard par ses yeux semblait me revenir,
Par elle mon passé renaissait avenir,
Mon bonheur n'avait fait que changer de visage ;
Sa voix était l'écho de dix ans de bonheur ;
Son pas dans la maison remplissait l'air de charmes,
Son regard dans mes yeux faisait monter les larmes,
Son sourire éclairait mon cœur.

Cette fille à qui l'on avait donné un nom doux et harmonieux — elle s'appelait Julia — répandait la gaieté autour d'elle, éloignait les pensées sombres et embellissait toutes les heures de la journée.

C'était le seul anneau de ma chaîne brisée,
Le seul coin pur et bleu dans tout mon horizon ;
Pour que son nom sonnât plus doux dans la maison,
D'un nom mélodieux nous l'avions baptisée.
C'était mon univers, mon mouvement, mon bruit,
La voix qui m'enchantait dans toutes mes demeures,
Le charme ou le souci de mes yeux, de mes heures,
Mon matin, mon soir et ma nuit.

Hélas ! cette enfant si belle, si aimable, si bien douée, la mort cruelle l'enlève à l'amour de ses parents. Que reste-t-il de cet être charmant? deux tresses de cheveux dont elle aimait, dans ses caresses, à entourer le cou de son père. Des cheveux! rien que cela...

Eh bien! prends, assouvis, implacable justice,
D'agonie et de mort ce besoin immortel;
Moi-même je l'étends sur ton funèbre autel!
Si je l'ai tout vidé, brise enfin mon calice!
Ma fille, mon enfant, mon souffle! la voilà!
La voilà! J'ai coupé seulement ces deux tresses
Dont elle m'enchaînait hier dans ses caresses,
Et je n'ai gardé que cela!

Après la mort de cette fille chérie, quel changement dans la demeure! Plus de mouvement, plus de vie, partout un vide affreux. L'infortuné père marche au hasard, il ne sait ce qu'il attend; ses nuits sont sans sommeil, ses jours sans espérance; il n'a même pas cette consolation des affligés, la prière. Pourtant, une pensée s'impose à son esprit: c'est Dieu qui frappe; il se soumet...

Maintenant tout est mort dans ma maison aride,
Deux yeux toujours pleurant sont toujours devant moi;
Je vais sans savoir où, j'attends sans savoir quoi;
Mes bras s'ouvrent à rien et se ferment à vide.
Tous mes jours et mes nuits sont de même couleur;
La prière en mon sein avec l'espoir est morte.
Mais c'est Dieu qui t'écrase, ô mon âme, sois forte,
Baise sa main sous la douleur!

8. — La Lecture. — Les Livres.

La femme ne doit lire rien que de pur et d'exquis.

La lecture est un des plaisirs les plus doux et les plus charmants; c'est aussi un des meilleurs moyens d'orner son esprit, d'acquérir des connaissances, de s'instruire en un mot. Avec un bon livre à la main, la tristesse s'envole et les ennuis de l'existence disparaissent. Mais disons bien vite que si rien n'est plus utile, plus avantageux pour nous que de faire de saines et sérieuses lectures, rien n'est plus dangereux que d'en faire de mauvaises, de légères et de frivoles.

Les mauvais romans contiennent un poison qui peu à peu s'infiltre en nous, gâte notre cœur, exalte notre imagination et fausse notre esprit. Ils exercent trop la sensibilité et lui donnent le pas sur la raison; ils accoutument à voir le monde à travers un prisme qui embellit tout, même le vice. La jeune fille qui a le malheur de les lire est sur un chemin qui côtoie les abîmes. Cette lecture, au lieu de la préparer aux luttes graves et sérieuses de la vie, lui fausse le jugement, la porte aux pensées extravagantes et aux rêveries folles. Elle se persuade que toutes les chimères dont elle se repait doivent se réaliser; elle ne trouve rien de beau, de digne de ses affections que ce qui est conforme aux fictions de ses romans; et de là qu'arrive-t-il? c'est qu'elle se cause à elle-même des déceptions amères quand elle découvre des misères et des faiblesses dans ses semblables, au lieu de ces beaux sentiments de grandeur, de générosité, de dévouement qu'elle croyait rencontrer et qui n'existent guère que chez des héros imaginaires...

Nous avons toujours eu de la peine à comprendre le plaisir que peut procurer une lecture dont aucun détail n'est vrai, ni souvent vraisemblable, et comment on peut s'intéresser à des événements entièrement supposés et inventés. Dans ce cas, pourquoi, au lieu de lire, ne pas fermer les yeux et laisser son imagination battre la campagne, bâtir des châteaux en Espagne? On serait aussi avancé, car les romans ne sont que des rêves et souvent, hélas! de mauvais rêves. Est-ce à dire qu'on doive absolument proscrire toutes les œuvres d'imagination? Non, certes, car il en est de charmantes tout en restant saines et morales; l'important est donc de faire un choix sévère parmi les auteurs.

Et si maintenant vous demandiez à quel signe on reconnait un bon livre, voici ce que nous vous répondrions : tout livre qui élève notre esprit, qui nous fait aimer nos devoirs, qui nous inspire de nobles sentiments, et nous donne le désir d'être meilleurs est bon; celui, au contraire, qui flatte nos passions et nos préjugés, qui présente le vice sous des dehors aimables, qui nous transporte dans un monde chimérique et nous dégoûte du monde réel est un mauvais livre, et nous devons le rejeter. D'ailleurs, une jeune fille ne doit pas lire un ouvrage qu'elle serait tentée de cacher aux regards de sa mère.

Et si vous me demandiez, mesdemoiselles, que faut-il lire? je vous répondrais : les auteurs les plus estimés, les grands modèles, c'est-à-dire les philosophes les plus sûrs, les écrivains les plus judicieux, les historiens les plus impartiaux, les poètes les plus parfaits, car ils ont l'avantage inestimable d'avoir le mieux apprécié la nature, d'avoir le plus approché de la vérité, et d'être propres à former le jugement et le goût.

Devoir de rédaction. — Décrivez les plaisirs de la lecture. Montrez le danger des romans. Dites à quel signe vous distinguez un mauvais livre d'un bon.

9. — Les Fêtes de famille.

Ce qu'on appelle le bonheur sur cette terre n'est pas l'apanage d'une classe d'hommes : il n'est attaché à aucune position spéciale, il ne se trouve exclusivement ni dans les richesses, ni dans les honneurs, ni même dans la gloire. On peut posséder tous ces biens, tant enviés dans le monde, et ne pas être heureux. On l'a dit et avec raison : il y a quelquefois plus de félicité dans la chaumière du pauvre que sous les lambris dorés du riche. Le bonheur! mais c'est une menue monnaie qui est à la portée de tous; nous l'avons souvent sous la main et nous le dédaignons. Nous pouvons, au milieu de nos familles, nous créer des joies, des plaisirs, et ces joies et ces plaisirs répétés constituent le bonheur. On trouve une source féconde de contentements et de délicates jouissances dans la douce affection qui unit le père, la mère et les enfants. Ce qui contribue beaucoup à cet amour mutuel, ce sont les bonnes habitudes prises au sein des familles ; nous allons en citer quelques-unes.

Des enfants doivent souhaiter le bonjour à leur père et à leur mère ; c'est un devoir strict, rigoureux, auquel ils ne peuvent manquer sans être répréhensibles. Le soir, il leur faut de même souhaiter une bonne nuit à leurs parents et les embrasser. C'est une erreur de croire qu'en grandissant on soit dispensé de cette obligation. Dès l'instant où un jeune homme ne serre plus la main de son père avant de se retirer le soir et n'embrasse plus sa mère, c'est qu'il a quelque chose à se reprocher et qu'il se trouve moins digne de leur affection; quand une jeune fille agit de même, on est en droit de supposer qu'elle devient indifférente et qu'elle aime moins. Les caresses de la famille sont une manifestation des sentiments; ne les repoussez jamais, enfants, même lorsque vous prenez des années, parce qu'elles vous rappellent le temps heureux où on vous les

prodiguait, et où vous ne quittiez guère les bras et les genoux de votre mère.

C'est aussi une excellente habitude dans les familles d'avoir un certain nombre de jours destinés à des réjouissances particulières et intimes, comme un anniversaire de naissance, un jour de fête pour le père, la mère, même les frères et les sœurs. Ces époques sont autant d'étapes où le cœur semble s'agrandir, se retremper dans l'affection de ses proches pour les aimer ensuite avec plus d'ardeur. Un indifférent nous disait un jour avec ironie : — S'aime-t-on mieux parce que l'on se souhaite mutuellement sa fête? — Oui, beaucoup mieux, répondîmes-nous ; et nous allons vous prendre pour exemple, chères enfants ; figurez-vous que nous sommes au lendemain de votre jour de fête ; dites-moi, que s'est-il passé ?

Votre père a fait déposer dans votre chambre un objet que vous désiriez depuis longtemps ; votre sœur vous a brodé un col ; votre mère a fait apparaître au dîner un superbe gâteau en votre honneur, votre petit frère vous a offert un bouquet et débité un petit compliment. Quel effet toutes ces prévenances ont-elles produit en vous ? N'étiez-vous pas doucement émues ? Ne sentiez-vous pas votre cœur se dilater et battre avec plus de force? Par le fait, n'aimiez-vous pas davantage ceux qui vous entouraient ?

Oh ! si, et la preuve, c'est que, quand vous avez voulu exprimer votre reconnaissance, quand vous avez embrassé tour à tour les membres de votre famille, des larmes de joie ont coulé de vos yeux, et avant de vous endormir vous avez murmuré ces mots : Merci, mon Dieu, du bonheur que vous m'avez donné aujourd'hui.

Ce que vous avez ressenti alors, les autres le ressentent dans la même circonstance ; c'est pourquoi je vous dirai . Ne négligez pas les fêtes de famille, pensez-y à l'avance ; ayez toujours, suivant votre position de fortune, un petit souvenir à offrir, un cadeau fait de votre main. Les grands-parents surtout sont très sensibles à ces attentions, et comme, hélas ! leurs jours sont comptés, profitons-en pour les embellir et les éclairer d'un rayon de joie.

Sujet de rédaction. — Montrez la nécessité pour les enfants de conserver toujours des habitudes de politesse et de déférence envers leurs parents. Faites voir le charme des fêtes de famille.

10. — La Science du ménage.

> Les fonctions ménagères, subalternes en apparence, sont sublimes en réalité, car elles se résument en ces mots : penser aux autres.

Puisque l'intérieur de la famille est confié à la femme, elle manquerait à une obligation essentielle si elle ne s'instruisait pas des devoirs qu'elle doit y remplir. C'est l'ensemble de ces devoirs qui forme la *science du ménage*, la plus utile et la plus honorable science à une femme, dit Montaigne.

Vous ne serez pas toujours enfants ; la grammaire, l'histoire, la géographie ne seront plus votre unique préoccupation, et la science qui vous aidera plus tard à vous conduire avec prudence et sagesse, c'est la science du ménage.

Nous allons transcrire ici quelques pages qui vous démontreront mieux que nous ne saurions le faire la nécessité de son étude.

Il faut que tout ce qui est relatif aux affaires domestiques soit pour la femme un sujet d'instruction; il importe qu'elle sache comment on apprête un repas, de quelle manière on fait les honneurs d'une table, quelles précautions il convient de prendre pour faire les provisions d'une maison, à quel prix on peut acheter les comestibles et la quantité nécessaire à tel nombre de personnes.

MONTAIGNE (*Michel-Eyquem de*), moraliste français, né au château de Montaigne en Périgord (1533-1592).

Il n'est pas moins nécessaire de connaître les procédés économiques, afin de pouvoir faire soi-même, à peu de frais, des choses qui coûtent fort cher quand on les achète au dehors.

La connaissance usuelle et pratique de tout ce qui concerne la science du ménage est pour les femmes d'une nécessité absolue.

Une mère de famille doit savoir exécuter tout ce qu'elle ordonne. Il n'y a pas de position sociale, — l'expérience l'a prouvé, — qui puisse la mettre à l'abri de faire un jour sa cuisine, de coudre ses robes, de laver son linge, de soigner ses appartements. La nature l'a faite la pourvoyeuse, l'institutrice, la garde-malade de tous les siens.

Son dédain ou son ignorance de tous les détails, de tous les devoirs qui seuls rendent les femmes utiles, respectables, nécessaires, est la preuve d'une mauvaise éducation et d'une âme peu élevée.

Fénelon a écrit de son côté : Formez l'esprit de la jeune fille pour les choses qu'elle doit faire toute sa vie. Apprenez-lui l'économie de la maison et les soins qu'il faut avoir des revenus. Accoutumez-la dès l'enfance à gouverner, à faire des comptes, à voir la manière de conclure les marchés, à savoir comment il faut que chaque chose soit faite pour qu'elle devienne plus utile.

Mgr Dupanloup n'est pas moins explicite à ce sujet. Il faut faire entrer les jeunes filles, dit-il, dans tous les détails des soins domestiques. Il n'y a même que la pratique qui puisse donner un véritable charme à ce genre de leçons. On les conduira quelquefois à la lingerie, au repassage, afin qu'elles apprennent là, sur place, comment se doit disposer le linge selon ses divers usages ; qu'elles voient savonner, plier, repasser ; qu'elles se rendent compte du temps et des soins qu'exigent ces diverses opérations.

On devra les conduire aussi quelquefois à la cuisine, à l'office, au jardin potager ; leur apprendre à connaître les provisions nécessaires dans une maison, la manière de les conserver, l'usage qu'on en fait, les vases et les ustensiles employés, et l'entretien qu'ils exigent. Il sera bon de leur faire mettre la main à certains détails d'office, dresser des fruits, des desserts ; leur apprendre à connaître les plantes potagères, — on en voit qui ne savent pas distinguer un chou d'un navet, un cerisier d'un tilleul, — la saison de chaque chose, la conservation des fruits pendant l'hiver, l'époque des grandes provisions, etc.

Il sera bon de relever tous ces détails aux yeux des jeunes filles, car ils pourraient leur sembler trop bas ; il faut les convaincre que toutes les occupations d'une femme de ménage forment une partie importante de ses devoirs, et rien n'est plus précieux et plus aimable dans une famille qu'une femme qui connaît et remplit ses devoirs, qui s'y dévoue, qui dirige tout avec sagesse et maintient tout dans l'ordre et la paix.

C'est ainsi qu'une fille s'attire le sourire et la bénédiction de son père, qu'une épouse se rend toujours aimable à son époux, qu'une mère obtient le tendre respect de ses enfants, qu'une maîtresse de maison conquiert l'estime de ses serviteurs.

Devoir de rédaction. — Dites en quoi consiste la science du ménage et faites un résumé succinct des occupations d'une bonne maîtresse de maison.

11. — Les Petits Plaisirs.

La vie est chose grave, enfants; vous l'apprendrez trop tôt, hélas! mais il serait injuste de ne pas reconnaître qu'elle a aussi ses joies et ses plaisirs. Les plaisirs sont relatifs et dépendent beaucoup de nous; il en est de même du bonheur. Telle personne se réjouira dans une occasion que telle autre laissera passer inaperçue.

Que de petits événements dans notre vie qui pourraient se changer pour nous en plaisirs, si nous voulions les considérer comme tels! Une promenade dans les champs, une petite amélioration dans nos arrangements domestiques, une surprise préparée à quelque membre absent de notre famille, l'emplette d'un objet que nous désirions depuis longtemps... enfin, chaque petit incident agréable qui amène de la variété dans notre vie, pourrait devenir une source de plaisirs.

Bienheureux ceux qui gardent jusque dans l'âge mûr la simplicité de l'enfance!

Ceux qui sont constamment à la recherche d'une nouvelle jouissance, trouvent certainement peu d'attraits aux plaisirs simples et purs; car ceux-ci perdent tout leur charme dès que l'on s'écarte de ce principe sacré: *d'abord le devoir, ensuite le plaisir!*

Quelle source inépuisable de joies la nature n'offre-t-elle pas à ceux qui savent la comprendre et l'aimer? Ils n'ont pas besoin de ces vues magnifiques, de ces spectacles grandioses qui font battre le cœur des êtres les plus froids : quelques arbres touffus, quelques buissons en fleurs suffisent pour leur causer un moment de joie sincère. Nous sommes souvent trop portés à nous détourner des plaisirs qui s'offrent à nous chaque jour, soupirant après d'autres que nous ne pouvons nous procurer. Combien de personnes n'y a-t-il pas qui brûlent du désir de voyager au loin et qui envient le sort de ceux auxquels leurs moyens et leur temps permettent de quitter leur patrie pour parcourir des pays étrangers !.. Mais jouissent-elles seulement comme elles le pourraient de ces petites excursions que chacun peut s'accorder de nos jours? Habitant la ville, savent-elles apprécier comme elles le devraient une promenade de quelques heures dans la campagne ou une journée passée dans un jardin? Méprise-t-on ces plaisirs parce qu'ils sont trop simples ou trop ordinaires? Pour un esprit cultivé ou observateur, il n'y a guère d'incidents dans la vie, ni d'objets extérieurs qui ne puissent éveiller des réflexions utiles, ou quelque bon sentiment qui porte ses fruits dans l'avenir. Si vous cherchez de petits plaisirs avec un petit esprit, vous vous plairez aux cancans de vos voisins, aux frivolités de la toilette, à mille petites choses qui empoisonnent le cœur et la pensée; mais ce n'est pas ainsi que je voudrais vous voir jouir des petits plaisirs ! Détournez-vous de tout ce qui est bas et vil, indigne de vous; mais ne dédaignez pas ces petites fleurs simples et modestes qui s'épanouissent au bord de votre sentier, et dont il vous est permis de jouir d'un cœur content et pur ! Nous avons tous quelqu'un à aimer, quelqu'un auquel nous pouvons donner du bonheur; et dans tous les pays, et dans tous les climats, il y a de beaux jours où la nature entière semble sourire, où le soleil nous éclaire de ses rayons les plus joyeux !

On passe par différents goûts
En passant par différents âges;
Plaisir est le bonheur des fous,
Bonheur est le plaisir des sages.

BOUFFLERS[1].

Sujet de rédaction. — Énumérez les petits plaisirs qu'on peut se procurer au milieu d'une vie simple et modeste.

---

1. BOUFFLERS (*Stanislas*, marquis *de*), connu sous le nom d'*Abbé* et de *Chevalier de Boufflers*, écrivain français, né à Lunéville en 1737, mort à Paris en 1815.

12. — Le Sommeil de l'enfant [1].

PAROLES de ANTOINE CARTERET — MUSIQUE de CLAUDE AUGÉ

Petit enfant, déjà la brune
Autour de la maison s'étend :
On doit dormir quand vient la lune,
Petit enfant.

Petit enfant, rêve aux pervenches,
Qu'on trouve le long du torrent,
Rêve aux jolis oiseaux des branches,
Petit enfant.

Petit enfant, dans la chaumière
Les moutons rentrent en bêlant ;
De tes yeux bleus clos la paupière.
Petit enfant.

Petit enfant, dors sans alarmes.
Mais si quelque frayeur te prend,
Ta mère sèchera tes larmes,
Petit enfant.

---

1. Chant extrait du *Livre de Musique*, par Claude Augé. — Librairie Larousse.

13. — La Toilette et la Coquetterie.

Il est une chose qui nous a toujours étonnée de la part de femmes intelligentes : c'est leur coquetterie, leur amour exagéré de la toilette. Ce défaut, chez une femme, a de graves conséquences ; il l'entraîne à des dépenses insensées, et comme ces dépenses se renouvellent souvent, la gêne survient vite dans le ménage, malgré le travail du mari. Les amis s'étonnent, les parents se désespèrent, on se demande la raison d'une ruine que rien ne faisait prévoir, car la profession est bonne, les époux sont intelligents... Demandez à la mère de famille la cause de la ruine de sa maison ; elle seule pourra vous le dire, car il n'y en a pas d'autre que sa coquetterie. Elle ne peut voir un vêtement nouveau sans le désirer, une belle étoffe sans l'acheter, et l'argent passe à satisfaire ses goûts frivoles et irréfléchis.

On ne peut s'empêcher d'éprouver un sentiment de tristesse quand on pense que le nœud d'un ruban, la couleur d'une robe ou la forme d'une coiffure deviennent une affaire capitale pour certaines femmes, et qu'une portion considérable de leur vie se perd dans de pareilles futilités et pour de semblables bagatelles.

Si les jeunes filles, si les femmes en général se persuadaient que la beauté et la grâce sont indépendantes de la toilette, elles adopteraient toujours une mise simple qui n'exclut ni l'élégance ni le bon goût. Une jolie figure, une tournure distinguée offrent assez de charme par elles-mêmes sans qu'on ait besoin d'y ajouter des ornements recherchés et coûteux. Les femmes se trompent donc étrangement lorsqu'elles croient se faire admirer en portant de riches ornements. Si la plume de leur chapeau est charmante, si la coupe de leur robe est gracieuse, l'admiration revient de droit à l'oiseau qui a fourni la plume et à l'ouvrière qui a confectionné le vêtement. Les femmes qui se croient obligées d'avoir recours aux séductions de la mode et de la toilette pour produire au dehors une impression favorable se rendent par là un bien triste témoignage du vide de leur esprit et de l'indigence de leur cœur.

Jamais vous ne verrez une toilette recherchée et au-dessus de votre condition vous attirer l'estime et la considération; elle ne peut que vous nuire et vous faire juger défavorablement.

Un jour de vacances, nous voyagions, plusieurs amies ensemble; à l'une des stations du chemin de fer, une jeune fille de dix-huit à vingt ans monta dans notre compartiment; elle avait une toilette magnifique et nos yeux, pendant quelques instants, ne se lassèrent pas de la regarder, la toilette s'entend. Bientôt la nouvelle voyageuse échangea quelques mots avec nous et nous pûmes remarquer sans peine que l'éducation n'était pas en rapport avec la mise : premier désappointement. Un peu plus loin nous apprîmes que la jeune fille était ouvrière et qu'elle allait être marraine chez une de ses parentes. Ici, second désappointement et échange entre nous d'un sourire ironique. Ce n'était pas, comprenez-le bien, parce que la jeune fille était une ouvrière, car toutes les professions sont honorables quand on se conduit bien; mais c'était uniquement parce qu'elle avait une mise tout à fait hors de proportion avec ses ressources, une mise de duchesse...

En fait d'habillement, il ne faut pas s'écarter de ces principes :

Être vêtue suivant son âge et sa condition. Une femme de bon sens suit les modes, mais sans les exagérer et surtout sans les devancer, de manière à n'être ni excentrique, ni ridicule. La devise de toute femme raisonnable est celle-ci : bon goût et simplicité dans les vêtements, ce qui n'exclut nullement l'élégance.

Un dernier mot. Il n'est pas rare de voir des femmes s'habiller coquettement le soir et rester le matin dans un trop grand négligé : leurs cheveux tombent en désordre sur leurs épaules, leur robe est mal attachée, leur fichu est de travers. Si quelqu'un, par hasard, vient dans la maison pour une affaire pressée, elles n'osent se montrer, et, fort embarrassées, elles font dire qu'elles ne sont pas visibles. C'est là un grand tort. Une jeune fille doit prendre l'habitude de se peigner dès le matin, et elle doit avoir, pour cette partie de la journée, un négligé simple, mais d'une extrême propreté.

Sujet de rédaction. — Montrez les funestes conséquences de la coquetterie pour les femmes. Quelle est la règle de conduite à suivre en fait de toilette ?

14. — Quelques mots pour rire.

Chez une femme, c'est la marque d'un petit esprit de cacher soigneusement son âge et de toujours vouloir paraître jeune ; aussi que de moqueries adressées aux *vieilles coquettes*, que d'épigrammes lancées contre elles !

Un jour, une dame se plaignait de son coiffeur : — Croiriez vous, disait-elle au milieu d'une réunion, qu'il a mis trois quarts d'heure à me crêper les cheveux ? — Qu'est-ce que cela vous faisait? lui dit-on, vous pouviez aller vous promener pendant ce temps-là !

Une vieille demoiselle sortait de chez un parfumeur toute chargée d'emplettes. Vous avez renouvelé votre provision, lui dit une amie. — Ne m'en parlez pas, ma chère, je me suis ruinée. J'ai acheté une infinité d'objets de toilette dont j'avais besoin, entre autres six brosses à dents. — Une pour chaque dent, dit l'amie charitable.

Une dame disait qu'elle allait ouvrir sa maison, mais qu'elle n'admettrait chez elle aucune femme ayant passé trente ans. — Ce sera charmant, lui dit sa cousine, mais dépêche-toi, car dans un an tu ne pourras plus t'inviter.

Une vieille coquette demandait à quelqu'un combien il lui donnait d'années. — Vous en avez assez, lui répondit-il, je n'ai pas besoin de vous en donner davantage.

15. — Beauté, Bonté.

Il est une fleur qui rayonne
Sur les fronts choisis entre tous,
Comme une éclatante couronne
Aux reflets gracieux et doux;
Son aspect séduit, touche, attire...
Femmes! par elle à votre empire
Tout paye un tribut enchanté.
Sur vos sourires, sur vos larmes,
Elle fait briller mille charmes ..
Et cette fleur, c'est la *beauté!*

Mais il est un parfum céleste
Plus fécond encore en douceur,
Qui d'une fleur simple et modeste
Peut faire une divine fleur.
Arome du lis angélique,
Baume de la rose mystique
Par la terre au ciel emprunté,
Comme l'encens des sacrifices,
Il repand de saintes delices...
Et ce parfum, c'est la *bonté!*

MARC MONNIER [1].

1. MONNIER (*Marc*), littérateur français, né à Florence en 1829, mort à Genève en 1885.

16. — Portrait de la femme de ménage trésor de la famille.

Elle est rude, il faut en convenir, la vie de l'homme et de la femme dans les familles populaires. Sans parler de ceux chez qui la maladie, le chômage et tant d'autres causes amènent la misère et son triste cortège, quel mal a dû se donner une famille d'honnêtes ouvriers, simplement pour vivre, et à plus forte raison pour arriver, partant de rien, même à la plus modeste aisance! Cela se voit tous les jours; et dans notre société moderne, où les ressources sont plus nombreuses, cela se voit, que de braves ouvriers, de bons cultivateurs, de petits commerçants parviennent, tout en élevant leur famille et en établissant leurs enfants, non pas à l'opulence, du moins à un modeste avoir qui les garantit des privations de l'indigence et des soucis de la vieillesse. Mais que d'années il leur a fallu! Quel assidu travail! quel ordre! quelle économie! quelle somme de vertus chez le père et la mère! La preuve, ce sont tant d'autres ouvriers partis du même point, placés dans les mêmes conditions, mais qui ne sont arrivés à rien : pourquoi? Le hasard, la chance, comme on dit, sont des mots vides de sens qui n'expliquent rien. La raison, l'unique raison le plus souvent, c'est qu'il y avait là un bon ouvrier sans doute, honnête et laborieux, mais aussi une femme pourvue de ces habitudes et de ces vertus que je déclare si nécessaires.

C'est surtout dans l'intérieur des familles populaires que l'importance de la femme est immense. C'est elle, dit Mgr Dupanloup, plus encore que l'homme, qui fait les bonnes ou les mauvaises maisons. Et d'abord, comme il arrive souvent, si l'état de son mari l'occupe ou lui prend une partie plus ou moins considérable de son temps, quel surcroît d'activité ne lui faut-il pas pour venir à bout elle-même, et du ménage qu'il importe de tenir toujours propre et bien rangé, et des soins qu'exigent les enfants, et de ce que réclame de sa coopération nécessaire l'état de son mari? Quand on réfléchit aux choses et qu'on se met à la place de ces femmes, de ces braves mères de famille, qu'on les suit dans leur laborieuse journée du matin au soir et qu'on voit, par le détail, tout ce qu'elles viennent à bout de faire, la prière dite et la petite toilette achevée, le ménage en un clin d'œil arrangé et bien arrangé; toutes choses à leur place, et bien nettes, propres et luisantes; les repas apprêtés à point; le mari, les enfants toujours proprement mis, jamais les vêtements déchirés; la modeste garde-robe du père, de la mère, des enfants, parfaitement tenue, et le linge aussi; et cela sans le secours d'aucune *bonne*, d'aucune main étrangère: je dis que c'est admirable et que la belle dame, comme on en voit trop, dont la toilette est la grande affaire et absorbe tout le temps, oisive, ennuyée et ennuyeuse toute la journée, n'est pas comparable, malgré ses atours, en fait d'honorabilité et de respectabilité, à cette humble femme en robe de laine ou d'indienne. Et tandis que la belle dame dont je parle, paresseuse et vaniteuse, idolâtre d'elle-même, n'ayant rien dans sa tête et dans son cœur, n'est, en somme, et malgré son esprit, qu'une femme inutile; je dis que la femme du peuple dont j'ai esquissé la journée, la semaine, l'année, la vie tout entière, est digne d'un respect infini; je dis qu'il y a là un fond et un déploiement merveilleux de vertus cachées et que la femme qui agit et travaille ainsi doit avoir et a effectivement dans son âme, dans son cœur, dans sa conscience, des trésors. Elle les a, sans doute parce que Dieu lui en a donné le germe; mais nécessairement aussi parce qu'une bonne éducation et de bonnes habitudes contractées dès l'enfance, sous l'œil d'une excellente mère, les a développés et conservés.

Sujet de rédaction. — Énumérez les qualités et les vertus d'une femme qu'on peut appeler le trésor de la famille.

17. — La plus belle Toilette.

CONSEILS D'UNE MÈRE A SA FILLE

Écoute-moi, ne sois jamais coquette.
Je vais te conseiller une belle toilette
Qui sera belle, aux yeux
Des pauvres comme des heureux.
Que ton âme soit pure;
Que pour toute parure
Sur ton front soit l'honneur;
Que ton voile soit la pudeur;
Ta robe, l'innocence;
Tes perles, tes bijoux, larmes de charité;
Ton diamant, l'humilité,
Et ton miroir, la conscience.

G. TH.

18. — Portrait de la femme de ménage ruine de la famille.

Les femmes riches ne doivent pas seulement songer aux distractions de la vie mondaine, il importe qu'elles soient au courant de tous les travaux qui sont le patrimoine ordinaire des plus humbles ménagères. Aujourd'hui elles sont dans l'aisance, dans la prospérité, dans le luxe même, demain elles peuvent être dans la gêne ou la misère.

Que d'exemples n'avons-nous pas de pareils revirements!

Supposez une femme mal élevée, nullement formée dans sa jeunesse au travail, à l'activité, à l'ordre, à la propreté, à l'économie, craignant sa peine, ne sachant pas employer son temps, ni se mettre à chaque chose l'une après l'autre, avec entente et promptitude, laissant le temps et les heures lui glisser entre les doigts; alors elle n'arrive à rien; et même quand l'état de son mari ne l'occupe pas, elle ne vient pas à bout de ce qui est à faire dans son ménage; il lui faut une *bonne*, dont l'entretien enlève les petits profits du métier ou du commerce; ni l'extérieur ni l'intérieur de la maison ne sont ce qu'ils doivent être; les habits, le linge non raccommodés *s'en vont;* et si, ce qui pourtant est quelquefois indispensable, il faut faire venir des ouvrières, nouvelles dépenses qui, souvent répétées, font au bout de l'année une brèche considérable au petit budget; en outre, le mari n'étant pas aidé comme il conviendrait, sa clientèle en souffre et sa bourse aussi. Que serait-ce, grand Dieu, si cette femme avait la prétention d'être une dame, si elle aimait la toilette, les visites, le bavardage! Ce ne serait pas seulement l'aisance devenue impossible, ce serait inévitablement et bientôt la négligence, le désordre, mille choses en souffrance; puis les dettes, puis le déclin de la maison, l'ouvrage plus rare, les pratiques écartées; puis la ruine, même quand le mari serait bon ouvrier et honnête homme : inévitablement, aussi, le mécontentement habituel du mari, les plaintes, les querelles, la discorde. Avec une autre femme, cet homme aurait fait honneur à ses affaires, il aurait fait instruire et placé ses enfants, il aurait gagné pour ses vieux jours de quoi vivre modestement; avec cette femme n'ayant ni les sentiments, ni les vertus, ni les habitudes qu'il faudrait, rien ne lui a été possible, il n'est arrivé qu'à la misère à la fin de sa vie.

Sujet de rédaction. — Tracez le portrait d'une femme qui ne comprend aucunement ses devoirs, et qui, par cela même, conduit sa famille à la ruine.

19. — Les Petites Vertus.

Ces vertus sont *petites* seulement par la forme sous laquelle elles se présentent : une parole, un geste, un regard, une prévenance. Si l'on considère le principe d'où elles viennent, la fin qu'elles poursuivent, elles sont très hautes et très nobles. C'est par la pratique des *petites* vertus que les femmes deviennent *grandement* vertueuses.

Les petites vertus ont leur application non seulement dans tous les âges de la vie, chaque jour et à chaque heure, mais dans toutes les situations et dans tous les états. Sans elles, toute la famille se trouble et s'agite dans l'inquiétude et le chagrin; sans elles, ne comptez pas sur la paix domestique. Malheur à la maison qui ne leur est point ouverte! Parents et enfants, frères et sœurs, tous ceux qui l'habitent sont divisés. Sous le même toit, entre deux ou trois femmes qui ne les cultivent point, la guerre est assurée, inévitable.

Il serait difficile d'énumérer toutes les petites vertus; mais au premier rang on distingue, comme reines et maîtresses des autres, cette facilité avec laquelle certaines âmes pardonnent les fautes du prochain bien qu'elles ne s'accordent point à elles-mêmes une semblable indulgence; cette discrétion qui ferme les yeux sur les défauts les plus visibles, condamnant ainsi doublement la fâcheuse prétention de découvrir ceux qui se cachent : cette compassion qui partage les tristesses des malheureux pour en alléger le poids; cette gaieté sympathique qui accroît le bonheur en s'y associant; cette flexibilité d'esprit et de caractère qui se plie sans peine aux idées de telle ou telle personne et s'empare de ce qu'elles ont de bon et de judicieux; cette sollicitude qui va au-devant de toutes les misères épargnant à ceux qui souffrent l'humiliation de les découvrir et presque le chagrin de les porter; cette générosité spontanée qui fait tout ce qu'elle peut et regrette de ne pas faire davantage; cette aménité sereine qui écoute les importuns sans trahir l'ennui qu'ils causent et instruit les ignorants sans les blesser d'un reproche : cette urbanité dans les relations sociales qui évite les affectations trop communes du monde et accuse une cordialité franche et une chrétienne sincérité.

Les petites vertus veulent que nous cachions une antipathie, un dégoût, une colère, une révolte intérieure : elles exigent que nous dissimulions, comme si nous n'avions rien vu ou rien entendu, les manques d'attention et d'égards : que nous montrions un visage calme lorsque la tempête gronde dans notre âme : que nos paroles soient mesurées et froides lorsque notre cœur est en feu : que nous gardions le silence lorsque nous sommes le plus enclins à crier et à disputer. Et, si nous voulons leur obéir jusqu'au bout, il faut que nous soyons simples et naturels, et que nous ne laissions pas même soupçonner ce qui se passe en nous.

Elles nous commandent encore d'avoir des égards pour quelqu'un qui est négligé dans une société; d'éviter le mot irréfléchi qui pourrait blesser; d'obliger même des ingrats: de savoir régler son temps et d'être exactes en toute chose. Ainsi, ce n'est pas pratiquer les petites vertus que de se trouver *un peu* en retard pour les repas, de n'être pas *tout à fait* prêtes quand il s'agit de partir, d'arriver un *quart d'heure* après le moment convenu. Bagatelles, direz-vous; c'est vrai, mais souvent répétées elles deviennent insupportables pour les autres.

Donc, si nous voulons arriver à une grande perfection, ne négligeons pas les petits devoirs et pratiquons les petites vertus !

Devoir de rédaction. — Dites ce qu'on entend par petites vertus, et nommez bon nombre de circonstances journalières où on peut les exercer.

20. — La Rose.

Du doux printemps aimable fleur,
Que tu me plais, rose chérie!
Mais, hélas! à peine fleurie,
Tu perds ta brillante couleur!

Toutefois, quand le sort funeste
A décidé ta triste fin,
Au lieu de ton éclat divin,
De toi quelque parfum nous reste,

Ainsi, quand d'un sage ici-bas
Soudain la paupière est fermée,
Il nous reste, après son trépas,
Le parfum de sa renommée.

21. — La Lecture à haute voix.

Dans aucun temps les talents n'ont été plus répandus qu'aujourd'hui: on écrit bien, on chante avec goût, on dessine d'une manière remarquable; les jeunes filles de toute condition font des merveilles de couture, de broderie, de tapisserie, et tout cela est assurément très bon, très utile; il n'y a que l'art de la lecture à haute voix qui soit resté en arrière. Il est extrêmement rare, en effet, de rencontrer un bon lecteur ou une bonne lectrice. Pourtant n'est-ce pas une occupation pleine de charme et d'intérêt que la lecture, en famille, de quelque livre attrayant d'instruction, ou même de simple récréation? Si c'est une jeune fille qui charme ainsi le travail de la veillée, n'est-il pas infiniment doux pour elle de sentir qu'on l'écoute avec plaisir, parce que sa diction est pure, expressive et naturelle? Si c'est une jeune mère qui lit pour instruire ou pour amuser ses enfants, n'est-il pas bien nécessaire qu'elle puisse y mettre tout l'agrément possible, afin de captiver l'attention de son petit auditoire?

Presque tout le monde, dans presque toutes les positions, aurait besoin de savoir bien lire.

Mais comment faut-il s'y prendre pour acquérir ce talent de bien lire? Il ne serait pas facile de vous donner ici un enseignement complet de cet art; nous nous bornerons à quelques préceptes généraux[1] :

1° Il faut prononcer purement, ne pas grasseyer ni zézayer, et donner à chaque voyelle l'accent qui lui convient. Il faut ensuite articuler nettement chaque syllabe, et enfin, savoir reprendre haleine à propos et respirer sans que l'auditeur s'en aperçoive.

2° On doit avoir l'intelligence de ce qu'on lit, le bien comprendre, afin de ne point en altérer le sens, de ne point lier ce qui doit être distinct, ni séparer ce qui doit être lié; en un mot, ponctuer en lisant, c'est-à-dire marquer, dans une juste mesure, les repos entre les mots, les périodes, les phrases et les membres de phrase. Tel silence indique un point; tel demi-silence, une virgule; tel accent, un point d'interrogation.

3° On doit avoir aussi le sentiment de ce qu'on lit, afin de donner aux mots que l'on prononce le ton et l'expression convenables, et de faire ainsi passer dans l'esprit de ceux qui écoutent l'impression qu'on éprouve soi-même.

4° Il ne faut ni précipiter sa lecture, afin de laisser le temps d'en saisir l'enchaînement, ni la ralentir, de crainte de fatiguer et d'ennuyer les auditeurs; mais il faut mesurer le mouvement de sa parole comme on mesure celui du chant, selon la gravité ou la légèreté du sujet, et selon l'impression que l'on veut produire.

5° Il faut éviter absolument trois choses : l'hésitation, la

1. Voir, pour plus de détails, *L'Art de bien lire*, par Auguste Humbert. — Librairie Larousse. (*Épuisé.*)

monotonie, l'emphase. Il est impossible de bien lire, sans assurance, sans variété de ton, sans simplicité et naturel. Lisez comme si vous parliez. Or, pour parler, vous n'avez pas besoin de songer au ton qui convient, car il s'adapte tout naturellement à ce que vous dites; vous n'enflez jamais votre voix mal à propos, et vous n'avez ni fausses intonations ni accent monotone. Sans doute, il vous arrive quelquefois de parler avec une rapidité qui ne conviendrait pas toujours à la lecture; aussi quand nous disons qu'il faut lire comme on parle, nous entendons convenablement.

6° Recommandation fort importante. Si vous trouvez l'occasion d'entendre bien lire ou bien parler, observez avec attention le ton, la forme, la manière de l'orateur qui dit bien; cette leçon pratique est la meilleure de toutes et vaut mieux que les préceptes.

« L'art de la lecture, dit Legouvé, convient encore mieux aux femmes qu'aux hommes. Elles tiennent de la nature une souplesse d'organes et une facilité d'imitation qui se prêtent à merveille à tous les arts d'interprétation et par conséquent au talent de la lecture. J'ajoute que ce talent, qui chez les hommes est un instrument de travail, un moyen de succès professionnel, peut se lier pour les femmes à leurs plus douces occupations d'intérieur, à leurs plus chers devoirs de famille. Elles sont filles, sœurs, mères, femmes... Plus d'une a vu ou verra auprès d'elle un vieux père infirme, une mère frappée d'un grand deuil, un enfant malade : le père ne peut plus lire, ses yeux le lui défendent; la mère ne veut pas lire, son cœur s'y refuse; l'enfant voudrait bien lire, mais il ne sait pas. Quelle joie pour la jeune fille de pouvoir, à l'aide de quelques pages bien lues, calmer celui qui souffre, consoler celle qui pleure, distraire celui qui crie. C'est donc au nom de leurs plus doux sentiments que je leur dirai : apprenez à lire, et tâchez d'acquérir un talent qui peut devenir une vertu ! »

Devoir de rédaction. — En quoi consiste le talent de bien lire? Pourquoi l'art de la lecture convient-il surtout aux jeunes filles ?

22. — Portraits de jeunes filles.

Si vous voulez savoir ce que sera plus tard une jeune fille comme maîtresse de maison, tâchez de la surprendre à la cuisine, ce qui sera déjà d'un bon augure; et si elle ne s'excuse pas, si elle n'est pas honteuse d'être surprise à de vulgaires travaux, soyez assurés qu'elle possède un jugement sain et un raisonnement droit.

Arrangez-vous pour assister à une sortie qu'elle fera un jour de mauvais temps : si elle s'enveloppe soigneusement d'un waterproof, si elle se coiffe d'un chapeau de la saison passée, cette femme ne se ruinera pas en robes et en chapeaux de la bonne faiseuse.

Si vous la voyez arranger sans affectation des fleurs dans un vase, redresser le faux pli d'un rideau, disposer les sièges et les meubles d'une façon commode et gracieuse, cette femme aime l'intérieur, ne courra pas de bals en fêtes, sera la gardienne du foyer.

Ce portrait, que j'emprunte à un écrivain, me donne la pensée d'en tracer quelques autres; il me remet en mémoire un fait dont j'ai été témoin il y a quelques années.

Une dame était avec moi dans une maison amie; je lui demandai un jour pourquoi elle semblait étudier avec tant de soin le caractère des jeunes filles qui *passaient* sous nos yeux, et dont plusieurs partageaient avec leurs mères l'hospitalité qui nous était si gracieusement offerte. Elle me répondit : « J'ai un fils à marier bientôt, je plante mes jalons et je prépare son choix. » Notre intimité me permit de lui demander, avant de nous quitter, le résultat de son étude, et voici ce qu'elle me répondit :

« Laure, si belle et si riche, ne me plait pas; elle est

arrogante, a beaucoup de morgue, de hauteur, pour ne pas dire d'orgueil ; elle a un ton sec et tranchant qui est une anomalie choquante chez une jeune fille. Je l'ai entendue faire une réponse inconvenante à sa mère, et, à mon avis, le manque d'égards envers une mère dénote un mauvais cœur. Peut-être Laure s'imagine-t-elle que les règles de la politesse et du savoir-vivre doivent s'observer envers les étrangers seulement et non envers les parents ; c'est une erreur grave et très commune de nos jours. »

Ouvrons ici une parenthèse pour citer, à ce sujet, une page de Mme d'Alq[1]. Cette dame dit avec beaucoup de justesse : « Des têtes insouciantes et légères plutôt que mauvaises se figurent qu'en famille tout est permis ; d'autres s'imaginent qu'il serait ridicule de se gêner, et que le respect, la politesse, l'amabilité doivent se réserver exclusivement pour les étrangers. Que de malheurs irréparables, cependant, naissent ou dérivent de cet abandon des convenances, de cet oubli des bonnes manières ! Eh quoi ! on dissimule ses défauts, ses infirmités de caractère et même ses infirmités physiques vis-à-vis de personnes qui ne nous sont rien, qui n'auraient à les supporter que peu de temps, pour les étaler à nu, dans toute leur laideur, et les imposer pour la vie à ceux que les liens du sang forcent à vivre avec nous ? Les croyons-nous donc moins sensibles aux froissements, aux brusqueries, moins capables de ressentir des répugnances, des dégoûts ?

« L'affection aidera, dit-on, à les supporter ; mais cette affection se trouvera affaiblie peu à peu et finira par disparaître. Au contraire, en nous montrant toujours bienveillants pour les autres, la vie de la famille deviendra aussi douce, aussi agréable qu'elle est parfois, — c'est triste à dire, — dure et pénible.

« On ne peut que gagner, d'ailleurs, à se gêner un peu

1. Pseudonyme de Mme veuve *Alquié de Rieupeyroux*, femme de lettres française, née à Paris vers 1810.

chez soi ; c'est une bonne habitude qu'on prend insensiblement. Méfions-nous du sans-gêne que l'on contracte si facilement, il conduit à la vulgarité, et de la vulgarité à la grossièreté il n'y a qu'un pas. Quels que soient l'âge des enfants et leur position sociale, quels que soient les défauts des parents, ces derniers doivent toujours occuper en tout et partout la première et la meilleure place. »

Maintenant, continuons nos portraits.

Marie s'est présentée un jour au déjeuner avec un col qui n'avait pas de bouton, et j'ai souri en voyant le soin qu'elle mettait à serrer, à l'aide d'un ruban, les deux côtés rebelles du col qui ne voulaient pas se joindre. J'ai vu aussi, un matin, le poignet de sa robe de chambre attaché avec une toute petite épingle ; ajouterai-je que ses gants sont souvent décousus ou troués ? Je parierais cent contre un que Marie sera une femme sans ordre.

Pauline est toujours tirée à quatre épingles, et sa grande occupation est sa mise. Elle n'aime à s'entretenir que de chiffons, d'étoffes et de modes nouvelles. Quand elle est en toilette, elle manque de naturel : elle devient pincée, parle du bout des lèvres, se tient droite comme un piquet et n'ose faire aucun mouvement dans la crainte de chiffonner ses vêtements ou d'en déranger la symétrie. Pauline, en outre, ne peut entrer dans une chambre sans s'occuper d'abord de la glace ; elle se regarde furtivement, mais adroitement, mille fois le jour ; on dirait que les miroirs ont un aimant qui attire ses yeux. Grand Dieu ! si elle agit ainsi en société, qu'est-ce donc quand elle est seule ! Ces minauderies dénotent un amour de soi exagéré, ou tout au moins une grande légèreté.

Ernestine est instruite, gaie et spirituelle ; mais elle est médisante et moqueuse. Elle voit à merveille les imperfections des autres, les fait ressortir, et déchire à belles dents ses compagnes absentes, chaque fois que l'occasion s'en présente. Elle tourne en ridicule leurs moindres défauts, imite leur tournure, leur son de voix; je l'ai même entendue persifler une vieille femme boiteuse, ce qui était un manque de cœur. Depuis ce moment surtout, j'ai une triste opinion de son caractère. Une personne parfaitement bonne ne se moque point et ne dit pas de mal du prochain. Ernestine me semble aussi avoir trop d'aplomb. Je préfère dans une jeune fille la timidité, la rougeur, l'embarras, même une certaine gaucherie, à la hardiesse.

La douce et bonne Thérèse n'a peut-être pas les qualités brillantes de l'esprit qui distinguent quelques-unes de ses amies, mais elle possède à un haut degré toutes les qualités du cœur, et celles-là sont incomparables! Son caractère est toujours égal, sa douceur ne se dément point, sa bonté se révèle dans toutes ses actions. A table, en promenade, en société, elle ne s'occupe que d'être agréable à ceux qui l'entourent. Que d'attentions pour sa grand'-mère! Elle lui offre le bras pour descendre l'escalier, lui approche siège et tabouret quand elle veut s'asseoir, supplée au manque de mémoire de l'aïeule, fait ses commissions et devient sa dame de compagnie... Une si bonne fille ne peut être qu'une excellente femme; aussi est-ce Thérèse qui a toutes mes prédilections.

Sujet de rédaction. — D'après ce que vous venez de lire et d'après vos propres observations, tracez le portrait d'une jeune fille fière et orgueilleuse, d'une autre sans ordre, d'une troisième coquette, d'une quatrième moqueuse et médisante. Expliquez pourquoi l'on doit être poli et aimable, surtout envers tous les membres de sa famille.

23. — L'Amitié.

L'amitié fait les délices de la vie ; c'est, après la sagesse, le plus beau présent qui ait été fait aux hommes. L'amitié ressemble à ces arbres toujours verts qui portent à la fois des fleurs et des fruits. L'homme éprouvé par l'adversité, et dont chaque jour nouveau amène une peine nouvelle, n'a pas le droit de se plaindre s'il a rencontré sur son chemin un ami, un autre lui-même, un frère qu'il s'est choisi !

L'amitié est le lien le plus délicieux des âmes, le sentiment qui multiplie nos joies et diminue nos peines; c'est une communauté de vie morale, qui embellit les mauvais jours et augmente la suavité des jours de bonheur.

Une jeune fille douce, affectueuse, bonne, sera toujours aimée et recherchée de ses compagnes. On éprouve au contraire de l'éloignement pour une enfant brusque, altière, égoïste. L'égoïsme, c'est-à-dire l'amour exclusif de sa propre personne, est le plus grand ennemi de l'amitié. On n'obtient rien si on ne donne rien, dans le commerce des cœurs. Pour donner, il faut avoir, et l'amitié n'est pas faite pour les âmes indigentes.

Vous ne donneriez point votre affection à une jeune fille de mauvais caractère, dissipée, toujours en révolte contre la règle, s'appliquant en quelque sorte à être désagréable à tout le monde. Si vous voulez donc avoir de vraies amies, il faut prendre soin d'acquérir toutes les qualités sérieuses et aimables. Vous devez être un modèle pour vos amies ; mais il faut aussi que vous ayez à gagner en leur société. L'émulation règne entre les amies et elles ne connaissent point la jalousie; les conseils ne dégénèrent jamais en sèches réprimandes ni les témoignages d'approbation en flatteries. L'amitié se nourrit de vérité et d'indulgence.

Il ne s'établit d'amitié durable qu'entre personnes vertueuses. Ceux qu'on appelle généralement amis dans le monde ne sont pour la plupart que des complaisants, des flatteurs qui nous exploitent dans la bonne fortune, nous abandonnent ou nous trahissent dans la mauvaise. Lorsque nous nous laissons séduire par l'adulation [1], nous ne sommes pas dignes d'amitié sincère; nous sommes trop pleins de nous-mêmes pour faire une place honorable aux autres dans notre cœur. Les belles âmes s'éloignent et nous laissent livrés à toutes les manœuvres corruptrices des méchants.

Il ne faut pas apporter à nos amis une vertu trop austère, ni exiger d'eux la perfection. Il n'y a que Dieu de parfait, et nous avons tous nos misères. Ne fatiguons pas nos amis par des exigences déraisonnables; soyons indulgents et discrets, sans reculer devant l'obligation de faire les observations nécessaires, les remontrances utiles. Mais si notre ami devient malheureux, même par sa faute, il faut le consoler, le secourir, relever son courage, se montrer ingénieux pour l'excuser à ses propres yeux, raviver en lui l'espérance et faire en quelque sorte des prodigalités d'affection.

Chacun se croit digne d'avoir de vrais amis et se plaint de leur rareté; si nous cherchions moins à avoir des amis qu'à les bien choisir et à nous rendre dignes d'eux, nous travaillerions plus efficacement à notre bonheur.

Dans ce livre, destiné aux jeunes filles, nous ne pouvions nous dispenser de parler de l'amitié, de ce sentiment si naturel à leur cœur. Toutes, durant le temps de leurs études, se lient intimement avec quelques compagnes choisies, et ces liaisons, commencées dès l'enfance, continuent et font le charme de leur vie entière.

Devoir de rédaction. — Montrez les charmes de l'amitié. Pourquoi faut-il choisir ses amis avec soin? Quels sont les devoirs de la véritable amitié?

---

1 *Adulation*, flatterie basse et intéressée.

24. — Le Chien barbet.

A son fils encor dans l'enfance
Un fidèle barbet disait : — Je ne veux pas
Te voir sauter, jouer sans cesse avec les chats;
La jeunesse souvent se perd par imprudence.
— Mais ces petits Minets sont gais, doux et jolis,
Et je suis bien certain qu'ils sont de mes amis.
— Non, mon cher, cela ne peut être;
Le chat est un ingrat, un traître;
Et tu sauras, en grandissant,
Qu'on doit craindre toujours et sa griffe et sa dent.
Pour sauver les dangers de ton erreur extrême,
Avec cet animal il faut rompre à l'instant.
Qui se lie avec un méchant
Tôt ou tard le sera lui-même.

Mme DE LA FERANDIÈRE [1].

25. — Modèles de perfection féminine.

Dans son livre immortel, le *Télémaque*, Fénelon, le doux et bon archevêque de Cambrai, nous offre le touchant modèle d'une jeune fille idéale, qu'il a peinte probablement d'après une de ses élèves, fille du duc de Beauvillier [2] :

FÉNELON (*François* DE SALIGNAC DE LA MOTHE-), prélat et écrivain français, archevêque de Cambrai, né au château de Fénelon (Dordogne) en 1651, mort à Cambrai en 1715.

« Antiope, dit Mentor, est douce, simple et sage; ses mains ne méprisent point le travail; on admire son industrie pour les ouvrages de laine et de broderie; elle prévoit de loin ; elle pourvoit à tout ; elle

1. LA FERANDIÈRE (*Marie-Amable* PETITEAU, marquise DE), femme de lettres française, née à Tours en 1736, morte à Poitiers en 1817.

2. BEAUVILLIER (*Paul*, duc DE SAINT-AIGNAN, duc DE), gentilhomme français, protecteur des lettres, mort en 1714.

sait se taire et agir de suite sans emportement; elle est à toute heure occupée et ne s'embarrasse jamais, parce qu'elle fait chaque chose à propos; le bon ordre de la maison de son père est sa gloire, elle en est plus ornée que de sa beauté. Quoiqu'elle ait soin de tout, et qu'elle soit chargée de corriger, de refuser, d'épargner, chose qui fait haïr presque toutes les femmes, elle s'est rendue aimable à toute la maison, parce qu'on ne trouve en elle ni passion, ni entêtement, ni légèreté, ni humeur, comme dans les autres femmes; d'un seul regard elle se fait entendre, et on craint de lui déplaire; elle donne des ordres précis; elle n'ordonne que ce qu'on peut exécuter; elle reprend avec bonté, et en reprenant elle encourage. Le cœur de son père se repose sur elle, comme un voyageur abattu par les ardeurs du soleil se repose à l'ombre sur l'herbe tendre. Son esprit, non plus que son corps, ne se pare de vains ornements, et elle ignore sa beauté. Son imagination, quoique vive, est retenue par sa discrétion; elle ne parle que pour la nécessité, et, si elle ouvre la bouche, la douce persuasion et les grâces naïves coulent de ses lèvres. »

Voici maintenant le portrait que fait Salomon[1] de la femme forte :

« Qui sera assez heureux pour trouver une femme forte? On la doit chercher, comme un bien d'un prix inestimable, jusque dans les pays les plus éloignés. Le cœur de son époux se repose sur elle avec confiance, et il verra toujours l'abondance dans sa maison. Elle lui rendra le bien et non le mal pendant tous les jours de sa vie. De quelque manière qu'il en use avec elle, elle ne néglige aucun de ses devoirs envers lui, couvre respectueusement ses fautes et répare le mal par le bien. Au lieu de s'amuser comme les autres femmes à des choses frivoles, elle s'applique à travailler de ses propres mains. Bien loin de s'endormir dans la mollesse, elle se lève avant le jour afin de pour-

1. SALOMON, fils de David, roi d'Israël.

voir à tout. Elle ne laisse jamais éteindre sa lumière chez elle durant la nuit afin de voir tout ce qui s'y passe. Si ses doigts ne méprisent pas le fuseau, sa main n'est pas moins prompte pour les travaux qui semblent les plus rudes. Ne croyez pourtant pas qu'elle se donne tant de soins par un sentiment d'avarice. Ses bras, qui sont infatigables au travail, s'étendent souvent chaque jour en faveur des pauvres qu'elle soulage dans leur misère. La force de son corps exercé au travail et sa beauté toute naturelle sont ses ornements, sans qu'elle ait besoin d'en emprunter par un vain artifice. Une loi de clémence, de discrétion et de charité pour le prochain conduit sa langue et règle toutes ses paroles. Ses enfants, qu'elle élève, charmés de sa sagesse, admirent son bonheur qui en est le fruit. Ils se lèvent, ils s'écrient publiquement : Qu'elle est heureuse ! qu'elle est digne de l'être ! Et son époux, joignant ses louanges aux leurs, lui dit : Beaucoup de femmes ont enrichi leurs familles, mais vous les avez toutes surpassées par vos vertus et par votre conduite. »

Heureuses les femmes à qui les maris peuvent rendre un semblable témoignage !

Devoir de rédaction. — Nommez les qualités qui constituent la perfection chez la jeune fille et chez la femme. Suivez-les dans leurs principales actions.

26. — Portrait du Sage.

Le Sage écoute tout, s'explique en peu de mots ;
Il interroge et répond à propos.
Rarement il ouvre la bouche
Devant un plus sage que lui ;
Il n'est point curieux des affaires d'autrui,
Et ce qu'il doit savoir est tout ce qui le touche.

27. — Victor Hugo et les Enfants.

On l'a dit avec raison : Victor Hugo restera comme le plus tendre, comme le plus aimable, comme le plus véritablement sensible de nos poètes. Sur le doux terrain de la famille, il est sans rival dans le passé aussi bien que dans le présent. Nul n'a su dire comme lui aux mères heureuses : « Voici vos joies » ; nul aux mères désolées : « Voici vos larmes » ; nul enfin n'a su avec ce charme peindre et chanter l'enfant.

HUGO (*Victor-Marie*), poète français, né à Besançon en 1802, mort à Paris en 1885.

Il est si beau, l'enfant avec son doux sourire,
Sa douce bonne foi, sa voix qui veut tout dire,
Ses pleurs vite apaisés,
Laissant errer sa vue étonnée et ravie,
Offrant de toutes parts sa jeune âme à la vie
Et sa bouche aux baisers !

Quelle indulgence pour les enfants dans le cœur du poète ! Lors même qu'il a à s'en plaindre, il ne peut leur garder rancune, il regrette de s'être fâché, il pardonne.

Enfants ! Oh ! revenez ! — Tout à l'heure, imprudent,
Je vous ai de ma chambre exilés en grondant,
Rauque et tout hérissé de paroles moroses.
Et qu'aviez vous donc fait, bandits aux lèvres roses ?
J'ai donc eu tort. C'est dit. Mais c'est assez punir,
Mais il faut pardonner, mais il faut revenir.
Voyons, faisons la paix, je vous prie à mains jointes...

La jeune fille n'est point oubliée dans l'œuvre du maître, — vous en trouverez la preuve dans ce livre, mesdemoiselles. — Victor Hugo se plaît à lui donner des conseils, à la prémunir contre certains dangers, et, maintes fois, il l'exhorte à la confiance en Dieu et à la prière. Il a raison le grand poète, la prière utile à tous sied si bien à l'âme pure et innocente de la jeune fille! Hélas! les épreuves nous assaillent quelquefois même dans l'âge heureux de l'enfance. Une mère, un père aimés peuvent tomber malades, leurs jours peuvent être menacés; que peut une jeune fille pour conjurer les malheurs qui la menacent? Humainement rien; mais en la voyant à genoux, les regards levés vers le ciel, priant avec inquiétude et avec espoir, douterez-vous que Dieu ne l'entende et ne la bénisse, s'il ne l'exauce pas? Une femme pieuse qui épanche son cœur dans la prière, qui ne se plaint qu'à Dieu des peines de la vie, qui implore sa bonté pour tous ceux qui la font souffrir, ne travaille-t-elle pas à son propre bonheur? et grâce au secours précieux de la prière, les devoirs de sa position deviennent moins lourds, moins pénibles, moins difficiles, et sont remplis avec plus d'efficacité pour le bonheur de la famille et de la société.

Écoutons Victor Hugo parlant à sa fille :

Ma fille, va prier. Va prier pour ton père!...
Lorsque pour moi vers Dieu ta voix s'est envolée,
Je suis comme l'esclave assis dans la vallée,
Qui dépose sa charge aux bornes du chemin;
Je me sens plus léger; car ce fardeau de peine,
De fautes et d'erreurs qu'en gémissant je traîne,
La prière en chantant l'emporte dans sa main!

Admirez maintenant dans quel magnifique langage le père parle à son enfant de l'espoir en Dieu.

Espère, enfant! demain! et puis demain encore!
Et puis toujours demain! croyons dans l'avenir.
Espère! et chaque fois que se lève l'aurore,
Soyons là pour prier comme Dieu pour bénir!
Nos fautes, mon pauvre ange, ont causé nos souffrances.
Peut-être qu'en restant bien longtemps à genoux,
Quand il aura béni toutes les innocences,
Puis tous les repentirs, Dieu finira par nous.

Et quand l'infortuné père se vit enlever sa fille chérie

par une mort cruelle, il laissa échapper de son cœur ce cri de courage et de résignation :

Je viens à vous, Seigneur, Père auquel il faut croire;
Je vous porte, apaisé,
Les morceaux de ce cœur tout plein de votre gloire
Que vous avez brisé.

Seigneur, je reconnais que l'homme est en délire,
S'il ose murmurer;
Je cesse d'accuser, je cesse de maudire;
Mais laissez-moi pleurer!

28. — L'ordre et le désordre.

L'ordre a trois avantages : il soulage la mémoire, il ménage le temps, il conserve les choses. — Le désordre a trois inconvénients : l'ennui, l'impatience et la perte de temps.

L'ordre a besoin de trois serviteurs : la volonté, l'attention et l'adresse. — Le désordre a trois maîtres : la précipitation, la paresse, l'étourderie.

Qui n'a vu, dans quelque visite matinale, l'étrange contraste que présentent souvent deux sœurs ! L'une d'elles, levée dès l'aurore, a déjà fait sa toilette, arrangé sa chambre, nettoyé sa volière, rempli les mille petits devoirs qui assiègent le réveil d'une jeune fille. Dans sa chevelure peignée, lissée et relevée avec art, dans ses joues humides encore du contact d'une eau limpide, dans la teinte rosée de ses ongles, dans la blancheur de son peignoir, poli récemment par le fer de la repasseuse, dans ses bas bien tirés et ses souliers luisants, il y a comme un parfum de pureté, comme une fleur de santé d'un attrait irrésistible.

Sa sœur, éveillée en même temps, n'a pas trouvé le courage de sortir de son lit. Elle a d'abord savouré une rêverie molle, suivie de ce long sommeil du matin, qui rend la tête pesante, les yeux troubles et l'activité impossible. Se résigne-t-elle à se lever, elle bâille, s'étire et frissonne sous un malaise particulier. Elle reste immobile sans avoir le courage de se vêtir. Le contact de l'eau lui répugne, elle remet ses ablutions à un autre moment ; elle passe avec nonchalance des bas qui, faute d'être maintenus, tombent sur ses talons ; elle chausse des bottines qui restent entr'ouvertes et dont les lacets traînent ; enfin elle ceint un jupon toujours prêt à abandonner ses hanches. Quand le signal du déjeuner se fait entendre, elle n'est ni peignée, ni coiffée, ni vêtue ; elle est obligée de couvrir précipitamment, d'un bonnet froissé et jauni, ses cheveux hérissés et remplis de duvet, de cacher ses bras et ses épaules sous un vêtement mis à la hâte ; et c'est dans cette toilette ridicule qu'elle vient se mettre à table, traînant derrière elle l'atmosphère malsaine du désordre.

Ce contraste entre les deux jeunes filles n'existera pas seulement dans leur toilette et dans l'aspect de leur personne ; on peut être certain de le retrouver dans leurs habitudes et dans tout ce qui les touche d'une façon plus ou moins intime.

Devoir de rédaction. — Montrez les avantages de l'ordre et les inconvénients du désordre, en comparant deux sœurs, l'une qui est soigneuse et l'autre qui ne l'est pas.

29. — Anecdotes.

Toto apprend son histoire sainte ; il est au paradis terrestre :

— Dis, maman, Adam et Ève, tu les as connus ?

— Oh ! non, mon chéri ; c'est trop vieux...

— Ah !...

Toto se recueille ; puis, après réflexion : Alors, dit-il, je demanderai à grand-père.

Dans la journée Popol a appris le commencement de la fable *Le Corbeau et le Renard*. Le soir venu, il tombe de sommeil. Sa maman tient cependant à ce qu'il fasse sa prière.

— Allons, Popol... Notre père...

L'enfant commence :

Notre père... sur un arbre perché... Et il s'endort.

30. — Comment on pratique les petites vertus.

Voici, par exemple, une personne soupçonneuse qui met votre patience à l'épreuve. Elle épluche tout, un mot qu'elle entend, un signe qu'elle saisit, et ne manque pas de prendre tout pour elle et en mauvaise part. Le moindre moucheron qui traverse l'air lui semble un monstre qui va tomber sur ses épaules et l'écraser; la lumière d'un ver luisant est un incendie qui la dévore. Tristes gens, en vérité, que ceux-là! Toujours maussades, toujours occupés de leurs fantômes, ils vous obligent à veiller d'une manière exagérée sur vos actes, vos regards. Et quand vous avez fait l'impossible pour ménager leur humeur, vous constatez avec chagrin que vos efforts ont été insuffisants. Néanmoins, il faut supporter la personne atteinte de cette infirmité, et précisément parce qu'elle en est atteinte. Elle a des torts, sans doute; mais elle en est la première victime, elle se rend malheureuse et est digne de notre compassion.

Un autre exemple. Votre frère est violent, votre sœur irascible; supportez-les, dit le bon sens. Ils se font plus de mal qu'ils ne vous en peuvent faire. Tel dont la colère s'allume vite ne demande qu'à s'apaiser aussitôt. Bon cœur, en somme, plus ami de la paix que de la dispute, plus mécontent de lui-même que de vous, quand il prend le temps de réfléchir, tout disposé à s'accuser et à vous faire des excuses. Ayez pitié de sa faiblesse; n'augmentez pas, par un excès de susceptibilité, le poids de sa confusion.

Encore un cas. Une personne mêle à toutes ses conversations quelques grains de vanité. Avec une persistance fastidieuse et une choquante affectation, elle revient à tout propos sur le rang qu'occupe sa famille; elle se caresse de ses propres éloges et recherche habilement les vôtres; tout ce qui vient d'elle, tout ce qui lui appartient est précieux, exquis; son travail a une particulière élégance, son vêtement une charmante simplicité, sa chambre une beauté exceptionnelle, sa montre une régularité si merveilleuse qu'on la croirait douée d'infaillibilité.

Une autre, au contraire, est toujours mécontente d'elle-même et presque du genre humain. Elle n'a sur les lèvres que de sombres récits; elle se plaint sans cesse des misères présentes, et sans cesse tremble devant les éventualités de l'avenir; ses gémissements sur les désordres du siècle n'ont point de fin.

Quelle ligne de conduite adopterez-vous avec des caractères si dissemblables? On rapporte de deux anciens philosophes que l'un riait toujours et que l'autre pleurait constamment. Beaucoup de gens les imitent encore, les uns par une joie excessive, les autres par une excessive mélancolie. Pour nous, le bon sens recommande les deux rôles à la fois. Ce n'est pas que nous puissions rire et pleurer en même temps; mais nous devons rire après avoir pleuré et pleurer après avoir ri; ou, si vous aimez mieux, rire avec ceux qui rient et pleurer avec ceux qui pleurent. Et cela, non par flatterie, mais par convenance et pour le bon exemple. Saint Paul[1] ne parle pas autrement : Réjouissez-vous, dit-il, avec ceux qui sont dans la joie, et mêlez vos larmes à celles des autres.

Tout vous conseille donc de vivre en paix dans cette dissonance d'esprits et de caractères et de vous assouplir si bien que vous puissiez satisfaire tout le monde. Du reste, supportons les autres parce que nous avons nous-mêmes besoin d'être supportés.

Il n'y a aucune personne qui puisse se passer d'indulgence, si sage, si prudente, si accomplie soit-elle. Aujourd'hui je passe sur les défauts d'autrui; demain il faudra qu'on passe sur les miens.

Devoir de rédaction. — Énumérez les diverses circonstances où une jeune fille peut pratiquer les petites vertus, c'est-à-dire se montrer douce, patiente, aimable envers les personnes difficiles à vivre.

1. SAINT PAUL, surnommé *l'Apôtre des gentils*, un des premiers propagateurs du christianisme, né à Tarse (Asie Mineure), décapité à Rome en 64.

31. — L'enfant gâté.

Voulez-vous le portrait ressemblant de cet être ridicule, ennuyeux, désagréable qui a nom *enfant gâté?* Lisez les lignes suivantes de Laboulaye[1] :

« Enfant gâté ! Je ne connais pas de mot plus triste dans notre langue. Un enfant gâté, c'est un enfant à qui l'on passe tout, à qui on inocule l'égoïsme. On lui apprend à tout rapporter à lui-même, on lui permet de traiter sa mère comme une servante et son père comme un pédagogue ennuyeux. Quand des parents cèdent à cette faiblesse folle, ils récoltent toujours l'indifférence et le dédain de leur fils. Un enfant s'amuse facilement à triompher de sa mère, c'est sa première victime; mais prenez garde, si la mère est la première victime, elle ne sera pas la seule: la société tout entière souffrira d'avoir dans son sein un égoïste de plus.

« La première vertu d'une mère, c'est la fermeté, c'est la justice. Elle ne peut pas mieux montrer son amour maternel qu'en étant sévère quand son fils fait mal. Elle est la conscience visible de l'enfant. Quand elle gâte son enfant, c'est la conscience de l'enfant qu'elle pervertit.

« La justice, c'est le premier devoir d'une mère. Ne me parlez pas de ces gémissements, de ces larmes versées mal à propos: tout cela c'est de la faiblesse. Le véritable amour est austère et doux à la fois; il encourage au bien, il ne souffre pas le mal, et c'est ainsi qu'il fait à la fois le bonheur de la mère et le bonheur de l'enfant.

« Il ne suffit pas d'être ferme avec les enfants, il faut les élever sans mollesse, il faut leur faire mener une vie sobre et plutôt rude que douce; il faut les habituer à se lever de bonne heure et à se mettre au travail en se levant. Un vieux proverbe dit que se lever de bonne heure donne santé, fortune et sagesse. Quand on peut acheter la santé,

---

1. LABOULAYE (*Édouard-René* LEFEBVRE-), publiciste et jurisconsulte français, né et mort à Paris (1811-1883).

la fortune et la sagesse à si bon marché, on serait bien coupable de manquer une aussi belle occasion.

« Si vous voulez que vos fils soient des hommes, inspirez-leur, dès le berceau, un profond dédain pour ces besoins factices[1] répandus dans notre société. Le luxe ne nous a fait que trop de mal. Il faut que l'enfant soit élevé durement dans la maison paternelle. C'est un calcul bien fait pour assurer plus tard son bien-être. »

Devoir de rédaction. — Comment faut-il élever les enfants pour qu'ils ne deviennent pas des enfants gâtés ?

32. — Enfants terribles.

Petit chérubin, dit un vieux monsieur en visite, j'ai apporté du bonbon pour vous, je vous le donnerai quand je m'en irai.

— Eh bien ! monsieur, donnez-le-moi tout de suite, et allez-vous-en.

Un gamin annonçant par la porte ouverte : Maman, c'est monsieur... tu sais ? ce monsieur qui a ce nez... !

— Ah ! ma chère, ne m'en parlez pas, cette petite fille me fera mourir. — Elle a l'air si gentille ! — Ne vous y fiez pas ; elle n'est pas bonne. — Si c'est cela, mon enfant, Croquemitaine te mangera.

— Non, dit la petite fille, il ne me mangera pas, puisque je ne suis pas bonne.

On causait devant un petit garçon de la beauté des cheveux. Sa mère voulant se faire complimenter sur les siens, dit : Ah ! j'en avais aussi beaucoup, et j'ose dire, d'assez beaux ; mais il ne m'en reste presque plus.

— Oh ! si on peut dire ! s'écria l'enfant, tu en as plein un tiroir.

Si je vous punis, mademoiselle, disait une gouvernante à sa petite élève, ne croyez pas que ce soit pour mon plaisir.

— Pour le plaisir de qui, alors ? répondit l'enfant.

On demandait à un bambin quel âge il avait.

— Monsieur, répondit-il, j'ai cinq ans à la maison et trois ans dans les chemins de fer.

1. Qui résultent de l'habitude, et non d'un penchant naturel.

33. — Les ménages heureux.

Dans les vies modestes, où le travail est la condition nécessaire du bien-être de la famille, les femmes distinguées sont nombreuses. C'est dans l'intérieur de l'artiste, du savant, du médecin, de l'avocat, du juge, du professeur, du commerçant, que l'on trouve le plus souvent ces femmes studieuses, capables, qui sont très instruites, sans que personne ne songe à les qualifier de *femmes savantes*, parce que leur intelligence est l'honneur, le trésor de la famille, et qu'à l'aide de cette intelligence elles assurent l'aisance, le bien-être de la maison, et même ce luxe délicat où la richesse n'a aucune part, et dont le goût de la femme fait tous les frais. La forme des meubles est jolie, leur arrangement gracieux, des gravures rappellent les œuvres d'art préférées, et révèlent ce qui est aimé, admiré dans la maison. Des fleurs, des tableaux, des livres, une bibliothèque pas très nombreuse, mais bien choisie, tout prouve un intérieur où l'on vit beaucoup, d'où l'on sort peu, et où se trouve le bonheur. Ce n'est pas une de ces demeures vides et magnifiques dont les maîtres sont toujours absents, poursuivant le plaisir avec une activité fiévreuse, et fuyant l'ennui d'un *chez-soi* qui n'a d'attrait que pendant qu'on le meuble, et qui devient fastidieux dès que les fauteuils dorés sont à leur place.

Dans ce petit appartement du troisième étage, la mère est entourée de ses enfants. Elle les élève elle-même! Grâce à Dieu, elle y est obligée, et comme elle en est récompensée! Elle règne sur ses enfants, qui comprennent les mérites et les sacrifices de cette mère et qui la chérissent: Ils savent bientôt le bonheur d'être nés dans une condition où les mères n'ont pas assez de fortune pour payer des domestiques, des gouvernantes et des gouverneurs qui les remplacent. Aussi, quelle différence entre les deux éducations! Les fils sont les premiers au collège et dans les écoles; les filles reçoivent ces éducations supérieures qu'on peut donner pour modèle aux jeunes filles du monde. Elles veulent être égales à leurs mères, qui travaillent avec elles, qui les dirigent, les suivent, s'intéressent, s'associent à leurs travaux.

La loi du travail pèse sur la mère plus que sur toute

autre créature; l'âme de ses enfants est le champ qu'elle doit cultiver à la sueur de son front; personne n'a grâce pour la remplacer, et si les éducations les plus complètes se font dans les intérieurs modestes dont nous parlons, c'est l'honneur de ces mères laborieuses. Que de jeunes gens doivent leur goût grossier pour les chiens, pour les chevaux, aux mercenaires qui les ont élevés! Une mère met d'autres goûts et d'autres ambitions au cœur de ses enfants lorsqu'elle les élève elle-même. Quelquefois une inquiétude vient traverser son âme; elle se demande si elle pourra armer d'assez d'honneur et de foi la conscience de ses enfants, pour leur inspirer le courage de porter à leur tour une vie modeste, sans jamais consentir à gagner la fortune par une bassesse. Inquiète, elle redouble de soins pour cette éducation qu'elle sait être leur dot, et elle devient plus attentive, plus vertueuse, plus courageuse, pour transmettre à ses enfants l'admirable fierté de son âme.

Et les enfants, qui voient les labeurs de leur mère, ont un besoin secret de la soulager et de la récompenser. La volonté de bien faire est plus vivante dans ces asiles du bonheur modeste, et la joie du devoir accompli fait que chacun est content de son sort. La journée entière est active, le père est à son travail; la mère gouverne la maison, mène les enfants aux classes; le soir, chacun est fatigué du travail du jour et désire rester à la maison. C'est l'heure du repos, des jeux des enfants, l'heure des causeries, des lectures, de la musique, de l'intimité, de la gaieté. Oh! oui, c'est dans ces intérieurs simples, laborieux, que se trouve le plus souvent le bonheur!

Sujet de rédaction. — Montrez que le bonheur habite souvent les intérieurs modestes où la mère de famille élève elle-même ses enfants.

34. — Conseils d'un poète à une jeune fille.

Y a-t-il sur la terre un être plus aimé, plus choyé, j'allais dire plus gâté que la jeune fille. Elle ne trouve devant elle que des personnes disposées à lui être agréables; mais, en retour de tant d'attentions, on voudrait la voir parfaite et les plus grands écrivains se sont plu à lui donner des conseils. V. Hugo lui recommande de travailler, de rester pure, d'être calme, joyeuse et bonne.

Laisse-toi conseiller par l'aiguille ouvrière,
Présente à ton labeur, présente à ta prière,
Qui dit tout bas : « *Travaille!* » Oh! crois-la! Dieu, vois-tu,
Fit naître du travail, que l'insensé repousse,
Deux filles : la vertu, qui fait la gaîté douce,
Et la gaîté, qui rend charmante la vertu!

Sois *pure* sous les cieux! comme l'onde et l'aurore,
Comme le joyeux nid, comme la tour sonore,
Comme la gerbe blonde, amour du moissonneur,

Comme l'astre incliné, comme la fleur penchante,
Comme tout ce qui rit, comme tout ce qui chante,
Comme tout ce qui dort dans la paix du Seigneur!

Sois *calme*. Le repos va du cœur au visage;
La tranquillité fait la majesté du sage.
Sois *joyeuse*. La foi vit sans l'austérité;
Un des reflets du ciel, c'est le rire des femmes;
La joie est la chaleur qui jette dans les âmes
Cette clarté d'en haut qu'on nomme Vérité.

Sois *bonne*. La bonté contient les autres choses.
Le Seigneur indulgent sur qui tu te reposes
Compose de bonté le penseur fraternel.
La bonté, c'est le fond des natures augustes.
D'une seule vertu Dieu fait le cœur des justes
Comme d'un seul saphir la coupole du ciel.

Ainsi, tu resteras, comme un lis, comme un cygne,
Blanche entre les fronts purs marqués d'un divin signe;
Et tu seras de ceux qui, sans peur, sans ennuis,
Des saintes actions amassant la richesse,
Rangent leur barque au port, leur vie à la sagesse,
Et, priant tous les soirs, dorment toutes les nuits!

VICTOR HUGO.

35. — Le bon langage.

Autrefois, l'orthographe était une science rare et l'on pouvait compter dans un pays ceux qui la connaissaient. Aujourd'hui, grâce au progrès de l'instruction, il n'en est plus de même, et bientôt l'on pourra compter ceux qui ne savent pas écrire correctement.

Mais il reste à accomplir un progrès. Ce n'est pas assez de savoir écrire les mots sans faute, il faut encore savoir les parler, les prononcer convenablement. J'ai connu une vieille dame qui se donnait de grandes licences pour l'orthographe, et qui aurait été fort humiliée de faire une faute de français, une faute contre la langue. Je ne sais pas trop si je ne partage pas sa manière de voir à ce sujet. Oui, j'aimerais mieux écrire *armoir*, *coridor*, que de prononcer *ormoire* et *collidor*.

Rien n'étonne et ne choque comme d'entendre sortir de la bouche gracieuse d'une jeune fille des mots inusités, impropres, vulgaires, je ne dis pas grossiers. Quoi de plus bizarre et de plus ridicule que ces expressions à la mode : c'est *v'lan!* c'est *pschutt!* c'est *chic!* c'est *épatant!* N'ai-je pas entendu dernièrement une enfant chanter cette phrase spirituelle : *Sur le bi, sur le banc, sur le bi du bout du banc!*

On peut sourire d'entendre une jeune fille se servir de pareils mots; mais on préfère de beaucoup celle qui parle simplement et purement notre belle langue française et qui n'emploie que les termes, les locutions adoptés par l'usage et... par l'Académie — cette grande dame jalouse qui veut que ses décisions aient force de loi.

Une année, *étant* aux bains de mer, le hasard m'avait placée, à table d'hôte, à côté d'une dame fort élégante, spirituelle, grande parleuse, et, au résumé, très agréable. Je l'entendis plusieurs fois demander à un de ses voisins de table des nouvelles de sa *dame*, de son *épouse*, de sa *demoiselle*; termes très vulgaires. Si l'on est lié avec quelqu'un, on peut lui demander des nouvelles de sa femme, de sa fille. Dans le cas contraire on doit dire : Comment se portent madame X., mademoiselle X ?

Au milieu de son flux de paroles, je remarquai aussi bon nombre de fautes, j'en fus étonnée. Entre autres histoires qu'elle nous raconta, je me rappelle celle-ci :

C'était durant *la belle* automne de l'année dernière, sur *les* midi. Soudain *une* orage éclate au-dessus de ma demeure, des nuages de *mauvaise* augure s'avancent, ils étaient jaunâtres, c'était *une* indice de grêle. Alors l'atmosphère était *lourd*. Bientôt *une* éclair sillonne la nue et peu après ***une*** incendie se déclare qui donna lieu à ***une touchante*** épisode, etc.

— Eh bien ! mais j'avoue à ma confusion que je ne vois pas de fautes ; où sont-elles ?

— Il en existe neuf, seulement... on ne les aperçoit pas, elles se font si petites, si modestes. Ce sont des fautes de genre qui se glissent sournoisement dans les discours, et, comme le dit un auteur, souvent au lieu du léger féminin on emploie le lourd ou grave masculin.

Tant qu'une personne vêtue élégamment garde le silence, on peut lui trouver un air distingué, la croire instruite, bien élevée ; mais du moment où elle a prononcé quelques phrases, il n'y a plus de doute à avoir, on sait à quoi s'en tenir sur son instruction et son éducation. Donc, mesdemoiselles, veillons sur nos discours si nous voulons nous faire bien juger, n'employons que des termes clairs, usités, exacts, fuyons les expressions basses et triviales, les néologismes. Evitons de même l'extrême recherche des termes, ce qui dénote un manque de naturel, de bon goût et de mesure. L'emphase mène au ridicule.

On remarque de nos jours que beaucoup de jeunes filles ont une attitude trop assurée, une conversation tranchante que l'on peut attribuer à la fréquentation des cours. Là, on les habitue à parler en public, à improviser des définitions, à résoudre des problèmes géographiques et historiques ; or, comme le dit si excellemment Mme Emmeline Raymond [1], l'instruction est une belle et bonne chose, mais il n'est pas nécessaire de lui sacrifier les façons douces et polies, la modestie dépourvue d'affectation, et l'on est condamnable de ne pas concilier les soins donnés à l'intelligence avec les devoirs de la société.

Sujet de rédaction. — Faites voir l'utilité d'écrire correctement notre belle langue française et de la parler purement. Quelles expressions faut-il éviter ?

---

1. Mme *Emmeline* RAYMOND, femme de lettres française, née à Czernowitz (Bukovine) en 1830.

36. — Une page d'anecdotes.

— Cette place est *indéfensable*, disait à un officier supérieur le gouverneur d'une ville peu fortifiée. — Prenez garde, répondit l'officier, ni ce que vous dites, ni ce que vous voulez dire n'est français.

Il y a quelques années, deux vieux débris de la grande armée traversaient la place Vendôme. Devant la statue de Napoléon Ier, l'un d'eux fait respectueusement le salut militaire.

— Vous aimez toujours le grand homme? lui dit quelqu'un.

— Ah! monsieur, nous ne sommes pas des ingrats... Si nous sommes des invalides, c'est à lui que nous le devons.

— Que je suis triste! disait une maîtresse de maison, de voir ce rôti si *incuit*. — Oh! madame, répondit un convive, nos domestiques ont tant d'*insoins*.

— Cocher?

— Bourgeois!

— On gèle dans votre voiture, vous n'avez pas de boule?

— Pardon, elle est sous mes pieds.

— Ma fille, dit Mme X... à sa cuisinière, tâchez donc de prêter plus d'attention à mes recommandations; cela me fait vraiment de la peine d'avoir à vous adresser toujours les mêmes reproches.

— Oh! madame n'a pas besoin de se gêner; ça ne me fait rien du tout, à moi.

Pendant la dernière exposition canine un Anglais se montrait un jour très affairé, il cherchait diverses classes de chiens et ne trouvait pas ce qu'il désirait. Enfin, il s'adresse à un garde et lui dit : — Montrez-moi, je vous prie, les *dogues* de Venise.

L'employé court encore...

37. — La femme distinguée.

C'est une charmante chose que la distinction ; mais il ne faut pas qu'elle dégénère en prétentions et en manières.

Lorsqu'une femme entend le ménage et les affaires ; qu'elle est agréable et plaît dans le monde ; qu'elle a de l'esprit, sait lire et causer, elle forme par l'association de ces diverses qualités un être harmonieux que je nommerai la *femme distinguée*, c'est-à-dire la femme capable de tout animer dans sa famille, de tout comprendre, et d'agir ; la femme qui sait être aimable sans être légère, soigneuse de sa personne sans être frivole ; la femme qui gouverne la vie en se pliant à ses exigences ; qui en accepte la partie matérielle sans la négliger, mais sans s'y absorber ; qui en fait, si je puis dire ainsi, le piédestal d'une vie plus élevée. Son âme puise alors dans les nobles sentiments et les principes solides le courage de tous les dévouements ; son intelligence trouve dans le culte du beau, dans le commerce des grands esprits et l'habitude des solides pensées, ce sens élevé que Joubert[1] appelait le sens exquis, et qu'il voulait faire pénétrer dans le bon sens pour rendre celui-ci plus que jamais le maître de la vie humaine : maître sage et soigneux des intérêts matériels comme de tous les autres, et qui, dans cette science supérieure qu'on appelle la science de la vie, sait en coordonner tous les éléments, faire à chaque besoin de l'âme et du corps, aux aspirations de l'esprit et aux convenances sociales, la part conforme à l'ordre, au devoir et à la dignité de l'âme humaine.

Toute femme, lorsqu'elle le veut, peut être distinguée. La noblesse est l'ouvrage de la Nature, la distinction est celui de l'art : l'une est née avec nous, l'autre s'acquiert.

---

1. JOUBERT (*Joseph*), moraliste français, né à Montignac (*Dordogne*) en 1754, mort à Paris en 1824.

38. — Les bons et les mauvais caractères.

Une femme acariâtre est née pour son propre malheur comme pour le malheur des autres.

C'est la beauté de l'âme qui fait la beauté du caractère.

Avoir un *bon caractère*, c'est posséder en soi le gage le plus assuré du bonheur ici-bas.

La personne douée d'un bon caractère vit en paix avec tout le monde; elle est indulgente, bienveillante pour tous; elle ne s'irrite pas des épreuves, des contradictions, prend le bon côté des choses et est toujours disposée à être agréable aux autres. On vit autour d'elle, dans une atmosphère de joie sereine et de douce tranquillité; elle a toujours le sourire sur les lèvres, parce que la sérénité des traits et le sourire sont les reflets d'un bon cœur.

La femme qui a un *caractère acariâtre*, difficile, est au contraire pour ceux qui l'entourent la cause d'un tourment perpétuel. Pas une heure de calme pour les malheureux qui ont à la supporter. Elle trouve à redire à tout, n'est jamais contente de rien, se plaint sans cesse des autres et d'elle-même. Elle est maussade et rechignée, et n'est de l'avis de personne. Si l'on dit blanc, elle soutient noir; si l'on parle des gens, elle dit du mal de ceux dont on dit du bien et elle vante ceux que l'on blâme. Elle est susceptible, le moindre mot contradictoire l'irrite et l'exaspère. Avec une telle personne la vie se passe dans les taquineries, les bouderies et les querelles; c'est un véritable enfer; cent fois le jour on se dit tout bas : Mon Dieu, quel être insupportable, quel fardeau !

De l'esprit aisément les péchés sont remis,
Mais non pas ceux du caractère.

La qualité la plus essentielle chez une femme est la

douceur unie à l'égalité de caractère. N'oubliez jamais que tous les hommes, s'ils sont honnêtes, se rendent à la raison quand les représentations ne sont mêlées ni d'emportement ni d'aigreur; il n'en est pas de même si la femme est criarde, obstinée, exigeante et emportée.

Une mère prudente et sage, lorsqu'elle veut marier son fils, ne demande pas d'abord si la jeune fille qu'elle recherche pour bru est riche, jolie, spirituelle; elle s'inquiète avant tout de savoir si elle a un bon caractère. La beauté, la richesse, l'esprit, ne sont pas certes à dédaigner; mais sans ces dons le bonheur peut exister dans un ménage, tandis qu'il est impossible avec une femme d'un mauvais caractère.

Une jeune fille douée d'un heureux caractère est aimée de tous. Si parmi ses sœurs et ses frères elle remarque un sujet de discorde, vite elle met la goutte d'huile ou le baume sur la plaie, elle prévient les difficultés, donne un sage conseil à celui-ci, apaise celui-là, fait cesser les malentendus et ramène la paix et la confiance.

L'heureux caractère a pour base la bonté, et la bonté c'est la vertu que les hommes apprécient et estiment toujours, la seule où, ce semble, l'excès soit permis. Faire des actes de bonté, c'est jeter sur le chemin que l'on doit parcourir la semence de fleurs brillantes, suaves et parfumées, qui embellissent et charment la route. Soyez bonnes, et vous serez heureuses.

Evitez le caprice avec un soin extrême.
Vouloir aujourd'hui blanc, demain d'autre façon,
Changer de goûts, d'amis, sans fin et sans raison,
C'est tourmenter en vain les autres et soi-même.

Sujet de rédaction. — Comparez deux jeunes filles; l'une ayant un bon caractère et l'autre un mauvais. Prouvez qu'un mauvais caractère est quelque chose de désastreux dans une famille.

39. — Le rôle de la femme au foyer domestique.

Nous ne saurions mieux traiter ce sujet qu'en citant une page charmante de Legouvé. Elle résume les divers conseils que nous avons donnés à nos chères lectrices et elle peint admirablement le rôle de la femme au foyer domestique.

LEGOUVÉ (*Gabriel-Marie-Jean-Baptiste*), poète français, né au Conquet (Finistère) en 1773, mort à Paris en 1838.

« De la femme de ménage dépendent la prospérité intérieure, la santé des enfants, le bien-être du mari. Elle s'occupe du beau comme du bon, car l'arrangement de sa demeure est comme une œuvre d'art qu'elle crée et renouvelle chaque jour. La bonne femme de ménage a besoin de toutes les qualités féminines, l'ordre, la finesse, la bonté, la vigilance, la douceur. Elle répare les fortunes ébranlées; elle sait transformer l'aisance en richesse, le strict nécessaire en aisance. Elle gouverne enfin, elle gouverne pour sauver, et son empire est plus réel que celui des ministres et des rois. Un roi, si habile qu'il soit, peut-il faire que ce qu'on appelle son royaume demeure à l'abri des intempéries du ciel? que la pluie, la grêle, la guerre ne viennent pas ravager ses routes et ses moissons? Un roi a-t-il quelque autorité sur les âmes? peut-il commander à ses sujets de parler, de se taire? Êtres et choses, tout lui échappe. La femme de ménage, au contraire, tient dans sa main, pour ainsi dire, chacun des habitants qui animent et chacun des objets qui composent son empire. Elle exile de sa maison les paroles grossières, les actes violents; elle améliore ses serviteurs comme ses enfants, et nul n'est frappé d'une souffrance qu'elle ne puisse aller à son aide. Par elle les meubles sont toujours propres, le linge toujours blanc.

Son esprit remplit cette demeure, la façonne à son gré, et rien ne manque à ce gouvernement domestique, pas même le charme idéal.

« Qui de nous, passant le soir dans un village, devant quelque demeure de paysan, et apercevant à travers les vitres le foyer flambant, le couvert mis sur une nappe rude mais sans tache, et la soupe fumante sur la table, n'a point pensé, avec une sorte d'attendrissement que j'appellerai poétique, à ce pauvre ouvrier, bientôt de retour, qui, après un long jour employé à remuer la terre ou le plâtre et à frissonner sous la pluie, allait rentrer dans cette petite chambre si nette et reposer ses yeux et son cœur fatigués de tant de travaux rebutants? Peut-être ne se rend-il pas compte de ce sentiment de bien-être, mais il l'éprouve. L'homme de pensée lui-même, après de longues et arides méditations, ne trouve-t-il pas une sorte de repos qu'il idéalise dans la vue des occupations ménagères?

« La laiterie où le beurre s'arrondit en mottes brillantes et parsemées de gouttes de rosée, la grande cuve où bout le linge, la bassine où cuisent les fruits mêlés de sucre, sont autant d'objets qui calment, qui touchent même d'une sorte d'émotion sereine, comme tout ce qui tient à la nature et à la famille, comme la vue d'une vache qui broute, d'une plaine où se fait la moisson.

« Les anciens sentaient et exprimaient admirablement cette poésie domestique. L'*Odyssée* [1] ne nous charme jamais davantage que quand elle nous offre, dans Nausicaa et dans Pénélope, la princesse unie à la femme de ménage; et Xénophon [2] n'a rien écrit de plus exquis que le tableau des joies de la jeune mère de famille. »

Sujet de rédaction.— Résumez le rôle de la femme au foyer domestique et faites voir son influence sur le bonheur de la famille.

---

1. *Odyssée*, poème épique du célèbre poète grec Homère. Dans son ouvrage, Homère nous représente la princesse *Nausicaa*, fille d'Alcinoüs, roi des Phéaciens, lavant elle-même ses robes et celles de ses frères; il nous montre *Pénélope*, femme d'Ulysse, roi d'Ithaque, travaillant nuit et jour, pendant vingt ans, à broder une toile en attendant le retour de son mari.
2. Xénophon, historien grec, né à Athènes vers 445 av. J.-C.

40. — Bons mots, reparties, etc.

Le roi Louis XV, encore enfant, sortait de Versailles[1] avec son gouverneur; à la porte du palais se trouvait un décrotteur, qui se découvrit devant le jeune roi. Le gouverneur, quittant la main de son élève, rendit au pauvre diable son salut. — Comment, monsieur, vous saluez un domestique! lui demanda le roi? — Sire, j'aime mieux saluer un domestique que d'entendre dire qu'un domestique est plus poli que moi.

Louis XV, arrière-petit-fils de Louis XIV, roi de France de 1715 à 1774.

La politesse est à l'esprit
Ce que la grâce est au visage;
De la bonté du cœur elle est la douce image,
Et c'est la bonté qu'on chérit.

Une dame quêtait. Elle présente la bourse à un richard, qui lui dit rudement : Je n'ai rien. — Prenez, monsieur, dit la dame, je quête pour les indigents.

Un gentilhomme, accosté par un important dont la familiarité lui déplaisait, et qui lui dit en l'abordant : Bonjour, mon ami! comment te portes-tu? répondit : Bonjour, mon ami! comment te nommes-tu?

Une jolie réflexion de domestique :

Un bruit de verre cassé retentit dans la salle à manger.

— Qu'est-ce que c'est, Joseph?... Vous venez encore de casser un verre?

— Oui, mais j'ai eu de la chance cette fois. Il s'est cassé en deux.

— Et vous appelez ça de la chance?

— Ah! on voit bien que madame ne sait pas le mal qu'il faut se donner pour ramasser les éclats quand un verre se casse en mille morceaux.

1. *Versailles*, chef-lieu du département de Seine-et-Oise.

41. — La Bonne ménagère.

D'APRÈS M. COPPÉE, DE L'ACADÉMIE FRANÇAISE

« Vos maîtresses, mes enfants [1], désirent faire de vous de bonnes ménagères, et, au premier abord, cela semble assez facile. Mais je sais, moi qui vous parle, ce qu'il faut de mérites de toute espèce et de tout instant pour être une bonne ménagère; car j'en ai connu une, que j'ai tendrement aimée, et, si vous le voulez bien, je vous parlerai un peu d'elle.

COPPÉE (*François*), poète français, né à Paris en 1842.

C'était la femme d'un modeste employé de ministère. Elle avait eu huit enfants, et il lui en restait quatre, trois grandes filles et un petit garçon. Faire vivre tout ce monde avec les modestes appointements du père, quel problème! Car on voulait garder son rang, malgré tout; on était fière, on voulait rester une bourgeoise, une « dame ». Eh bien, le courage et les doigts de fée de l'excellente mère suffisaient à tout. Les fillettes avaient des robes fraîches; le petit bonhomme était bien tenu. Il existe encore ce petit bonhomme, et, bien qu'il ait aujourd'hui dépassé la quarantaine, il se souvient toujours d'un certain caban [2] en étoffe écossaise, chef-d'œuvre de l'industrie maternelle, dont il était très fier et qui faisait l'envie et l'admiration de ses camarades de pension. C'était merveilleux ce que cette bonne ménagère déployait d'économie, de patience, d'invention, d'activité pour que sa maison et sa famille lui fissent honneur. Celle qui, lorsqu'on n'était pas trop pauvre,

---

1. Discours prononcé aux jeunes orphelines d'Alsace et de Lorraine, à une distribution de prix.
2. *Caban*, manteau à capuchon.

aimait à recevoir quelques parents, quelques amis de son mari, et leur servait le thé avec grâce, s'était levée à cinq heures du matin, comme une servante, et avait quelquefois fait elle-même un petit savonnage, pour que ses filles eussent des collerettes blanches. Il y avait de mauvais moments. Vers la fin du mois le dîner était souvent très court et très maigre; mais on le servait toujours sur une nappe éclatante et en été on mettait un petit bouquet sur la table, pour la parfumer et la fleurir. Je vous parlerais jusqu'à demain si je vous racontais tous les tours de force qu'a faits cette pauvre femme plus encore avec son vaillant cœur qu'avec ses mains laborieuses. Et elle était toujours gaie; elle riait en travaillant, pour communiquer aux siens la confiance et l'énergie dont elle débordait. Que dis-je? Aux jours de grande pauvreté, elle redoublait de bonne humeur; et ce logis, où souvent on n'aurait pas trouvé deux écus à faire tinter l'un contre l'autre, était plein de chansons du matin au soir.

« J'ai été le témoin de cette simple et noble vie; et c'est, j'en suis sûr, parce que j'ai grandi auprès de cette admirable femme, qui avait toutes les forces et toutes les délicatesses, que la fleur de la sensibilité s'est un jour épanouie dans mon cœur et dans mon imagination et que je suis devenu poète. Car, vous l'avez sans doute deviné déjà, le petit bonhomme dont je vous parlais tout à l'heure et qui était si fier de son caban écossais, n'est pas un autre que celui qui a l'honneur de présider votre distribution de prix; et c'est, en voyant à l'œuvre sa bien-aimée mère, qu'il a compris, dès sa première enfance, tout ce que le devoir de la bonne femme de ménage a d'auguste et de touchant.

« Pour vous mettre en état de bien remplir ce devoir, vos maîtresses, mes enfants, vous donnent de très bons enseignements pratiques; mais elles font mieux et plus, en vous inspirant les vertus essentielles dont elles vous offrent aussi l'exemple.

« Elles vous apprennent d'abord à croire en Dieu et à le prier ; elles vous apprennent encore — et c'est leur œuvre la plus exquise — à vous aimer entre vous, et elles vous préparent à donner plus tard, quand vous vous retrouverez dans la vie, le spectacle le plus doux qui soit au monde, celui de l'amitié d'un humble pour un humble comme lui, celui de la pitié d'un pauvre s'exerçant envers un plus pauvre.

« Elles vous apprennent enfin à avoir confiance dans le lendemain, et ce don sublime de l'espoir, facile à votre âge, jette de profondes racines dans votre cœur, afin de vous soutenir dans les luttes de l'existence, de vous consoler dans ses misères.

« L'Espérance!... c'est par ce mot que je veux terminer mon allocution, orphelines d'Alsace et de Lorraine. Car je n'oublie pas devant qui je parle; car je sais que dans vos géographies, on vous montre sur la carte de France une tache de deuil. Elle sera effacée un jour, n'en doutez jamais, et dites-vous bien que tous, à cet égard, nous gardons au fond du cœur la chère, la précieuse, l'immortelle Espérance! »

Sujet de rédaction. — Racontez comment une bonne ménagère peut arriver avec un budget restreint, des ressources très limitées, à tenir son rang dans la société et à subvenir aux besoins de sa famille.

42. — Chauffage et éclairage.

Le chauffage et l'éclairage sont deux choses fort importantes dans une maison ; ils réclament toute l'attention et les soins d'une bonne ménagère.

Lorsqu'on va habiter une maison, il faut commencer d'abord par faire établir les cheminées dans des conditions convenables. En France, elles sont en général trop larges et le tirage se fait mal. L'orifice inférieur doit être rétréci par trois cloisons obliques inclinées vers le foyer et recouvertes d'un revêtement de faïence qui, par son poli, renvoie parfaitement la chaleur. L'extrémité supérieure de la cheminée doit être terminée par un appareil en tôle qui empêche le vent de s'y engouffrer. N'oublions pas qu'une cheminée établie dans les formes voulues, chauffe beaucoup mieux et fait vite regagner à un ménage la dépense qu'elle a occasionnée.

Extrémité supérieure de la cheminée, ornée d'abat-vent.

Le bois est sans contredit le meilleur, le plus sain, et le plus agréable des combustibles. Quelle douce sensation n'éprouve-t-on pas lorsqu'on entre dans une chambre éclairée par de joyeuses flammes, et que, mettant les deux pieds sur les chenets, on voit tout à coup apparaître aux yeux des étincelles imitant un feu d'artifice ou des figures revêtant les formes les plus bizarres et les plus fantastiques!

Cheminée à petit orifice inférieur.

Le seul inconvénient du bois est de coûter cher, il est très rare dans certains pays. Le meilleur de tous les bois est le chêne; puis le charme, le hêtre et l'orme.

Le charbon de terre, appelé aussi houille, est plus économique que le bois et donne plus de chaleur ; on lui reproche de répandre un peu de fumée en commençant à brûler, laquelle a une odeur désagréable. De plus, avec la houille, pas de cendre précieuse à mettre sur la lessive.

Le coke, qui n'est autre chose que le charbon de terre dégagé, par la distillation, de ses éléments fluides et gazeux, coûte un peu moins que la houille, mais dure moins aussi, et ne donne pas autant de chaleur. On se sert d'appareils spéciaux pour brûler ces deux sortes de combustibles et, grâce à leur prix peu élevé, les enfants pauvres ne grelottent plus l'hiver.

Certaines personnes, dans les villes, ont adopté le gaz comme moyen de chauffage ; mais ce mode est peu répandu, on préfère se servir du gaz pour faire cuire les aliments.

Sous prétexte de chauffer une chambre, il ne faut jamais y mettre un réchaud rempli de charbon ou de braise, car ces substances dégagent un gaz dangereux, et pour peu que la chambre soit petite et bien close, les personnes imprudentes qui y dorment peuvent y trouver la mort.

Une chaufferette même, dans un local petit et sans ouverture donnant accès à l'air extérieur, peut occasionner des accidents, de violents maux de tête. Disons encore que lorsqu'une femme repasse elle doit tenir les réchauds sous une cheminée ou dans un courant d'air.

Il nous reste à parler des poêles.

Le poêle est le meilleur des appareils de chauffage sous le rapport de la facile installation, de l'économie du combustible, de l'utilisation de la chaleur ; mais il est un des plus défectueux au point de vue de l'hygiène, surtout dans un appartement petit, habité par un grand nombre de personnes.

Les poêles ont l'inconvénient de mal ventiler, c'est-à-dire de renouveler incomplètement l'atmosphère d'une pièce, parce qu'ils dépensent bien moins d'air que ne le fait une cheminée. De plus, la violente chaleur qu'ils dégagent dessèche l'air et incommode la respiration.

Les poêles mobiles qui tendent à se répandre aujourd'hui ne doivent jamais rester la nuit dans une chambre à coucher; ils sont surtout très dangereux lorsqu'ils n'ont pas au dehors de tuyaux d'échappement. Le plus prudent est de s'en abstenir complètement.

En général, les poêles de fonte, lorsqu'ils sont surchauffés, exhalent une odeur qui causent souvent des maux de tête plus ou moins violents. C'est facile à expliquer. La fonte est en effet du fer associé à une petite quantité de charbon. Devient-elle rouge sous l'action d'une chaleur intense, le charbon qu'elle contient se consume en partie, et ses vapeurs délétères se répandent dans la chambre. De là les malaises en question. Il n'y a que deux moyens de prévenir ces malaises : ou ne pas chauffer le poêle jusqu'au rouge, ou bien, si on le laisse rougir, ménager un courant d'air qui permette à l'atmosphère viciée de la chambre de se renouveler. Mais, me direz-vous peut-être, j'ai toujours soin de placer un vase plein d'eau sur le poêle allumé. C'est parfait et vous faites bien d'en mettre, car l'eau, en s'évaporant renouvelle l'humidité de l'air desséché par la chaleur du poêle ; mais elle est impuissante à détruire les mauvais effets de la vapeur du charbon ; donc, aérez votre chambre.

Les appareils dont on se sert pour répandre de la chaleur dans plusieurs appartements se nomment calorifères. Ils ne sont employés que dans les grandes maisons et les monuments publics. Maintenant, arrivons à l'éclairage.

De nos jours, les ménagères n'ont que l'embarras du choix pour éclairer leur demeure. Suivant leur position de fortune elles peuvent choisir entre la chandelle, la bougie, l'huile et le pétrole. Le gaz (substance que l'on retire de la houille) est réservé, dans les villes, à l'éclairage des rues, des magasins et de certaines maisons particulières ; il en est de même de l'électricité.

Une maîtresse de maison prudente n'attend jamais le soir pour préparer ses lampes, surtout celles qui contiennent du pétrole. Cette dernière substance est très inflammable et malheur à ceux qui approchent une lumière d'un vase où elle est renfermée !

Sujet de rédaction. — Montrez l'utilité d'avoir des cheminées allant bien, ayant un bon tirage, et dites les conditions nécessaires pour se les procurer. Nommez les principaux combustibles. Parlez du chauffage par le poêle, dites ses avantages et ses inconvénients. Nommez enfin les différents modes d'éclairage.

43. — Les Pourquoi et les Parce que de la maîtresse de maison.

— Pourquoi fait-on usage de laine et de fourrures?

Parce que ces substances empêchent l'écoulement de la chaleur de notre corps; ce sont de mauvais conducteurs.

— La laine et la fourrure communiquent-elles de la chaleur au corps?

Non, les vêtements par eux-mêmes ne communiquent aucune chaleur; seulement ils conservent plus ou moins celle qui se développe en nous par l'action de la vie. Ainsi, l'édredon dont nous couvrons nos lits en hiver est composé de plumes très fines, de duvet floconneux, qui retiennent de l'air en abondance, et comme l'air conduit mal la chaleur, il empêche la déperdition de la chaleur de notre corps.

— Pourquoi porte-t-on des vêtements blancs en été?

Parce qu'ils réfléchissent plus de chaleur qu'ils n'en absorbent, de sorte qu'ils sont moins chauds.

— Pourquoi, avec un pardessus ou des chaussures en caoutchouc, sue-t-on quelquefois au point que le corps ou les pieds semblent nager dans l'eau?

Parce que le caoutchouc étant imperméable ne permet pas à la chaleur de notre corps, à la sueur, de se dissiper et de sécher. C'est pourquoi il ne faut garder le caoutchouc que le temps strictement nécessaire.

— Pourquoi est-il dangereux de dormir dans des draps humides ou de mettre et de conserver sur soi du linge humide?

Parce que l'humidité du linge, pour se convertir en vapeur, enlève continuellement de la chaleur au corps : dès lors, la chaleur s'abaisse au-dessus du degré normal.

— Pourquoi fait-on en bois des manches ou recouvre-t-on d'osier les anses des ustensiles de cuisine fabriqués en métal, comme les théières et les cafetières ?

Parce que le bois, mauvais conducteur de la chaleur, reste à une température beaucoup plus basse que le métal, et qu'on ne court plus risque de se brûler les doigts.

— Pourquoi l'eau distillée n'est-elle pas bonne comme boisson ?

Parce qu'elle a une saveur fade et pèse à l'estomac. Pour lui faire reprendre ses qualités, il suffit de l'agiter fortement au contact de l'air, de la vider d'un vase dans un autre plusieurs fois de suite.

— Pourquoi l'eau de pluie, la plus pure après l'eau distillée, a-t-elle la propriété de bien cuire les légumes et de dissoudre le savon sans donner lieu à des grumeaux ?

Parce qu'elle ne contient que très peu de sels calcaires, qui privent l'eau d'une partie de son pouvoir dissolvant.

— Pourquoi est-il très imprudent de fermer la clef d'un poêle, dans une chambre à coucher, sous prétexte de conserver la nuit une douce chaleur ?

Parce que le tuyau fermé par la clef ne donnant plus issue aux produits de la combustion, ceux-ci se répandent dans la chambre et asphyxient les dormeurs. Ils les font passer souvent du sommeil à la mort.

— Pourquoi les horloges retardent-elles quand il fait chaud ?

Parce que le pendule qui règle l'horloge s'allonge par la chaleur, oscille plus lentement et en retarde la marche.

— Comment doit-on faire les cloisons pour empêcher le son de se propager d'un appartement dans un autre ?

On doit mettre dans l'épaisseur des cloisons des briques creuses, ou du tan, de la sciure de bois, etc. Les vibrations sonores s'éteignent lorsqu'elles rencontrent des corps mous et excessivement divisés.

— Pourquoi un verre, une tasse de porcelaine se cassent-ils en y versant de l'eau très chaude?

Parce que la partie du verre ou de la porcelaine touchée par l'eau chaude se dilate plus que les autres parties; il en résulte une tension inégale qui peut briser l'objet. Pour éviter tout accident il faut verser d'abord une petite quantité d'eau chaude et l'incliner dans tous les sens; quand toutes les parties sont également échauffées, on peut verser l'eau bouillante sans crainte.

— Pourquoi est-il dangereux de coucher dans une chambre où sont renfermées des fleurs ou des plantes?

Parce que les plantes, sous l'influence de la lumière solaire, dégagent de l'oxygène et enlèvent à l'air son *acide carbonique*, tandis que durant la nuit, au contraire, les plantes dégagent ce gaz impropre à la respiration. L'odeur des fleurs, en elle-même, peut être aussi très nuisible.

44. — Les Domestiques.

Lorsque, en fait de serviteurs, on a affaire à de mauvaises natures, à des gens vicieux, il faut les renvoyer au plus vite et ne point en empester sa maison; mais, cette réserve faite, je crois que souvent nous sommes mal servis parce que nous ne savons pas former nos serviteurs et tirer d'eux ce qu'ils sont susceptibles de nous donner.

Rien dans la vie ne s'obtient sans luttes, sans efforts; la douce amitié elle-même a besoin d'être cultivée. Comme l'a dit une femme d'esprit: « Ne laissez pas pousser d'herbe sur le chemin de l'amitié », c'est-à-dire montrez du dévouement à vos amis, cherchez tous les moyens de leur être agréable, ravivez et entretenez leurs sentiments; sans quoi ils n'auront bientôt plus pour vous que de l'indifférence.

Si vous voulez de bons domestiques, choisissez-les avec soin, demandez sur eux des renseignements exacts, puis donnez-vous la peine de les former. Qu'en entrant chez vous leur tâche soit bien définie, qu'ils se rendent bien compte de ce que vous réclamez d'eux. Cela fait, vous devez tenir à ce qu'ils ne s'écartent pas de la ligne tracée. Il existe et il doit exister une différence entre nos domestiques et nous, à cause de nos positions respectives; mais n'oublions pas qu'ils sont nos frères, pétris du même limon que nous, ayant notre même pente au mal, nos mêmes défauts. Dès lors ne leur demandons pas une perfection que nous ne possédons point.

Le meilleur moyen de former de bons serviteurs est de leur inspirer de l'attachement. Ce résultat obtenu, ils iront au-devant de nos désirs et éviteront ce qui peut nous déplaire. Leur position leur sera moins pénible, en ce sens que leur dévouement affectueux les rapprochera de leurs maîtres.

Autrefois, on a vu des serviteurs faire partie des familles dans lesquelles ils étaient entrés. Mais de quelle manière s'y prendre pour leur inspirer cet attachement nécessaire? Rien de plus simple: tous les cœurs se laissent toucher par les mêmes moyens.

Quand une domestique est malade, allez la voir souvent; ne craignez pas votre peine, donnez-lui des soins affectueux, portez-lui de la tisane, plaignez-la, adressez-lui de bonnes et encourageantes paroles, et vous pouvez être sûres qu'elle vous en conservera une vive reconnaissance. Si elle a des deuils de famille, si elle perd ses parents ou ses proches, montrez-lui un bienveillant intérêt et prouvez-lui que vous n'êtes point indifférentes à ce qui la touche. Occupez-vous aussi de ses intérêts matériels, encouragez-la à faire des économies, donnez-lui des conseils prudents pour le placement sûr et solide de ses fonds, levez les difficultés qu'elle rencontrerait à faire elle-même les démarches nécessaires, et enfin n'hésitez pas à lui faire de temps à autre quelques petits cadeaux, suivant votre position de fortune.

Ces principaux points arrêtés, il nous reste à parler des moyens secondaires, que nous allons présenter sous forme d'aphorismes :

Ne commandez pas plus d'ouvrage qu'il n'est possible d'en faire. Certaines maîtresses de maison ne se rendant pas compte de leurs ordres, exigent d'une seule personne l'ouvrage que trois auraient de la peine à faire.

Reprenez avec calme, sans violence, sans colère, sans dureté, et seulement quand il y a une véritable raison; alors votre réprimande portera plus de fruits.

Soyez polies dans vos demandes, ne marchandez pas un merci lorsqu'on vous apporte un objet que vous avez demandé et une louange lorsqu'un travail aura été bien fait. Surveillez les serviteurs, mais sans tyrannie; ne les exposez pas à la tentation en leur laissant de l'argent sous les yeux : la nature humaine est si faible ! Rendez-vous compte des dépenses qu'ils font pour vous, notamment les cuisinières; ne croyez pas qu'ils veuillent vous tromper, mais pensez qu'ils peuvent se tromper.

Payez exactement les gages; c'est une humiliation pour une maîtresse que d'entendre des domestiques réclamer leur salaire.

Ne grondez jamais vos serviteurs devant des étrangers; c'est un manque de convenance pour les amis ou les convives qui ne savent quelle contenance avoir, et c'est pour les domestiques une mortification qu'il est bon de leur épargner.

N'ayez pas à rougir de vos défauts devant une servante; cachez-lui vos petites faiblesses, vos imperfections, ne l'initiez pas à vos affaires de famille; ne lui confiez pas de secrets, afin de ne point être sous sa dépendance. Soyez affables sans être familières : la familiarité engendre le mépris et nuit à l'autorité légitime.

Une jeune fille ne doit pas jouer avec une servante, ni écouter ses confidences; elle ne donnera des ordres que si elle y est autorisée par ses parents.

Voici maintenant quelques renseignements utiles et pratiques.

L'engagement entre un domestique et ses maîtres se fait sans écrit, on le constate généralement par des arrhes ou *denier à Dieu*. Si le domestique se dédit, il rapporte les arrhes à celui qui l'avait retenu.

Lorsque les maîtres et les domestiques veulent se quitter, ils se préviennent réciproquement, de vive voix, huit jours à l'avance. Si le maître avait à se plaindre *gravement* de la conduite d'un domestique, il pourrait le renvoyer immédiatement et sans indemnité pour les huit jours qu'il lui refuse.

Les gages des domestiques non payés sont *privilégiés* [1] pour l'année échue et pour ce qui est dû sur l'année courante. En cas de contestation sur ce que doit un maître, il est cru sur son affirmation.

Sujet de rédaction. — Énumérez tout ce que les maîtresses de maison doivent faire pour former de bons serviteurs et se les attacher.

45. — Anecdotes.

De nos jours, certains domestiques montrent de grandes exigences, et l'on est parfois étonné des conditions qu'ils posent à leurs maîtres avant d'entrer à leur service.

— Madame a besoin d'une bonne? — Oui, mon enfant. Faites-vous bien la cuisine? Pouvez-vous servir de femme de chambre?

— Oui, madame. Combien de gages donne madame? — Six cents francs.

— Cela me convient. A quelle heure se lève-t-on? — A sept heures en hiver, à six heures en été.

1. C'est-à-dire qu'ils sont payés avant toutes les autres dettes.

— Ma chambre est-elle sous les toits? — Non, la chambre est commode.

— Y a-t-il un tapis à mon lit? — Oui, ma fille.

— C'est un homme qui frotte l'appartement? — Oui.

— Il y a quelqu'un pour apporter l'eau? — Sans doute.

— Ai-je mon café au lait tous les matins? — Cela va de soi.

— Madame m'accorde un jour de sortie par semaine? — Parfaitement.

— Ai-je une petite fille pour la grosse besogne? — Comment donc?

— Eh bien, quand entrerai-je chez madame? — Demain, si vous voulez.

— A demain donc, madame.

La bonne s'en va après avoir salué; Mme E. la rappelle : Dites donc, ma fille, jouez-vous du piano? — Non, madame.

— En ce cas, vous ne faites pas mon affaire.

Une dame renvoie sa cuisinière et lui donne son compte. L'argent compté, la fille choisit une pièce de quarante sous et la jette au chien du logis.

— Que signifie...?

— Dame, répond la cuisinière, il ne les a pas volés : depuis six mois c'est lui qui nettoie ma vaisselle!

— Françoise, votre maîtresse est-elle chez elle? — Non, madame.

— Quand reviendra-t-elle? — Ah! je l'ignore; quand madame a donné ordre de dire qu'elle n'y est pas, personne ne sait quand elle reviendra.

— Catherine, je vous avais défendu de vous servir d'argenterie pour faire la cuisine, et voilà que vous tournez le roux avec une cuillère d'argent!

— Madame, elle était sale.

— Lorsque je rentre, disait une dame à sa domestique, je vous trouve souvent à dormir.

— C'est que, madame, je n'aime pas rester à rien faire.

46. — La Vieille Servante.

On ne peut lire sans attendrissement les vers que le poète Autran a consacrés à sa vieille servante. Par son dévouement et son désintéressement, par son attachement pour ses maîtres, cette fille s'est élevée jusqu'à eux et a comblé la distance qui les séparait, elle fait véritablement partie de la famille, elle a partagé ses joies et ses douleurs, elle est aimée de tous; aussi elle ne quittera jamais la maison qu'elle a faite sienne par son cœur, et ses maîtres lui fermeront les yeux.

Autran (*Joseph*), poète français, né et mort à Marseille (1813-1877).

Reste ainsi, ne fais pas un geste,
Ne quitte pas ton escabeau.
Poursuis ta besogne modeste
A côté d'un pâle flambeau.

Mon cœur est plein, mon œil se mouille
Lorsque, seule et baissant les yeux,
Je te vois filer ta quenouille
A ce foyer silencieux.

Te souviens-tu de notre aurore?
Te souviens-tu de la saison
Où la vie, au rire sonore,
Égayait toute la maison?

Après les heures de l'étude,
Nous revenions à nos ébats,
Et toi, non sans inquiétude,
Tu suivais, tricotant nos bas.

Chacun volait à sa chimère;
Tu n'en perdais aucun de l'œil,
Ayant les soucis de la mère,
Sans en avoir le doux orgueil!

Tu contenais à chaque épreuve
Ton cœur muet, quoique trop plein:
Avec la veuve tu fus veuve,
Orpheline avec l'orphelin!

Quand la maison dépareillée
Vit quelquefois entrer la mort,
Ce fut toi qui, dans la veillée,
Restas près de celui qui dort.

De tout ce passé que je pleure,
De l'âme même des parents,
En toi quelque chose demeure:
Je le retrouve et le reprends.

Quand tu vas, effleurant la dalle,
Près du foyer, soir et matin,
Le bruit même de ta sandale
Semble un écho du temps lointain.

Va, je t'aime, âme simple et grande
Toi qui ne sus jamais haïr;
Je t'aime, et moi qui te commande,
Je me sens prêt à t'obéir!

47. — L'Art de se faire deux mille francs de rente.

L'or est une chimère, c'est entendu. Oui, mais, comme le disait ma bonne grand'mère, chimère tant que vous voudrez; en attendant, on ne peut s'en passer, et malheureux sont ceux qui n'ont pas d'argent. Que je les plains!

J'avoue partager les idées de mon aïeule, et il me semble qu'il en est de même de vous, mes chères lectrices. Votre attention s'est éveillée en lisant le titre de ce chapitre, votre physionomie est devenue curieuse et interrogative. Je ne vous en fais pas un reproche, mesdemoiselles; de nos jours la vie est chose positive, le temps n'est plus à la rêverie; la poésie et l'idéal ne sont qu'un accessoire, il faut d'abord assurer sa vie matérielle. Et puis, hélas! ne serait-on pas tenté de croire que la gêne et la misère ont une mauvaise influence sur les cœurs et les sentiments? Ne dirait-on pas que souvent elles les rétrécissent, les abaissent et leur enlève ce qui en fait le charme — la délicatesse? Travaillons donc tous, tant que nous sommes, non à amasser une fortune, mais à nous procurer une honnête aisance, l'heureuse médiocrité du poète ancien :

> Si le bonheur nous est permis,
> Il n'est point sous le chaume, il n'est point sur le trône;
> Voulons-nous l'obtenir, amis?
> La médiocrité le donne.

Mais comment, me direz-vous, amasser deux mille francs de rente quand l'argent est si difficile à gagner? nos parents le répètent sans cesse. Oui, comment cela peut-il se faire? En tout cas, le moyen n'est-il pas à notre portée?

Ce moyen, mesdemoiselles, s'il n'est point encore à votre portée pourra y être bientôt; il consiste dans l'économie qui est de votre ressort; elle peut être faite par vous et par toutes les femmes laborieuses, vous allez voir :

Il est certes bien agréable de se faire servir et de ne se livrer qu'à une occupation qui vous plaît; mais, à mon avis, il est encore plus agréable de se passer de serviteurs toutes les fois que la chose est possible. Les domestiques, fussent-ils même excellents, sont toujours une gêne pour les maîtres; on ne peut devant eux traiter bien des sujets, et leur présence met une entrave à toutes les conversations.

J'ai remarqué maintes fois la joie des convives lorsque, à un déjeuner, le domestique se retirait laissant à sa place des servantes... de bois—très discrètes celles-là! —c'est-à-dire des tables rondes à plusieurs étages, contenant le pain, les plats, les assiettes, etc. Alors les langues se déliaient et la gaieté brillait. Eh bien! ce soulagement qu'on éprouve durant un repas n'est guère moindre dans mille et une circonstances au cours d'une journée, et si l'on interroge les maîtresses de maison elles vous disent invariablement : Que ceux qui n'ont pas de domestiques sont donc heureux!

Je vous prends au mot, mesdames, voulez-vous être tranquilles dans votre intérieur et bien servies? Servez-vous vous-mêmes. Après tout, se passer de domestiques dans une condition modeste, n'offrant que des ressources médiocres ou aléatoires, est un parti prudent, indispensable même si l'on ne veut aboutir à la ruine. J'ajoute que la chose est facile pourvu que la ménagère soit active, vigilante; qu'elle ne trouve pas ses occupations au-dessous d'elle, qu'elle ne craigne pas sa peine et sache prendre sa besogne.

J'ai vu des ménages admirablement tenus par les maîtresses de maison elles-mêmes, occupant une certaine position dans la société: l'ordre et la propreté régnaient partout, les repas étaient prêts à heure fixe et la mère de famille trouvait encore le temps de s'occuper de ses enfants, de les faire travailler et de les promener dans le milieu du jour. Tout est possible à une femme de bonne volonté qui comprend l'étendue et la noblesse de ses devoirs. Cela dit, mesdemoiselles, abordons notre sujet et quand vous aurez suivi mon raisonnement, vous ne pourrez vous empêcher de dire comme Pandore à son brigadier : — Vous avez raison.

Prenons, si vous le voulez bien, notre exemple à Paris.

Un ménage parisien paye une cuisinière à raison de quarante francs par mois, ou quatre cent quatre-vingts francs par an.

Mettons pour la nourriture, le blanchissage et le logement de cette cuisinière, deux francs cinquante centimes par jour, ou soixante quinze francs par mois, ce qui fait une dépense annuelle de neuf cents francs.

Ajoutons enfin pour les exercices chorégraphiques de l'anse du panier auxquels se livrent, hélas! bon nombre de cuisinières, quarante-cinq francs par mois, — nous sommes modestes! — et nous avons cinq cent quarante francs de plus au bout de l'année.

Toutes ces sommes réunies égalent dix-neuf cent vingt francs par an ; en chiffres ronds : deux mille francs, car il faut aussi tenir compte des étrennes du jour de l'an, et de maint autre petit profit.

Donc, la moindre cuisinière coûte à Paris deux mille francs par an dans les ménages d'une aisance moyenne.

Une ménagère travailleuse et rangée qui saurait se passer de cuisinière et qui placerait la somme ainsi économisée à intérêts composés à 4 p. 100, chaque année, aurait amassé au bout de dix ans, vingt-deux mille francs!

Elle aurait alors 880 francs de rente.

Et au bout de vingt ans de cette sage économie, la ménagère aurait une rente au moins égale à la dépense qu'elle eût faite chaque année pour sa cuisinière.

Sujet de rédaction. — Montrez combien l'intérieur d'une maison est plus agréable lorsqu'il n'y a pas de domestique et parlez de l'économie qu'une femme laborieuse peut réaliser, si elle consent à se passer de bonne.

48. — Anecdotes.

Le grand Condé, ennuyé d'entendre sans cesse un fat parler de monsieur son père, de madame sa mère, de messieurs ses fils, appela un de ses gens et lui dit : « Monsieur mon laquais, dites à monsieur mon cocher d'atteler messieurs mes chevaux. » Alors seulement le fat comprit son ridicule et ses sottes prétentions.

CONDÉ (*Louis II de* BOURBON, *prince de*), célèbre capitaine surnommé le *Grand Condé*, né à Paris en 1621, mort à Chantilly (Oise), en 1686.

Un banquier parisien avait invité à dîner un grand personnage du Caire avec lequel il espérait traiter d'une importante concession.

Le chef fit servir comme entrée du bœuf aux tomates; au premier service, du bœuf à l'étouffée ; comme rôti, du bœuf à la broche...

Le maître de la maison fit demander son cuisinier.

— Qu'est-ce que c'est que ce dîner? s'écria-t-il.

— On m'a dit que monsieur recevait un Égyptien.

— Eh bien?

— Monsieur doit savoir que les Égyptiens adorent le bœuf !...

Les modes.

Une dame est au moment de sortir, et après avoir mis son chapeau à la tapageuse, comme on les porte aujourd'hui, demande à sa femme de chambre :

— Mon chapeau est-il droit?

— Oui, madame, il est bien de travers.

Madame vient d'examiner les comptes de la cuisinière et elle ne paraît pas contente.

— Voyons, Jeannette, encore des erreurs, et toujours à votre profit, c'est curieux, cela !

— Madame ne voudrait sans doute pas demander à une pauvre cuisinière de faire des erreurs au profit de madame.

49. — Trait touchant de cinq pauvres servantes.

Il y a quelques années, une maîtresse de pension des environs d'Orléans voulut agrandir son établissement devenu trop étroit, vu le nombre toujours croissant de ses élèves. Elle fut obligée aussi d'augmenter considérablement son personnel, qui jusqu'alors avait été fort restreint.

Un matin, qu'elle était seule dans son cabinet, assez soucieuse, en pensant aux charges nouvelles et lourdes qui allaient lui incomber, elle vit entrer Sophie, sa bonne fidèle, qui ne l'avait pas quittée depuis vingt ans; elle était accompagnée de quatre autres personnes. En arrivant vers sa maîtresse, elle s'exprima en ces termes : — Mademoiselle, j'ai bien cherché depuis quelque temps, parmi mes amies et mes connaissances, des servantes qui puissent vous convenir et m'aider dans mon emploi. Heureusement, je les ai trouvées, nous voici toutes cinq disposées à travailler de notre mieux et à vous seconder dans l'œuvre que vous avez entreprise; seulement, mademoiselle, nous mettons une condition à notre engagement, c'est que vous ne nous donnerez pas de gages.

La maîtresse, émue, les yeux remplis de larmes, se lève vivement, va serrer la main de chacune de ces généreuses filles et leur dit :

— Mes enfants, j'accepte votre dévouement, merci. Ayons confiance en Dieu; il nous bénira.

Et les bonnes filles s'en vont radieuses vaquer à leurs nouveaux devoirs.

La maîtresse de pension, respectant la délicatesse de ses dévouées servantes, ne leur a jamais payé de gages depuis ce jour; seulement, tous les ans, elle leur offre une somme en rapport avec la prospérité de sa maison.

Dans nos temps d'égoïsme et d'amour de l'or, on est heureux de trouver de pareils traits de désintéressement, et l'on se dit avec satisfaction qu'il y a encore de belles âmes dans notre France!

50. — L'Enseignement de la Cuisine.

Les Anglais, toujours pratiques, ont eu le bon esprit de braver les préjugés et de faire entrer dans l'enseignement, à titre d'essai, une branche nouvelle, *la cuisine.*

L'École nationale culinaire de Londres comprend un vaste local où ont été construits un laboratoire de cuisine et un amphithéâtre pour les auditeurs.

Le laboratoire est pourvu de tous les appareils nécessaires à la préparation des mets. Les différents types de fourneaux, les différents moyens de chauffage, par la houille, le gaz et le pétrole, y sont représentés.

Outre le matériel du laboratoire proprement dit, l'école de Londres a encore une batterie de cuisine particulière pour les leçons pratiques destinées à servir de démonstration pendant la leçon théorique.

Nous avons la satisfaction d'annoncer que cette innovation vient d'être adoptée en France et nous en sommes heureuse; les mères ne sauraient trop tôt en effet, habituer leurs filles aux travaux du ménage et en particulier à la cuisine. On ne fait bien que ce que l'on fait souvent, et si l'on ne prend pas de bonne heure l'habitude de s'occuper de la nourriture et des repas, cette occupation, plus tard, paraît insipide. Que de fois nous avons dit à de jeunes personnes qui se montraient peu empressées à remplir l'office de cuisinière dans leur famille : « Vous le regretterez un jour ! » Elles répondaient en riant : « Ce n'est pas difficile, il sera temps quand nous serons en ménage. » Et, une fois mariées, elles nous avouaient leur tort, elles nous confiaient leur embarras dans l'apprêt des mets les plus simples et

l'ennui que leur causait cette besogne à laquelle elles n'étaient pas habituées.

Ah ! c'est que la nourriture est une chose importante. De la bonne préparation des aliments et de la régularité des repas dépendent quelquefois la paix et le bonheur du ménage. Laissez-nous expliquer notre pensée.

Voici un ouvrier qui passe sa vie dans un travail dur et pénible ; lorsque l'heure du diner sonne, sa figure a une expression de contentement, il va revoir sa femme, ses enfants, il va se reposer et reprendre des forces. Il arrive sur le seuil de sa porte à l'heure exacte, il entre. La bonne odeur de la soupe vient jusqu'à lui, il voit le couvert mis, une nappe bien blanche est sur la table, les assiettes indiquent la place de chacun, la ménagère met la dernière main aux plats du jour, les enfants manifestent leur joie ; le père s'assied, dit un mot affectueux à tous, mange de bon appétit, oublie son labeur et bientôt

La gaîté brille au moment du dessert.

Supposez que cet ouvrier, au lieu d'avoir une excellente

ménagère, ait une femme maladroite, inexacte, se préoccupant fort peu des repas, que se passe-t-il? En arrivant harassé de fatigue, ayant faim et ne trouvant rien de prêt, le mari est de fort mauvaise humeur; il gronde, il se plaint, il lance quelques mots désagréables. Les enfants ont peur en voyant leur père en colère; au lieu d'aller à lui, ils s'éloignent ou se cachent; l'heure consacrée au repas se passe dans une sorte de bouderie, de malaise. On mange vite pour réparer le temps perdu, on se sépare dans la froideur pour recommencer la même scène au prochain repas.

Si, au lieu d'un ouvrier, nous parlons d'un cultivateur, d'un commerçant, d'un employé d'administration, l'effet sera toujours le même: bonne humeur, entrain si le repas est prêt à l'heure et s'il est bon; mauvaise humeur dans le cas contraire.

Non, qu'on ne dise pas que la qualité des aliments et l'exactitude des repas ont peu d'importance; l'expérience journalière dément cette assertion. Jeunes filles, ne dédaignez donc pas l'étude pratique qui forme une adroite cuisinière; sachez apprêter des mets simples et agréables au goût, ne craignez pas votre peine pour varier les plats ou du moins pour varier la manière de les accommoder. Nous connaissons une dame qui sait apprêter l'insipide bœuf appelé *bouilli* de tant de façons différentes et avec tant d'art, que ses convives « s'en lèchent les doigts » chaque fois qu'elle en présente sur la table. La mère de famille qui sait préparer une nourriture simple mais appétissante, qui sait tirer un bon parti de tel légume, de tel morceau de viande, qui sait combiner convenablement le menu pour chaque jour de la semaine de manière à ne pas rebuter par la répétition du même plat, cette mère de famille est un véritable trésor; elle contribue ainsi à la santé et au bien-être de tous ceux qui l'entourent.

Toutes les femmes, même celles qui sont dans l'aisance, doivent savoir faire ce que nous appellerons la cuisine indispensable, et cela pour une raison bien simple: c'est qu'une cuisinière peut tomber subitement malade ou être obligée de s'absenter quelques jours, et que, pendant ce temps, les appétits ne désarment pas ; il faut manger ; comment faire ? Le problème sera vite résolu si la maîtresse de la maison n'est pas empruntée pour la préparation d'un dîner ; elle se mettra à l'œuvre, et, grâce à son talent de *cordon bleu*, tous les habitants de son petit royaume, je veux dire tous les membres de sa famille, feront un bon repas et ne lui marchanderont pas leur reconnaissance.

Sujet de rédaction. — Montrez la grande utilité pour une femme de savoir faire au moins la cuisine ordinaire, et dites l'influence que des repas soignés et prêts à l'heure ont sur la bonne humeur et le contentement des membres de la famille.

51. — Visite à l'École professionnelle et ménagère de jeunes filles.

La Ville de Paris a établi, depuis peu, six écoles de jeunes filles, consacrées à l'instruction « professionnelle et ménagère ». Dans cet établissement, les élèves sont initiées aux soins et aux travaux du ménage et spécialement à la cuisine, qui est assurément la plus importante des occupations ménagères. La façon dont cet enseignement est donné aux élèves, nous a paru digne d'une relation.

Chaque jour huit élèves sont de cuisine et doivent apprêter, sous la direction d'un cordon-bleu professeur, un déjeuner dînatoire composé de : un potage, deux plats, un légume ou entremets sucré.

Chaque jour de la semaine comporte un menu différent, dont aucun plat, d'ailleurs, ne s'écarte du répertoire de la cuisine dite de ménage, soignée, bien apprêtée, mais sans prétention à l'art raffiné des Carême[1] et des Gouffé[2].

1. Carême (*Marie-Antoine*), célèbre cuisinier, né et mort à Paris (1784-1833).

2. Gouffé (*Jules*), ancien officier de bouche du Jockey-Club, né à Paris en 1807 ; auteur de plusieurs ouvrages sur l'art culinaire.

La carte du jour de notre visite était ainsi rédigée : potage de semoule au beurre, lapin en gibelotte, maquereaux au court-bouillon, pommes de terre au lard. — Un dessert quelconque.

Chacune de ces cartes doit avoir été confectionnée par toutes les élèves à tour de rôle. Le programme de la semaine culinaire demeure donc à l'ordre du jour (il est affiché dans la cuisine au-dessus du fourneau), jusqu'à ce que tout le monde l'ait mis à exécution ; c'est-à-dire apprêté et mangé.

Car le festin que ces demoiselles ont préparé, elles le consomment. Et tant pis pour elles si une main distraite a mis le sel trop lourdement dans la soupe, laissé brûler un rôt ou gâché une *liaison!* Mais ces accidents-là arrivent rarement, l'œil vigilant de la cuisinière professeur est là. Et comme la directrice de la maison préside à tous les repas, on ne voudrait pas s'exposer à encourir ses critiques.

Dès le matin l'escouade des huit ménagères s'en va, d'un pied allègre, faire le marché, choisir, marchander, acheter, sous les yeux experts du mentor cordon-bleu, les denrées de toute espèce, — matières premières et assaisonnements, — qui serviront à confectionner le repas. Cette partie de l'apprentissage ménager n'est pas la moins importante. C'en est le côté véritablement économique ; il serait plus exact, peut-être, de dire : la véritable base.

Au retour, on se met à la besogne culinaire proprement dite, laquelle comprend tout le travail d'une cuisinière, depuis l'*habillage* d'une volaille ou d'un lapin, et l'épluchage des légumes jusqu'au *coup de fion* donné à un plat au moment de le faire paraître sur la table.

Après le repas, on dessert, on range soigneusement les restes, qui doivent être resservis sous une autre forme. L'art d'utiliser ces restes, le plus profitablement et le plus agréablement possible, est étudié, à l'école ménagère, jusque dans ses dernières profondeurs. Après quoi, on lave la vaisselle et on met la cuisine en ordre de façon qu'elle soit aussi propre, nette, luisante, inodore, que le salon de réception de l'établissement.

Est-ce tout? Pas encore! Les ménagères novices sont tenues de rédiger et de mettre au net sur des cahiers *ad hoc*, qui leur serviront plus tard de manuels de cuisine domestique, les diverses recettes auxquelles elles viennent d'être expérimentalement initiées.

Mais, direz-vous, tout cela doit coûter de belles sommes à la Ville!... Je vais vous dire ce que cela coûte au juste: *cinq francs par jour!*

Cinq francs par jour font le budget quotidien de cette cuisine scolaire. Et ce budget de dépense ne doit, sous aucun prétexte, être dépassé. Nulle ressource extraordinaire, complémentaire, ni supplémentaire! Viande, volaille, gibier (de basse-cour ou autre), poissons, légumes, œufs, fruits, beurre, épicerie, tout ce qui concourt à entrer dans la confection de ce repas, *mangé par dix convives*, — tout, excepté le pain et les boissons alimentaires, dont chacun doit fournir son couvert, — doit être payé avec ces cinq francs. Et sur cette allocation, il faut encore prendre de quoi entretenir la cuisine de balais, éponges, savon noir, grès, tripoli... et faire étamer les casseroles!

Et on y arrive, et l'on s'en tire; et l'on s'en tire même très bien.

Sujet de rédaction. — Dites en quoi consiste le travail que doivent faire chaque jour les élèves de l'école ménagère chargées de la cuisine pour dix convives.

52. — Les Petits Secrets d'un cordon bleu.

La cuisine est une *science* de détails et de soins, et il ne faut rien négliger si l'on veut y réussir. Le plus petit manque d'attention peut faire d'un mets qui aurait été excellent un plat détestable. Un poisson peu frais, une volaille coriace, des légumes durs, un œuf trop cuit ou pas assez, un plat trop ou trop peu assaisonné, un potage qui sent la fumée, des denrées mauvaises et avariées, voilà autant de petits inconvénients qui changent la valeur de la nourriture et que savent éviter les bonnes ménagères. L'expérience s'acquiert vite pour peu qu'on ait de la bonne volonté. C'est pour venir en aide à nos lectrices que nous leur donnons ici des conseils sur les provisions de ménage, l'achat et la conservation de certaines denrées.

Un ménage bien dirigé doit être approvisionné des choses qui, pouvant se conserver, coûtent moins cher dans certaines saisons et quand elles sont achetées en gros; mais alors il faut veiller à ce que l'abondance n'amène pas la profusion et le gaspillage. Seule la maîtresse de maison doit avoir la clef des provisions.

Poisson. — Tout poisson frais doit avoir les ouïes d'un rouge vif et non d'un rouge violacé ou blafard.

La meilleure *morue* est celle qui a la chair très blanche et dont les feuillets se détachent facilement les uns des autres.

La morue fraîche se nomme *cabillaud;* on nomme *morue verte* celle qui est salée sans avoir été séchée, et *morue sèche* ou *merluche* celle qui est à la fois séchée et salée.

Les *moules* doivent être lourdes au poids, blanches et sans crabes dans les coquilles. Il faut rejeter celles qui sont légères et dont les coquilles ne sont pas fermées. Pour les rendre inoffensives, il faut les faire tremper pendant une heure dans l'eau vinaigrée et les plonger ensuite dans de l'eau claire pendant quelques minutes.

Quand on achète des *crustacés*, comme des *homards*, des *langoustes*, etc., il faut choisir non les plus gros, mais les plus lourds ; ils doivent avoir la queue résistante à la pression. Il faut les flairer pour juger de leur fraîcheur.

Passés, ils ont la queue flexible, leur brillant se ternit et ils deviennent pâles et gluants.

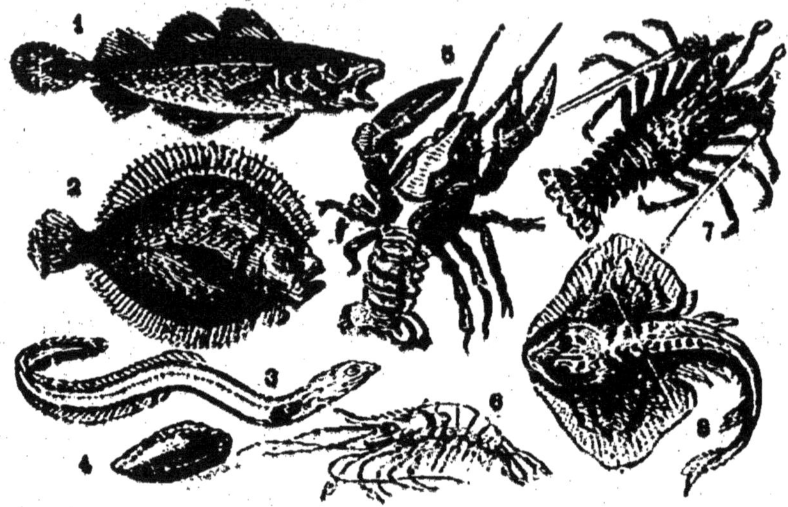

1. Morue. — 2. Turbot. — 3. Anguille. — 4. Moule. — 5. Homard. — 6. Crevette. — 7. Langouste. — 8. Raie.

L'état de fermeté, d'odeur et de coloration, — pour les *crevettes*, — indique également si elles sont suffisamment fraîches pour être consommées.

Les *anchois* doivent être blancs dessus, vermeils en dedans, ronds du dos et de petite taille.

La *raie bouclée*, c'est-à-dire celle dont la peau est hérissée d'aspérités, est plus ferme, plus tendre et plus blanche que la raie lisse.

Le *turbot*, — le roi des poissons de mer, — a la chair aussi délicate que savoureuse. On doit le choisir très blanc, bien épais et ferme au toucher.

On doit préférer les *anguilles* dont le dos est d'un bleu d'ardoise et le ventre d'un blanc argenté.

Les *harengs frais* seront choisis laités, fermes au toucher, les ouïes sanguinolentes, l'écaille brillante et le corps plutôt court que long.

Les harengs *pecs* (en caque, fraîchement salés) doivent être gras, charnus, blancs; ils ne sont tolérés que par les estomacs robustes.

Les harengs *saurs* (salés et fumés) sont lourds et indigestes, — il faut qu'ils soient gros, fermes, secs, et à l'exté-

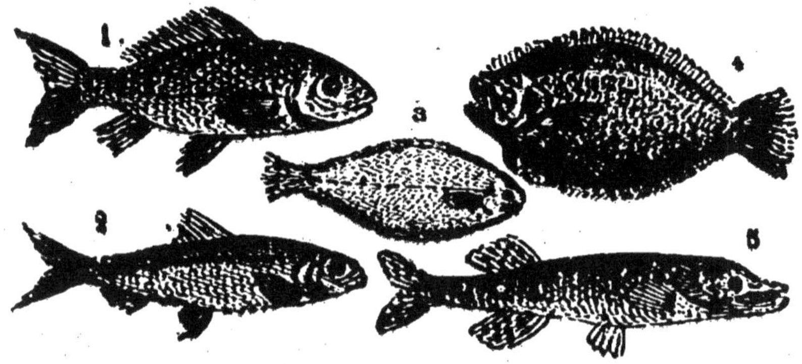

1. Carpe. — 2. Hareng. — 3. Sole. — 4. Barbue. — 5. Brochet.

rieur d'un beau jaune. — Ceux qui ont la peau ou les écailles ridées sur le dos sont généralement préférés à ceux dont les écailles sont très larges.

Inutile d'ajouter, — n'est-ce pas? — que l'usage prolongé de ce mets exige quelque prudence.

Les *carpes de rivière* sont plus estimées que celles des étangs; il faut les choisir grasses, larges et peu allongées.

Les *brochets des étangs* n'ont pas la chair aussi délicate que ceux qui vivent dans les rivières. Les premiers sont bruns, tandis que les autres ont le dos verdâtre et le ventre argenté. Il faut choisir ceux de moyenne grandeur, qui ont l'œil rosé et brillant, et la chair ferme au toucher.

On doit préférer les *soles* qui ont la peau du dos grisâtre à celles dont la peau est noire. Pour reconnaître si une sole ou une *barbue* sont fraîches, on pose le doigt sur leur dos ou sur leur ventre; si le doigt s'enfonce, le poisson n'est pas frais.

Si l'on veut expédier du poisson en été, on le met dans de la glace. A défaut de glace, on le place entre deux morceaux de fer; ce métal retarde la décomposition par l'électricité qu'il absorbe.

Il est bon, pendant l'été, de couvrir d'une toile mouillée le vase qui contient le poisson; l'évaporation de la toile humide le maintient frais jusqu'au moment où on l'écaille. Certaines cuisinières préfèrent écailler et vider tout de suite le poisson, puis elles l'essuient, l'enveloppent dans du linge et le mettent dans un endroit frais jusqu'au moment de le faire cuire.

Lapin. — Volaille. — On reconnaît que les *lapins* et les *lièvres* sont jeunes quand, en tâtant les jointures des pattes de devant, on sent une petite bosse de la grosseur d'une lentille. Le lapin de garenne jeune a le museau allongé, pointu. La chair de la femelle est moins forte et par conséquent meilleure que celle du mâle.

Lorsqu'une *poule* est jeune, on voit un duvet long, léger, placé régulièrement entre les autres plumes; la peau, d'un tissu fin et rosé, est sillonnée de petites veines bleues. Chez la poule qui a plus d'un an, le duvet et les veines ont disparu, la peau est d'un blanc mat et moins lisse. Plus une poule a la patte lisse, plus elle est vieille.

La jeunesse d'un *dindon* se reconnaît aux pattes noires et douces et aux ergots courts; la vieillesse se distingue par les yeux enfoncés et les ergots durs et secs. La chair de la *dinde* est plus fine que celle du dindon.

Le bout du bec d'une jeune *oie* ne résiste pas à une pression énergique, il se casse facilement; de plus une jeune oie a le bec et les pattes jaunes tandis que les vieilles oies les ont rougeâtres.

Le *chapon* se reconnaît à une veine saillante à côté de l'estomac, à sa crête pâlie, à son ventre gras.

Le *perdreau* jeune a les pattes d'un ton clair et le bec inférieur tendre et facile à plier. Il n'a pas ou presque pas de plumes rouges sur le poitrail; enfin, l'extrémité de ses ailes est formée de plumes grêles et jeunes dont les barbes sont peu fournies.

Quand on expédie du gibier, il est bon de le saupoudrer avec du sel, du poivre ou du café en poudre avant de le mettre dans une bourriche. Quelques chasseurs retardent la décomposition de l'animal en lui introduisant un morceau de charbon dans le corps et en lui serrant fortement le cou avec une corde afin d'empêcher l'air d'y pénétrer.

Perdrix et jeunes perdreaux.

Lorsqu'on craint qu'un gibier soit trop avancé ou *faisandé*, on le plume, on le vide et on l'arrose de jus de citron à l'intérieur et à l'extérieur. On peut aussi se servir de ce procédé pour les poulets douteux.

Toutes les familles ne peuvent élever l'utile animal qui offre à l'alimentation des travailleurs de si précieuses et économiques ressources; je veux dire le porc. Obligé de vous pourvoir d'un jambon au marché, en voulez-vous apprécier la qualité?

Introduisez une lame de couteau, — ou un bout de bois aigu, — sous l'os du jambon. Celui-ci est-il frais? — l'odeur sera agréable; si le bout de bois ou la lame métallique revient taché, et qu'il s'en dégage une odeur d'éventé ou autrement douteuse, gardez-vous d'acheter : le jambon est mauvais. Ceux à manche court, fermes et ronds, sont les plus estimés.

Le gras du bon lard doit être blanc, ferme; le maigre, d'une belle couleur, très peu nerveux, serré contre l'os.

Si le maigre a des raies jaunes, il est rance, — ou prêt à le devenir.

La couenne mince est d'un jeune porc, l'épaisseur, — selon qu'elle est plus ou moins accusée, — peut, jusqu'à un certain point, permettre d'apprécier, au moins très approximativement, l'âge auquel l'animal a été tué.

Pour enlever l'odeur désagréable d'une viande avancée et la rendre bonne à manger, il faut, ou la couvrir pendant deux ou trois heures de charbon de bois pulvérisé, ou bien mettre quelques morceaux de charbon allumé dans le vase où on la fait cuire.

Toutes les ménagères savent que pour conserver plus longtemps du bouillon il faut le faire bouillir tous les jours, et que le lait bouilli ne *tourne* pas. Il est bon de savoir aussi qu'en ajoutant une petite quantité de *bicarbonate de soude* à ces deux substances, on arrive au même résultat. Un gramme par litre de liquide.

Sujet de rédaction. — A quels signes reconnaît-on les bons poissons et leur degré de fraîcheur, et les volailles jeunes ou vieilles? Que faut-il faire pour conserver le bouillon et empêcher le lait de tourner?

53. — Un pâté délicieux.

Un excellent pâté, qu'aime le gastronome,
Cuit à point, dans un four que Marseille renomme,
A la croûte onctueuse ; il garde dans ses flancs
Très peu de veau, beaucoup de grives, d'ortolans,
D'innocentes perdrix, de tendres bécassines,
Selon que les chasseurs, aux armes assassines,
Ont, la veille, couché, dans les vallons voisins,
Ou l'oiseau voyageur enivré de raisins,
Ou l'oiseau sédentaire ami du marécage;
Ou bien ceux qui, vivants, servent d'appeaux en cage.
Que jamais un poulet, une oie, un dinde, un veau,
Inondés grassement du jus d'un godiveau,
Seuls ne fassent les frais de cette œuvre importante!
Le seul pâté que j'aime et le seul qui me tente
Doit être croustillant, doré, juteux, fondant,
Et comme un fruit bien mûr expirer sous la dent.

MÉRY[1].

1. MÉRY (*Joseph*), poète français, né aux Aygalades (Bouches-du-Rhône), en 1798, mort à Paris en 1866.

54. — Le Bœuf.

Les pièces de la viande de bœuf, de mouton ou de veau sont plus ou moins fines, plus ou moins nourrissantes suivant la finesse ou la composition de leurs tissus.

Les parties qui longent l'épine dorsale sont très succulentes, mais leurs principes nutritifs sont bien inférieurs

A. Aloyau et filet (*1re qualité*). — B. Romsteck (*1re qualité*). — C. Culotte (*1re qualité*). — D. Tranche (*1re qualité*). — E. Gîte à la noix (*1re qualité*). — F. Faux-filet (*1re qualité*). — G. Quasi (*1re qualité*). — H. Côtes couvertes, entre-côtes (*2e qualité*). — I. Côtes découvertes (*2e qualité*). — J. Paleron ou épaule (*2e qualité*). — L. Plates-côtes (*2e qualité*). — M. Poitrine (*3e qualité*). — N. Flanchet (*3e qualité*). — T. O. Gîte (*3e qualité*). — P. Collier (*3e qualité*).

à ceux de la cuisse. Celles des membres antérieurs (épaules) ne viennent qu'ensuite, les os et la graisse y tenant plus de place.

Les abats ou organes intérieurs n'ont pas tous la même valeur comestible : le rognon et la langue sont très prisés, la cervelle et le cœur ne sont point à dédaigner ; le gras-double, le foie et surtout le mou (poumon) ne jouissent pas de la faveur des gourmets.

La cervelle et le foie contiennent beaucoup de phosphore : les personnes qui se livrent à un travail intellectuel ont avantage à s'en nourrir. Les autres abats, sauf le mou, sont assez riches en albumine.

Sujet de rédaction. — Nommez les morceaux du bœuf de 1re qualité, de 2e, de 3e.

55. — Les Petits Secrets d'un cordon bleu (*suite*).

Les légumes doivent être cuits, autant que possible, dans de l'eau de pluie, de rivière ou de source. Lorsqu'on n'a que de l'eau de puits, eau *dure* contenant des sels de chaux, on ajoute 3 ou 4 grammes de cristaux de soude par litre de légumes secs.

Les légumes *verts* doivent être mis à l'eau bouillante et salée : le sel conserve leur couleur verte.

Les légumes *secs* doivent être mis à l'eau froide et n'être salés que lorsqu'ils sont à moitié cuits.

Les *petits pois* doivent être d'un vert peu foncé : ils sont tendres quand, en les écossant, ils conservent la petite queue qui les attache à la gousse.

Pour savoir si un *artichaut* est tendre, il faut en briser la queue près du corps. Quand elle se casse avec difficulté, qu'il en sort des filaments, c'est un signe que l'artichaut est vieux et dur.

Les meilleurs *navets* sont petits, fermes et farineux.

Les *haricots verts* qui sont tendres doivent se casser sans laisser de filaments. En les jetant dans l'eau fraîche après leur cuisson, on conserve leur couleur verte.

Les meilleures *lentilles* ont la peau très lisse; elles sont rebondies et d'un beau blond. Il faut éviter de les faire cuire dans un vase de fonte ou de fer-blanc, car elles noirciraient.

Pour rendre verts les *épinards*, on ajoute à l'eau dans laquelle ils cuisent 3 ou 4 grammes de cristaux de soude. On agit de même pour les haricots secs qui ne sont pas de l'année : quelques cristaux de soude les font cuire plus facilement.

Les *asperges* doivent être cuites à l'eau bouillante et salée.

Les *cornichons* doivent être, autant que possible, petits, verts et très durs.

Voici un procédé simple pour conserver durant l'hiver les légumes et les racines potagères :

Après avoir arraché les racines par un temps sec et chaud, on les laisse se ressuyer quelques heures sur le sol, en ayant bien soin de ne pas les laver ni les rafraîchir; puis on les transporte à la cave et on les étend, sans qu'elles se touchent, sur un lit de sable fin; on les recouvre d'un autre lit de sable sur lequel on étend une seconde couche de légumes; ainsi de suite. On recouvre le tout de plaques de gazon dont l'herbe a été tondue. Les diverses espèces de légumes doivent être séparées pour qu'elles ne puissent se communiquer leur odeur.

Légumes.

Le *melon* doit exhaler un léger parfum et résister à la pression du doigt. Très jaune, très mou, très odorant, le melon est trop mûr.

Quand on achète des *oranges*, il faut choisir non les plus grosses, mais les plus lourdes, et celles dont la peau est fine, rouge et sans rugosités. Il en est de même des *citrons;* ils doivent avoir la peau fine et douce et exhaler une odeur suave.

Pour conserver des citrons, il ne faut pas les entasser, mais bien les déposer sur un rayon en fil de fer, afin que l'air puisse circuler librement tout autour.

L'*huile d'olive* pure se coagule plus facilement que

toute autre; elle ne donne pas de mousse quand on l'agite et quand on la vide d'un vase dans un autre.

Le *riz* doit être gros, blanc, propre et transparent; il ne faut pas qu'il sente la poussière.

Les *raisins secs* recouverts d'une couche blanche sont détériorés.

Fruits.

Le *sucre* de bonne qualité doit être dur, brillant, sonore lorsqu'on le frappe du revers du doigt, et se casser net sans tomber en miettes.

Les *miels* les meilleurs sont blancs ou jaunes dorés; ils sont aromatiques, épais et transparents. Le miel du Gâtinais[1] est blanc, celui de Narbonne est jaune.

Le *savon* sec est plus profitable que le savon frais; c'est pourquoi il est bon de faire sa provision à l'avance. On le met dans un endroit sain.

Le *café torréfié*, c'est-à-dire *brûlé*, doit être frais; lorsqu'il est vieux, il est âcre et sans arome. Le café vert, au contraire, gagne de la qualité en vieillissant. Les grains de café doivent être secs et sonores, durs sous la dent, d'une saveur franche et sans odeur étrangère. Un mélange de moka, de martinique et de bourbon fait un excellent café.

Le bon *chocolat* a une odeur de cacao, il est onctueux sous la dent; sa cassure est brune et ne doit présenter rien de graveleux.

Sujet de rédaction. — A quoi reconnaît-on la qualité des petits pois, artichauts, haricots verts, asperges, cornichons, melons, oranges, citrons et aussi de l'huile d'olive, du sucre, du savon et du café.

1. *Gâtinais*, province de France comprise partie dans l'Ile-de-France, partie dans l'Orléanais.

56. — Anecdotes.

Le célèbre Dominique, arlequin de la comédie italienne, se trouvant au souper de Louis XIV, avait les yeux fixés sur un certain plat de perdrix. Le monarque s'en aperçut, et dit à l'officier qui desservait : « Que l'on offre ce plat à Dominique ! — Quoi ! sire, et les perdrix aussi ? » Par cette adroite plaisanterie, Dominique eut, avec les perdrix, le plat qui était d'or ciselé.

Louis XIV, fils de Louis XIII, roi de France de 1643 à 1715.

L'autre jour, dans une auberge, des gens faisaient un assez singulier emploi, au figuré, d'expressions techniques de l'art de la cuisine. Passez-moi de vous rapporter ces propos, malgré leur trivialité. La chaleur du feu était extrême et chacun s'en plaignait. Un homme s'avise de dire : *Je suis tout rôti.* Un autre reprend : *Et moi, je suis bouilli.* Un troisième, qui était placé précisément au milieu des deux premiers, se met à dire avec un grand flegme : *Pour moi, je suis entre deux plats.*

Un homme regardait deux marmitons qui se battaient au fond d'une cour. Un passant lui demande d'où vient le bruit qu'il entend. « Ce n'est rien, dit-il, c'est une batterie de cuisine. »

A l'époque du choléra, les médecins défendaient les légumes *aqueux*. « Nous mangeons pourtant bien de l'oseille, dit naïvement une dame, mais ça a des queues si petites ! »

Un roi de France, visitant la belle habitation qu'un seigneur venait de faire construire, lui dit qu'il n'y voyait qu'un seul défaut, c'était que la cuisine était trop petite et qu'elle ne répondait pas à la beauté et à la grandeur du bâtiment. « Votre Majesté ne doit pas s'étonner de cela, lui répondit le seigneur, c'est l'exiguïté de ma cuisine qui m'a fait agrandir ma maison. » Le proverbe dit : « Grasse cuisine a pauvreté pour voisine ».

57. — La Cuisinière poétique.

Il s'est trouvé un charmant esprit qui a pensé que la cuisine pouvait être chantée par les poètes, c'est Charles Monselet[1]. Voici un mets du Nivernais[2] dont la réputation est grande.

L'ÉTUVÉE.

Vous avez, je suppose, une carpe dorée,
 Une tanche aux beaux reflets verts,
Une anguille d'eau vive à la robe cendrée;
 Trois beaux poissons de goûts divers;

Écaillez et videz, ménagez la laitance,
 Coupez le reste par tronçons.
Vous avez sous la main, j'en suis certain d'avance,
 Le plus brillant de vos chaudrons.

Mettez-y vos poissons, sel, poivre, ail une gousse,
 Avec un sentiment profond,
Baignez le tout de vin, pas de celui qui mousse;
 Du rouge, mais surtout du bon.

Suspendez le chaudron au moyen de chainettes,
 Ou bien sur un trepied de fer;
Préparez du bois sec comme des allumettes,
 Faites dessous un feu d'enfer.

Entretenez ce feu comme une autre Vestale,
 Sans quoi, le tout serait perdu.
Chauffez, chauffez toujours... Ah! l'on sonne à la salle,
 Madame attendra... c'est connu.

Partout la flamme mord et vient trouver, la folle,
 Le vase en ebullition.
Voyez-vous au-dessus cette rouge auréole,
 Comme du cuivre en fusion.

L'esprit s'est dégagé, vite saisissons l'heure,
 Procédons aux derniers apprêts.
Doucement... et sang-froid... Allons, mettez le beurre,
 Un bon morceau surtout très frais.

1. Monselet (*Charles*), écrivain français, né à Nantes en 1825, mort à Paris le 18 mai 1888.
2. *Nivernais*, ancienne province de France, avait pour capitale *Nevers*.

Dix minutes encore, votre sauce se lie;
Chauffez un peu, mais à feu lent.
Posez votre chaudron sur la cendre rougie,
Recouvrez-le d'un torchon blanc.

On a sonné! portez à madame qui boude
L'étuvée : on n'est pas content,
Mais l'on va se lécher les doigts jusques au coude;
Alors vous aurez du talent.

58. — Termes de cuisine.

La cuisine a un grand nombre de termes spéciaux; nous allons donner ici les plus usités, ceux que nos lectrices ne peuvent et ne doivent ignorer.

Brochette d'oiseaux bardés.

Bardes de lard. Tranches de lard très minces, dont on couvre une volaille que l'on veut faire rôtir ou braiser.

Blanchir. Faire blanchir des légumes, c'est leur donner une première cuisson dans l'eau bouillante avant de les apprêter.

Poulet bridé.

Bouquet garni. C'est une réunion de persil, laurier et thym qu'on lie ensemble pour les mettre dans certains ragoûts.

Brider. C'est maintenir avec une ficelle les membres d'une volaille, ce que l'on nomme vulgairement *trousser; débrider*, c'est ôter les ficelles.

Chapelure. Croûte de pain râpée ou pulvérisée.

Dégorger. On fait dégorger les poissons et les légumes en les faisant séjourner dans l'eau plus ou moins longtemps soit pour en retirer l'âcreté, soit pour les obtenir blancs.

Émincer. Couper en tranches minces.

Dorer. Étendre, à l'aide d'un pinceau, du jaune d'œuf délayé sur les surfaces en pâte crue d'une tourte, d'un pâté ou d'un gâteau.

Étuvée. Faire cuire à l'étuvée, c'est cuire les viandes à court mouillement, avec feu dessus et dessous.

Foncer. Foncer une casserole, c'est en couvrir le fond avec des débris de lard, des carottes et des oignons émincés. Foncer un pâté, c'est faire prendre à un morceau de pâte mince la forme d'un moule.

Garniture. On nomme ainsi les accessoires, tels que légumes, hachis, croûtons, persil, etc., que l'on ajoute à certains mets pour les assaisonner ou les orner.

Larder, piquer. Larder, c'est introduire avec une lardoire, des filets de jambon, de lard, etc., dans un morceau de viande ou dans la chair d'une volaille. — Piquer, c'est larder avec de petits lardons très rapprochés.

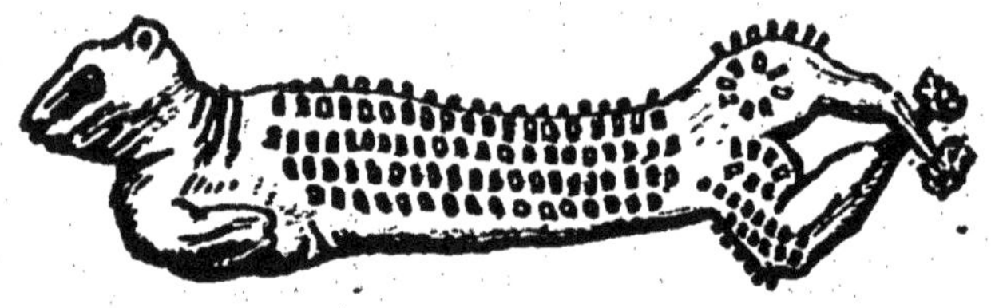

Lapin piqué.

Marinade. Saumure composée de vinaigre, de sel, d'huile et d'herbes aromatiques, et qui sert à conserver certaines viandes.

Mijoter. C'est faire cuire lentement la viande dans son jus en posant la casserole sur un feu très doux.

Mitonner. On fait mitonner le pain en le laissant tremper longtemps dans le bouillon sur le feu.

Mouiller. Verser dans un vase le liquide nécessaire à la cuisson des aliments.

Paner. Couvrir de pain émietté la viande qu'on fait griller ou rôtir.

Rafraîchir. Faire refroidir les aliments en les passant à l'eau froide après les avoir égouttés du liquide dans lequel ils ont été échaudés ou blanchis.

Revenir. Faire revenir ou faire roussir, c'est faire prendre couleur aux viandes, aux légumes, etc., avec du beurre, de la graisse ou de l'huile, en les tournant avec une cuiller ou en les faisant sauter.

Rissoler. Faire rissoler des viandes, c'est les exposer à un feu vif pour que les surfaces extérieures prennent couleur et sèchent au point de rester légèrement croquantes.

Sujet de rédaction. — Expliquez le sens des principaux termes employés dans la cuisine.

59. — Manière de découper à table.

Dans les grandes maisons on ne découpe plus les viandes rôties à table ; cette opération se fait à l'office. Pour bien découper une pièce quelconque, il faut d'abord être assis à son aise et avoir les mouvements libres, c'est-à-dire ne pas être gêné et ne gêner personne. La pièce à découper doit être disposée sur le plat, sans jus, sans sauce, sans garniture, afin de pouvoir être retournée dans le sens le plus commode.

Fourchette et couteau à découper.

Les instruments indispensables au découpage consistent en une solide fourchette à trois branches et un grand couteau à lame pointue et bien affilée. Quant à la manière d'opérer, elle est naturellement subordonnée à la nature même des pièces. Le point essentiel de l'opération consiste à se rendre un compte exact de la construction intérieure des pièces qu'on a sous la main, à les aborder dans leur sens le plus pratique, et enfin, à savoir distinguer les parties les plus parfaites, de façon à les découper sans rien faire perdre de leur physionomie appétissante, ni de leurs qualités gastronomiques : là est l'écueil. C'est une étude simple, mais une étude qu'on ne doit pas négliger ; car ce qui embarrasse l'opérateur, ce qui le déconcerte quelquefois, c'est quand il se fourvoie dans le cours de l'opération, c'est-à-dire quand il ne trouve pas le joint des articulations ou bien qu'il coupe les viandes dans un sens contraire. Les morceaux doivent être coupés net, sans hachures ; ils doivent aussi avoir une forme convenable et n'être ni trop gros ni trop petits.

Il ne s'agit pas seulement de savoir bien découper, il faut encore le faire vivement et promptement. Quand les convives attendent, quand tous les yeux sont braqués sur l'opérateur, il faut qu'il se tire adroitement d'affaire, et, pour en arriver là, il doit à l'avance faire un petit apprentissage dans les repas d'intimité, de la famille.

Poulet.

La manière la plus ordinaire de découper un *poulet* consiste à en faire cinq parties principales, qu'on divise au besoin. On enlève d'abord la cuisse et on passe à l'aile. Cela fait, on retourne le poulet et on agit de ce côté comme de l'autre, puis on dépouille la carcasse des blancs qui la couvrent, on la désarticule au milieu et on en fait plusieurs morceaux. L'aile et les blancs de poulet sont des morceaux de choix. Les perdreaux et les bécasses se coupent comme les poulets.

Pigeon.

On fend les *pigeons* dans leur longueur et on divise chaque moitié en deux.

La *caille*, la *grive* et la *bécassine* se coupent en deux parties, dans le sens de leur longueur.

Caille.

Pour les *oies* et les *canards*, l'opérateur fait d'abord des aiguillettes, c'est-à-dire qu'il coupe en filets minces les chairs des deux côtés de l'estomac et le blanc des ailes.

Canard.

A moins d'y être forcé, on ne détache pas les cuisses d'une *dinde rôtie;* on distribue seulement les ailes et les filets, pris sur la longueur de l'estomac. Les *dindonneaux* se découpent comme les poulets.

Le plus ordinairement on ne sert comme rôti que le train de derrière des *lièvres* et des *lapins;* le devant est employé en civet. On soulève le râble[1] et on le coupe par tronçons. On trouve sous le râble le filet, qu'on enlève de chaque côté et qui peut être divisé. Ce sont les morceaux les plus recherchés.

Dinde.

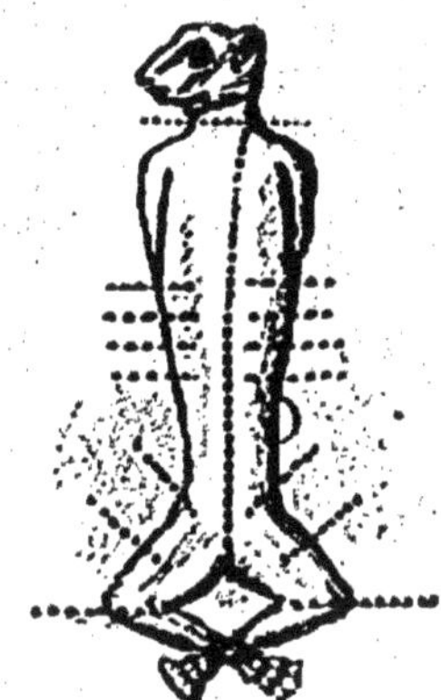

Lapin.

Pour découper les *poissons* de forme allongée, on trace d'abord sur le milieu du corps une ligne allant de la tête à la queue, puis on divise le côté du dos avec la truelle et on distribue les morceaux dans les assiettes. La laitance est la partie la plus délicate, on la partage entre les convives.

Truelle à poisson.

Poisson.

Gigot.

Le *gigot* et le *jambon* doivent être coupés en tranches très minces : le premier horizontalement, le second perpendiculairement.

Sujet de rédaction. — Quelles sont les précautions à prendre pour bien découper? Comment découpe-t-on les différentes pièces de viande, de volaille, de gibier, de poisson?

1. *Râble*, partie du lièvre, du lapin, etc., qui s'étend depuis le bas des épaules jusqu'à la queue.

60. — L'Art du nettoyage.

On nettoie :

Les *meubles vernis*, avec un mélange, en parties égales, d'huile d'olive ou de lin, et d'alcool.

Les *meubles polis*, avec de l'encaustique, de la cire ou de l'huile siccative.

Les *ustensiles de fer*, comme pelles, pincettes et chenets avec du papier de verre, de la brique rouge ou du sablon (grès pilé).

La *fonte* (poêles, réchauds, etc.), en la frottant avec un oignon cru d'abord, et en étendant ensuite de la mine de plomb avec une brosse. Frotter de nouveau avec un vieux morceau de laine, pour sécher et faire reluire.

Les *ustensiles étamés* se lavent à l'eau bouillante ; on les essuie ensuite et on les passe au blanc d'Espagne[1] à sec. On agit de même pour les *ustensiles de fer-blanc.*

Les *vases en terre* ou *en porcelaine*, avec de la cendre ou du sablon très fin, légèrement humecté. On peut prendre aussi de l'eau de soude ou de potasse.

Les *tables de cuisine*, l'*évier*, avec de l'eau très chaude dans laquelle on a fait fondre 40 ou 50 grammes de cristaux de soude.

Les *dessus de marbre* de cheminées, avec de l'eau de potasse ou de savon noir.

Les *couteaux*, en les frottant fortement, au moyen d'un bouchon de liège, avec de la cendre mouillée, du sablon ou de la brique anglaise. On peut aussi enfoncer les lames de couteaux dans la terre humide du jardin et de la cour, en leur donnant un mouvement rapide de va-et-vient jusqu'à ce qu'elles soient claires. Les couteaux qui servent tous les jours doivent être lavés et essuyés après chaque repas ; quant à ceux dont on ne se sert pas journellement, il faut les mettre dans un endroit sec et enduire légèrement leur lame de graisse de porc non salée.

1. *Espagne*, royaume d'Europe, capitale *Madrid*.

Les *vitres* se nettoient avec du blanc d'Espagne ou de Meudon[1] qu'on délaye avec de l'eau, de manière à obtenir une bouillie claire. A l'aide d'un tampon de linge, on frotte la vitre dans tous les sens avec ce mélange, et, avant qu'elle soit trop sèche, on l'essuie avec un torchon propre; on achève le nettoyage avec un linge sec et plus doux.

Les *glaces* peuvent se nettoyer par le même moyen; mais il est préférable de se servir d'eau-de-vie étendue d'eau, afin de ne pas salir les baguettes dorées. On nettoie les cadres dorés avec une éponge fine, imbibée d'une eau de savon très légère; ou bien on trempe une brosse douce dans un mélange composé de deux blancs d'œufs bien battus avec 15 grammes d'eau de javelle, et on frotte légèrement les cadres.

L'*argenterie* se lave après les repas dans l'eau bouillante, on la passe ensuite dans de l'eau froide et on l'essuie avec un linge fin ou une peau de buffle. Pour la nettoyer complètement, on délaye du blanc d'Espagne dans un peu d'eau, ou mieux d'eau-de-vie, on la frotte avec ce mélange et on l'essuie avec un linge fin ou un morceau de peau très douce. Si vous voulez donner à l'argenterie l'éclat et le brillant du neuf, mélangez, en parties égales, du blanc d'Espagne et de la crème de tartre, ajoutez-y le quart d'alun pulvérisé, mouillez le tout; frottez, laissez sécher et essuyez. —L'eau où l'on a fait cuire des pommes de terre est bonne pour faire disparaître les teintes noirâtres que les œufs donnent à l'argenterie. Un peu de suie détrempée dans de l'eau-de-vie donne le même résultat.

Le *cuivre* se nettoie bien avec la préparation appelée *eau de cuivre,* qu'on se procure chez les épiciers. On agite la bouteille avant de s'en servir, on verse de cette eau sur un tampon, on frotte, on essuie, et pour achever, on passe du tripoli à sec.

On peut employer aussi de l'oseille et du sablon, ou

1. *Meudon*, bourg de France (Seine-et-Oise), arr. de Versailles.

mieux encore, composer une pâte avec du sablon et de la farine qu'on humecte de vinaigre. On met de ce mélange sur un linge, on frotte, on essuie et on termine en frottant de nouveau avec de la terre pourrie. Mettre les objets nettoyés au soleil ou près du feu pour les sécher complètement.

Le *cuivre recouvert d'un vernis* se nettoie avec de l'eau tiède légèrement vinaigrée.

On peut nettoyer le *cuivre doré* en le frottant très légèrement avec une éponge imbibée d'alcool étendu d'eau, ou avec de l'eau de savon presque bouillante ; on repasse de l'eau chaude une seconde fois et on n'essuie pas. Quand l'objet s'est séché à l'air, on le frotte avec un linge fin ou une peau douce.

Pour préserver les *instruments d'acier* d'être atteints de la rouille, il suffit de faire dissoudre de la chaux dans une quantité d'eau suffisante pour en former ce qu'on appelle un lait de chaux et de les tremper dans cette préparation. On les laisse ensuite sécher à l'air, et il n'y a plus à craindre que la moindre oxydation les détériore.

Ce procédé est également applicable aux autres métaux oxydables, qu'on peut ainsi conserver intacts dans les endroits les plus humides.

Pour nettoyer les *carafes*, on y verse un peu d'eau, on y introduit des coquilles d'œufs concassées ou du papier gris, on agite en tous sens, on rince avec de l'eau propre, on fait égoutter et on essuie.

Pour nettoyer les *tapis*, on répand dessus, après les avoir battus vigoureusement, des feuilles de thé humides qui ont servi à une infusion, et avant qu'elles soient complètement sèches, on balaye ces tapis avec un balai de bruyère. Les feuilles de thé rendent l'éclat aux couleurs.

Sujet de rédaction. — Dites de quelle manière on nettoie les meubles, les ustensiles de fer ou étamés, les couteaux, les vitres, l'argenterie, le cuivre, l'acier.

61. — Le Marché. — Les Fournisseurs.

Mauvaise marchandise n'est jamais bon marché.

Nous avons déjà dit et nous répétons encore, qu'une maîtresse de maison doit, autant que possible, payer comptant; par ce moyen, elle est mieux servie et n'a pas à craindre qu'on lui remette des totaux *effrayants* et peu en rapport avec l'argent qui reste en caisse. Mais, quand le train de maison est un peu considérable, la ménagère ne peut tout acheter elle-même, elle est obligée de charger une domestique ou une cuisinière de ce soin. Dans ce cas, il est bon de diminuer le nombre des achats payés journellement et d'avoir un livre au mois chez le boucher, le boulanger, l'épicier. Mais, ce n'est pas tout : il faut connaître par soi-même les fournisseurs, les voir tous les mois et leur dire si l'on est satisfait ou non de la marchandise qu'ils fournissent. Par ces causeries utiles, on s'instruit des prix, de la qualité, toutes choses avec lesquelles on doit être familiarisée. On retire encore un autre avantage, celui de mettre les fournisseurs beaucoup plus dans vos intérêts que s'ils ne vous connaissaient que de nom. Inutile d'ajouter qu'on doit choisir de préférence des maisons honorablement connues, bien approvisionnées et vendant à prix fixe. Mais il ne faut jamais qu'une ménagère se désintéresse complètement des achats; il est utile qu'elle acquière de l'expérience, qu'elle s'habitue aux commérages des halles, au genre *peu distingué* des revendeuses, qu'elle ne s'effraye pas de leurs plaisanteries et des mots..... piquants qu'elles lancent fréquemment à leurs clientes ahuries.

On doit avouer que quelquefois les dames de la halle ne sont pas tout à fait dans leur tort : il est certain qu'elles surfont toujours leurs marchandises; mais il n'est pas moins certain que souvent des acheteuses inexpérimentées et difficiles à contenter leur en offrent un prix dérisoire; elles font tout étaler, touchent à tout, ne sont satisfaites de rien et ne savent pas au juste ce qu'elles veulent. Étonnez-vous que, dans ces conditions, les marchandes se livrent à des intempérances de langue! Certes, on est obligé de marchander, à cause de la mauvaise foi de certains vendeurs; mais les offres doivent être raisonnables et en rapport avec la qualité et la valeur des objets qu'on veut acheter. La bonne ménagère n'arrive au marché ni trop tôt ni trop tard. Trop tôt, les prix ne sont pas encore établis; trop tard, elle a le rebut.

Sujet de rédaction. — Faites voir l'utilité, pour une maîtresse de maison, d'aller elle-même au marché et de faire ses principales emplettes. Quelle doit être sa manière d'agir envers ses fournisseurs?

62. — Anecdotes.

A LA HALLE. — Faut-il du poisson aujourd'hui, madame? — Qu'est-ce que vous avez? — J'ai des grondins, des rougets, des soles et des sardines. — Combien ce grondin? — Trois francs. — Trois francs? Vous moquez-vous? J'en donne douze sous. — Douze sous! douze sous!... et il m'en coûte plus du double. — Combien vos sardines? — Prenez-en treize pour huit sous. — Allons! Je donne quinze sous du grondin, avec les sardines par-dessus le marché. — C'est donc pour me faire mourir de faim? — Acceptez-vous? — Allons, prenez le tout pour un franc. — Non... dix-huit sous. — Dix-neuf! c'est mon dernier mot. Où est votre panier? — Voilà.

Un vieil habitant du Marais[1] est en train de marchander un melon. On le lui fait six francs.

1. *Marais*, quartier de Paris, compris aujourd'hui dans le IIIe et le IVe arrondissement.

C'est trop cher, dit-il, en le rendant à la marchande ; et d'ailleurs il n'est pas assez *avancé*.

Alors celle-ci, mettant ses poings sur ses hanches :

— De quoi ! pas assez avancé !... Faut-il qu'il vous appell papa ?

63. — De la nourriture.

La santé, ce bien si précieux et sans lequel les autres ne sont rien, dépend jusqu'à un certain point de la mère de famille, car c'est elle qui s'occupe des aliments. Elle doit connaître leurs propriétés, savoir si telles viandes, tels légumes conviennent à des estomacs faibles et délicats, à des vieillards, à des enfants, etc. Nous allons parler de l'acte important de la digestion, puis nous passerons en revue les principaux aliments.

Les aliments introduits dans la bouche sont broyés, triturés et réduits en pulpe par les dents ; en même temps ils sont imbibés par la salive et imprégnés d'une certaine quantité d'air atmosphérique. Non seulement la salive est utile pour réduire en pâte la masse alimentaire, elle est de plus destinée à exercer une action chimique sur une des matières qui font partie des aliments : la fécule. Cette action est due à un corps particulier contenu dans la salive et qui jouit de la propriété de transformer les matières féculentes en dextrine[1]. Arrivés dans l'estomac, les aliments, par le seul fait de leur présence, y déterminent la sécrétion du suc gastrique qui, mêlé à la pâte alimentaire et agité avec elle par la contraction de l'estomac, la convertit en une masse homogène, pulpeuse, à laquelle on donne le nom de *chyme*. Sous l'influence des contractions de l'estomac la masse alimentaire est chassée dans les intestins.

Les aliments et les boissons fournissent à l'économie

1. *Dextrine*, sorte de matière gommeuse.

une quantité d'eau suffisante pour tous les besoins de l'organisme; ils réparent les appareils et leur fournissent des éléments organiques d'une composition analogue à ceux qui sont enlevés sans cesse par le travail de la nutrition; ils fournissent enfin les éléments nécessaires à la production de la chaleur animale qu'ils dégagent lorsqu'ils sont brûlés par l'oxygène.

Dans l'étude des aliments, il y a à considérer deux choses : leur pouvoir nutritif et leur degré plus ou moins grand de digestibilité.

Le bouillon de bœuf exerce une influence heureuse sur l'économie; il est d'autant plus digestif et plus nutritif qu'il est plus concentré. Les bouillons trop légers sont moins facilement digérés et plus lourds, en raison de la proportion trop forte d'eau qu'ils renferment. L'estomac des individus convalescents, atteints de dyspepsie[1], supporte bien, en général, le bouillon pris en petite quantité. Pour avoir du bon bouillon, on met la viande du pot-au-feu dans l'eau froide, et non lorsque l'eau bout; sans cela l'albumine de la viande serait immédiatement coagulée par l'eau bouillante, cette viande se durcirait et ne donnerait pas ses sucs au bouillon.

Le bouillon de poulet convient aux estomacs faibles et délicats. Le bouillon de veau est surtout employé comme tisane, il n'a qu'une très faible puissance nutritive.

La viande grillée est la plus facilement digérée. La viande rôtie vient après, elle est d'une digestion un peu moins facile. Le hachis, les viandes cuites à l'étuvée et au four ne sont pas digestibles; la digestibilité du bouilli est moindre encore. Les viandes salées sont très mal supportées par les estomacs malades.

La viande de volaille se digère d'autant mieux que les animaux sont plus jeunes. Le poulet et le dindon sont d'une digestion plus facile que le canard et l'oie.

---

1. *Dyspepsie*, digestion difficile.

Le gibier se digère mieux grillé et rôti que préparé autrement. Dans tous les cas, il exige un bon estomac; et il est prudent de n'en manger qu'une quantité modérée. Souvent la venaison [1] incommode parce qu'elle n'est pas assez faisandée ou qu'elle a été mal préparée.

Fourchette à huîtres.

La chair du poisson est, en général, beaucoup moins nourrissante que celle des autres animaux; elle est d'une digestion assez difficile pour les convalescents et pour les personnes atteintes de dyspepsie et de gastralgie [2]. Le poisson salé est fort indigeste.

Bourriche et Plat d'huîtres.

Les huîtres fraîches sont faciles à digérer. Cuites, elles sont indigestes, moins cependant que les moules, dont on devrait toujours s'abstenir.

Les langoustes, les homards, les crevettes, les crabes et les écrevisses sont assez fréquemment la cause d'indigestions.

La meilleure préparation à faire subir au poisson pour le manger est le grillage; la friture le rend lourd.

Le lait sert de nourriture à l'homme dans maintes circonstances de la vie; c'est la nourriture qui convient le mieux aux enfants et aux vieillards. Le régime lacté est conseillé dans quelques maladies : la gastrite [3] chronique, le cancer de l'estomac et les gastralgies.

1. *Venaison*, chair d'animaux qui vivent à l'état sauvage : chevreuil, sanglier, etc.
2. *Gastralgie*, maladie nerveuse de l'estomac.
3. *Gastrite*, inflammation de la membrane muqueuse de l'estomac.

Le lait d'ânesse est plus digestif, mais moins nourrissant que le lait de vache. Le lait de chèvre est digéré avec facilité.

Le beurre est un des aliments que les sujets atteints de dyspepsie digèrent avec le moins de facilité. Ses qualités digestives dépendent, du reste, de sa pureté, de sa fraîcheur et de la nourriture de la vache qui l'a fourni. Le beurre frais est toujours plus facilement digéré que le beurre salé.

Considérés d'une manière générale, les fromages sont d'une digestion difficile, surtout pour les estomacs faibles. L'usage exclusif du fromage détermine souvent une irritation assez vive et une fatigue du tube digestif. Le fromage *fait* est plus digestif que le fromage *nouveau;* le fromage trop fait et donnant de l'odeur irrite l'estomac quand il est pris en quantité un peu considérable.

Les œufs, légèrement cuits et peu coagulés, sont la nourriture la plus saine, la plus réparatrice et la plus légère qu'on puisse donner aux estomacs débiles. Les œufs durs sont d'une digestion très difficile.

Sujet de rédaction. -- Nommez les aliments les plus nourrissants et les plus digestifs. Comparez sous ce rapport la viande de boucherie, la volaille et le poisson.

64. — Le Régime.

On appelle *régime* la règle adoptée dans la manière de vivre, de se nourrir. Le régime a une si grande importance sur la santé, qu'un ancien a dit avec raison que sur quatre malades il y en a toujours trois qu'on peut guérir par le régime seul, sans avoir besoin de recourir à l'emploi d'aucun médicament. Il est modifié par l'âge, le sexe, le climat et les habitudes. Chacun doit apprendre à se connaître soi-même, à savoir quelles sont les exigences de son tempérament; on doit s'étudier, expérimenter et adopter ensuite le régime, non pas le meilleur d'une manière absolue, ce qui est rarement possible, mais le meilleur selon les conditions dans lesquelles on se trouve placé.

Généralement c'est le régime mixte qui réussit le mieux pour tous; il consiste à faire usage d'une quantité déterminée de substances animales et de substances végétales. Se nourrir exclusivement de viande ou de légumes peut avoir un effet très fâcheux sur la santé; il faut donc alterner ou manger des deux substances au même repas.

Les repas doivent être pris à des heures fixes et déterminées, et à un intervalle de six heures au plus; le repas du soir, ou dîner, doit être séparé du coucher par un intervalle de trois à quatre heures.

A chaque repas on doit faire usage de liquides en même temps que d'aliments solides; il est avantageux que les liquides soient pris en diverses fois dans le cours du repas; pris en une seule fois, avant ou après le repas, ils troubleraient le travail digestif.

Comme précepte hygiénique, il est utile de ne pas multiplier les mets, de ne pas leur faire subir une élaboration trop compliquée ou trop étudiée, enfin, de ne pas y introduire de condiments trop énergiques.

Il est également nécessaire de manger très lentement, de soumettre les aliments à une mastication complète; en mangeant trop vite, on s'exposerait aux indigestions.

En général, dans les pays civilisés, on mange trop, et la quantité de nourriture dont on fait usage est bien supérieure à celle qui est nécessaire pour entretenir longtemps l'existence. La quantité de nourriture que l'homme est obligé de prendre chaque jour est en raison directe de l'exercice qu'il fait et des efforts musculaires qu'il est obligé de déployer.

Dans la vieillesse, la nourriture doit être modérée, peu abondante, mais surtout composée de mets facilement digestibles. On peut permettre l'usage des vins généreux en petite quantité.

Les femmes font moins d'exercice que les hommes; aussi peuvent-elles se contenter d'une alimentation où dominent les substances végétales.

Lorsqu'on s'est livré à un exercice un peu violent, et que la faim est impérieuse, il est toujours préférable de ne pas la satisfaire immédiatement; en pareilles circonstances on est rassasié rapidement, et presque toujours une indigestion survient.

Immédiatement après le repas il faut éviter tout travail d'application; tout au plus peut-on se permettre une lecture qui récrée, comme celle d'un journal.

Buvez peu de vin pur; le soir ne mangez guère;
Faites de l'exercice après chaque repas.
Dormir sur le dîner, c'est l'usage ordinaire,
Toutefois ne le suivez pas.

Sujet de rédaction. — Qu'appelle-t-on régime? Que faut-il faire pour établir un régime favorable à sa santé?

65. — Anecdotes.

Yvonne reçoit de sa marraine une statuette en terre cuite pour ses étrennes.

— Tu n'as pas l'air contente de mon cadeau, lui dit sa marraine. Elle est pourtant jolie, cette terre cuite.

— Oh! oui, marraine, mais j'aurais préféré une pomme... cuite.

Bébé s'est cogné contre un meuble, sans d'ailleurs se faire grand mal.

— Et tu n'as pas pleuré? lui demande sa mère.

— Non, maman, il n'y avait personne!

Au jardin d'Acclimatation. Un visiteur au gardien :

— Ces volatiles appartiennent bien à la famille des gallinacés, n'est-ce pas?

— Non, monsieur, reprend le gardien ahuri; elles appartiennent au jardin d'Acclimatation.

66. — Conservation des substances alimentaires.

La plupart des substances alimentaires peuvent se conserver au moyen de divers procédés qu'il est utile aux ménagères de connaître. Nous allons en donner quelques-uns qui ont la sanction de l'expérience; mais, auparavant, disons quelques mots sur Appert.

François Appert, industriel, mort à Paris en 1840, est l'inventeur d'un précieux procédé pour les conserves, et il a rendu par là un grand service à la société. Ce procédé consiste à dégager les substances alimentaires de l'oxygène qu'elles contiennent en les faisant bouillir au point juste de leur cuisson, suivant leur nature et leur dureté. Voici les éléments essentiels de ce procédé : renfermer dans des bouteilles, des boites de fer-blanc ou de fer battu, les substances à conserver après qu'elles ont le degré de cuisson convenable; fermer hermétiquement les vases et les souder au besoin; soumettre les substances ainsi renfermées à l'action plus ou moins prolongée du bain-marie; enfin, retirer ces vases du bain-marie lorsqu'il est refroidi.

Contentons-nous ici de procédés plus simples et moins difficiles à employer.

Haricots verts conservés d'après la méthode des chartreux. — On prend des haricots verts d'une bonne qualité, on les enfile en chapelets, puis on les plonge dans l'eau bouillante pendant trois ou quatre minutes. On les retire et on les fait sécher à l'ombre, dans un endroit bien aéré; on les change de position, on les remue trois ou quatre fois par jour. On les met sur deux rangs de ficelle pour qu'ils ne s'écrasent pas en séchant et ne s'appuient pas les uns sur les autres. Il est bon de mettre dans l'eau qui doit recevoir les haricots une pincée de cendre et un bouquet de persil.

Lorsque les haricots sont secs, on les serre dans des sacs de papier, et, quand on veut les faire cuire, on les met d'abord au feu dans de l'eau froide pour les faire *revenir*, et ils auront alors la qualité des haricots frais.

On peut encore conserver les haricots verts d'une autre manière : Mettez au fond d'un vase convenable du sel gris commun, sur ce lit de sel placez-en un de haricots verts, puis un lit de sel, et ainsi de suite, en terminant par du sel. Vous recouvrez le tout d'un linge et fermez hermétiquement le vase. Lorsqu'on veut en manger, on les fait tremper longtemps dans l'eau froide avant de les faire cuire.

Conservation des Œufs. — Voici le meilleur moyen de conserver les œufs : faire un lait de chaux peu épais, et quand le liquide est refroidi, le verser sur les œufs, qu'on a déposés à l'avance dans un vase de terre. Mettre ensuite le vase à la cave ou dans un endroit frais et à l'abri de la gelée.

Quelques personnes emploient les proportions suivantes : éteindre 500 grammes de chaux vive dans 5 litres d'eau qu'on met peu à peu, laisser reposer l'eau trente-six heures et la verser sur les œufs. Le seul inconvénient de l'eau de chaux est d'user ou de ramollir la coquille des œufs : il faut donc les retirer avec précaution.

On donne encore comme moyen de conserver les œufs, de les faire bouillir une minute et demie quand ils sont frais pondus et les déposer dans un endroit sec et froid. On peut aussi les enduire entièrement de gomme délayée dans l'eau, ou les mettre dans des boîtes remplies de son, de sciure de bois, de poudre de charbon, de manière qu'ils ne reçoivent pas l'air.

Pour s'assurer que des œufs sont frais, il faut les *mirer*, c'est-à-dire les examiner à la lumière : plus ils sont clairs transparents, plus la ponte est récente ; s'ils sont ternes, obscurs, ils sont vieux.

On peut encore faire dissoudre 125 grammes de sel

dans 1 litre d'eau pure. Si l'œuf est du jour, il plonge au fond du liquide; s'il est de la veille, il n'atteint pas le fond; s'il est de trois jours, il nage au milieu du liquide. En un mot, il s'élève d'autant plus dans le liquide qu'il est plus vieux.

Moyen de rendre aux Noix leur fraicheur. — Lorsqu'on veut rendre aux noix la fraicheur qu'elles ont perdue, il suffit de les faire tremper cinq ou six jours dans l'eau pure; l'humidité, pénétrant peu à peu par les pores de la coquille dans l'intérieur de la noix, en fait renfler la chair et la rend tellement fraiche, qu'on peut enlever la pellicule, comme cela se pratique pour les noix nouvellement cueillies.

On peut joindre à l'eau quelque peu de sel, qui l'empêche de se corrompre et enlève aux noix le mauvais goût qu'elles pourraient avoir contracté en séchant.

Un autre procédé consiste à mettre les noix dans du sable humide, et l'on arrive au même résultat.

Manière de dégeler les Fruits. — Si l'on a des fruits gelés, il faut bien se garder de les soumettre à l'action du feu; on doit, au contraire, avoir soin de les mettre dans l'eau froide et les y laisser tremper pendant quelque temps. Lorsque la croûte de glace qui se forme alors autour du fruit est fondue, on peut le manger et il n'aura rien perdu de sa saveur; mais il faut que ce soit le jour même.

Le Persil frais. — Pour avoir du persil frais en hiver, on doit en planter en automne quelques pieds dans une caisse remplie de sable. En tenant la caisse à la cave, les feuilles de persil poussent petit à petit et servent suivant le besoin. Durant l'été, certaines ménagères ont toujours sur la fenêtre de leur cuisine un pot rempli de terre renfermant quelques touffes de persil, et elles s'en trouvent à merveille.

Sujet de rédaction. — En quoi consiste le procédé Appert pour la conservation des substances alimentaires? Expliquez comment on peut conserver des haricots verts, des œufs, et faire dégeler des fruits gelés.

67. — La Mendiante[1].

PAROLES de BOUCHER DE PERTHES — MUSIQUE de CLAUDE AUGÉ

C'est la petite mendiante
Qui vous demande un peu de pain;
Donnez à la pauvre innocente,
Donnez, donnez, car elle a faim.

Ne rejetez pas ma prière;
Votre cœur vous dira pourquoi!
J'ai six ans, je n'ai plus de mère;
J'ai faim : ayez pitié de moi!

Hier, c'était fête au village,
A moi personne n'a songé;
Chacun dansait sous le feuillage,
Hélas! et je n'ai pas mangé!

Pardonnez-moi si je demande;
Je ne demande que du pain.
Du pain! je ne suis pas gourmande,
Ah! ne me grondez pas : j'ai faim!

N'allez pas croire que j'ignore
Que dans ce monde il faut souffrir;
Mais je suis si petite encore!
Ah! ne me laissez pas mourir!

Donnez à la pauvre petite,
Et pour vous comme elle prira!
Elle a faim; donnez, donnez vite;
Donnez, quelqu'un vous le rendra.

1. Chant extrait du *Livre de Musique*, par Claude Augé. — Librairie Larousse.

68. — Le Garde-manger.

Le *garde-manger* est un châssis garni d'un treillis en fer ou en toile métallique, dans lequel on met les aliments à l'abri des insectes.

Chaque ménage doit avoir un garde-manger portatif où la maîtresse de maison dépose la viande cuite ou à cuire, afin qu'elle puisse se conserver plus longtemps. Cet objet si utile se vend à bas prix; il y a des garde-manger en bois et d'autres en métal.

L'intérieur du garde-manger doit être garni de plusieurs planches placées en étagère pour recevoir les mets, et aussi de clous à crochet auxquels on suspend la viande, les volailles et le gibier.

Garde-manger.

Le garde-manger doit être placé dans un courant d'air et exposé au nord. Inutile d'ajouter que jamais les rayons du soleil ne doivent le frapper. Souvent on le maintient suspendu en l'air par une corde qui passe dans une poulie; de cette manière on le monte et on le descend à volonté.

Une cave sans ventilation énergique n'est pas un endroit convenable pour y placer le garde-manger, car alors la viande s'évente facilement.

Ajoutons ici quelques lignes toutes d'à-propos :

L'agneau et le veau se gâtent plus facilement que le mouton et le bœuf. Le poisson se corrompt encore plus aisément; on le conserve frais au milieu de la glace.

Dans un garde-manger bien disposé, les viandes peuvent se conserver cinq ou six jours en hiver, et deux ou trois jours seulement en été.

Sujet de rédaction. — Quelles sont les conditions nécessaires pour avoir un bon garde-manger? Où faut-il le placer?

69. — Le Fruitier.

Certaines maîtresses de maison ont un talent particulier pour conserver les fruits; aussi les desserts qu'elles offrent sont-ils toujours remarquables et au complet. Jusqu'à Pâques, à leur table, on mange du raisin presque frais, des pommes et des poires appétissantes.

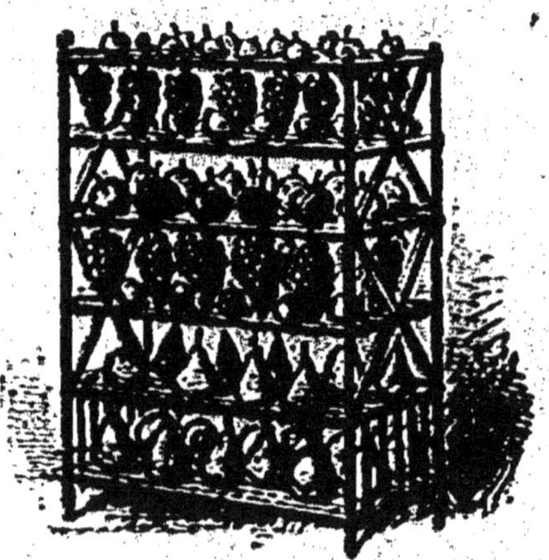

Fruitier portatif.

Le meilleur moyen de conserver les fruits consiste à les renfermer dans un local particulier appelé *fruitier* et établi dans les conditions les plus convenables pour atteindre le but qu'on se propose. Ce n'est pas qu'on ne puisse à la rigueur se dispenser d'avoir ce local. Les habitants des campagnes parviennent à conserver les fruits, même dans les pièces qu'ils habitent; il suffit pour cela des tablettes d'une armoire, ou d'un placard. Alors il ne faut en mettre qu'une seule couche. Il faudrait toutefois se bien garder de renfermer un grand nombre de fruits à découvert dans une chambre à coucher; l'acide carbonique exhalé par ces fruits, surtout quand ils ne sont pas complètement mûrs, pourrait occasionner de graves accidents. Mais pour peu qu'on veuille opérer en grand, un fruitier devient indispensable, et, dans tous les cas, les bons résultats qu'on en obtient compensent les frais que nécessite son établissement.

Une cave sèche et assez profonde pour que la température y soit à peu près invariable en toute saison constitue le meilleur emplacement. Une pièce au rez-de-chaussée, mais dont le sol est un peu au-dessous du niveau du terrain environnant, convient aussi beaucoup. Le fruitier doit être éloigné des fours, des serres, des fumiers, des marais, etc. Il faut que les fenêtres n'y soient pas trop multipliées et qu'elles aient chacune un double châssis, des contrevents et des rideaux.

On garnit tout le pourtour du fruitier de tablettes de bois blanc munies d'un petit rebord saillant. Au milieu de la pièce est un autre corps de tablettes à double face. Ces tablettes, au lieu d'être en planche, sont souvent formées de claies ou de treillages à claire-voie entourés d'un petit rebord et isolés des murs, afin d'empêcher la communication de l'humidité et de permettre de circuler autour. C'est là qu'on range les fruits par catégories, en ayant soin qu'ils ne se touchent pas. Quelques personnes mettent sur les tablettes, avant d'y déposer les fruits, de la paille, de la mousse, de la fougère ou même du sable de rivière.

On laisse le fruitier ouvert pendant quelques jours, afin de laisser s'exhaler l'excès d'humidité, puis on le ferme exactement, et on tire même les rideaux. Enfin, pour compléter ces précautions, il est bon d'avoir dans le fruitier un poêle mobile, afin de prévenir, s'il y a lieu, les gelées. Si l'humidité du fruitier était grande, on la combattrait en déposant des pierres à chaux à divers endroits, et qu'on remplacerait quand elles seraient délitées[1] : on sait que ces pierres absorbent l'humidité de l'air.

Le fruitier demande à être soigneusement entretenu; la plus grande propreté doit toujours y régner. On a soin de fermer la porte quand on y entre et de refermer le volet de la fenêtre avant d'en sortir. Il est bon cependant de renouveler l'air à certains intervalles, mais seulement lorsque la température extérieure est à peu près au même degré que celle du fruitier et que l'air n'est point trop chargé d'humidité. Le soin du fruitier est confié à la ména-

1. On dit qu'une pierre se *délite* quand elle tombe en poussière.

gère, qui doit le visiter assez souvent pour enlever les fruits nécessaires à la consommation et ceux qui, étant gâtés, pourraient endommager les autres.

Le raisin se conserve par un procédé différent des autres fruits; après l'avoir épluché avec soin et avoir, au préalable, tendu de la ficelle dans un placard ou dans une pièce quelconque, on suspend les grappes à la ficelle, au moyen de petits crochets en fil de fer, en forme d'S. Les grappes doivent être accrochées la queue en bas afin que les grains ne se touchent pas. Le raisin ne doit pas être remué sans nécessité.

Lorsqu'on n'a pas de pièce convenable à la conservation des fruits, on se sert de *fruitiers portatifs*. Certains consistent en caisses plates que l'on empile, d'autres sont des appareils faits de châssis à rayons dans le genre des porte-bouteilles.

Sujet de rédaction. — Comment doit être distribué un fruitier? Quels soins réclame-t-il?

70. — Récolte et conservations des fruits.

Considérés sous le point de vue de l'agrément, les fruits captivent tous les sens à la fois. La variété de leurs formes et de leurs couleurs attire l'œil et le flatte; leurs formes arrondies et gracieuses invitent la main à les toucher, à les cueillir; les parfums suaves qu'ils exhalent charment l'odorat, l'appellent; la délicatesse de leur chair satisfait le goût, excite l'appétit et procure une véritable jouissance. Sous le rapport de l'économie rurale et domestique, les fruits sont un objet de grande importance. S'ils ne fournissent pas à l'estomac autant de substance nutritive que les graines et les racines, ils n'en sont pas moins très sains, fort agréables et des mieux appropriés aux divers âges de la vie; ils rafraîchissent le sang et lui donnent plus de fluidité; ils sont légers, de facile digestion, quand ils sont parfaitement mûrs et de bonne qualité. L'époque à laquelle on doit cueillir les fruits varie suivant les espèces ; il importe de bien choisir le moment convenable ; mais il est à peu près impossible de tracer des règles sûres à cet égard. L'expérience et la pratique en apprennent plus sur ce point que toutes les explications. Certains fruits doivent se cueillir un peu avant leur maturité ; telles sont les poires sujettes à devenir molles ou cotonneuses, ainsi que les poires et les pommes tardives, seules ressources de l'arrière-saison, qui ne mûrissent que longtemps après avoir été cueillies. Il en est d'autres, au contraire, qui doivent acquérir toute leur maturité sur l'arbre qui les porte ; tels sont les fruits à noyau et les figues. Le parfum, la couleur, la facilité à se détacher de la branche, sont autant de signes auxquels on reconnaît la maturité. Le toucher est encore un bon guide, mais il faut s'y prendre avec beaucoup de délicatesse. En pressant trop fortement le fruit, pour s'assurer qu'il cède sous le doigt, on peut occasionner une meurtrissure qui fait souvent pourrir la chair et lui communique un goût désagréable.

La récolte des fruits d'automne se fait dans le courant de septembre, et celle des fruits d'hiver dans le courant d'octobre, un peu plus tôt ou un peu plus tard, selon les influences atmosphériques et les climats. Le plus ordinairement, on choisit le moment où il suffit de relever un peu le fruit pour que la queue se détache bien. La récolte aura lieu par un temps sec, après la rosée, de dix heures du matin à quatre heures du soir, par exemple. On saisira les fruits un à un, délicatement, et on les posera doucement dans un panier garni de foin ou de feuilles et peu élevé. Les mannes rondes et élevées ont l'inconvénient de fatiguer les fruits du fond sous la charge des couches supérieures.

Comme tous les fruits ne mûrissent pas en même temps, la cueillette doit être successive; on doit laisser sur l'arbre ceux qui ne sont pas encore bons à cueillir, et s'abstenir de secouer ou de gauler les branches, du moins pour les fruits de table. Si l'on est forcé de récolter les fruits par la pluie, on fera bien de ne pas les essuyer, mais de les étendre sur de la paille, dans une pièce sèche, en ayant soin de ne pas trop les rapprocher les uns des autres. Dans tous les cas, il est bon de laisser les fruits se ressuyer pendant quelque temps.

Pour expédier des fruits on les emballe dans des paniers de diverses formes, garnis de fougère, de mousse, de feuilles sèches, etc.

Sujet de rédaction. — Quand doit-on faire la récolte des fruits et quelles précautions faut-il prendre alors?

71. — Anecdotes.

— Allons, bébé, il faut manger la soupe.
— Je peux pas.
— On peut toujours ce qu'on veut, monsieur.
— Eh bien! alors, je veux pas.

— Marie, as-tu partagé tes papillotes de chocolat avec ton petit frère?

— Oui, petite mère, j'ai mangé le chocolat et je lui ai donné les devises; il aime tant lire, lui!

72. — Fabrication des confitures.

C'est une grande joie dans la maison lorsque les enfants voient arriver le jour où l'on doit faire les confitures! Ils se lèvent plus tôt que de coutume pour apprendre les leçons et finir les devoirs; chacun d'eux a sa tâche et se croit bien nécessaire à l'accomplissement.... du grand-œuvre. Comme les figures sont rayonnantes! quel va-et-vient, quelle animation extraordinaire, surtout dans la cuisine!

Les bassines de cuivre éblouissent les yeux, les fruits appétissants sont préparés et amoncelés sur la table, le sucre d'un blanc de neige est pesé et concassé. Bientôt sucre et fruits mélangés bouillent ensemble et répandent une odeur délicieuse qui présage une réussite complète. Les bébés impatients trouvent que la cuisson se fait longtemps attendre, car ils savent, les petits friands, qu'outre l'écume qu'on leur étalera sur des tartines de pain frais, ils auront à lécher le fond de la bassine, et qu'on leur laissera une bonne part. Pour les apaiser, on est obligé à plusieurs reprises de leur faire goûter *au bon jus*, dont quelquefois la belle couleur se confond avec leurs lèvres vermeilles.

Les confitures sont une ressource précieuse dans un ménage, et dans un repas il est rare que tous les convives, grands et petits, ne leur fassent point honneur ; elles font surtout partie des desserts d'hiver et les complètent agréablement. D'une digestion facile, elles plaisent aux malades ou plutôt aux convalescents.

Les maîtresses de maison prévoyantes doivent chaque année faire assez de confitures pour n'avoir point à craindre d'en manquer. Il faut qu'il y en ait de plusieurs espèces, afin de contenter tous les goûts. Les confitures bien faites se conservent sans nécessiter aucun soin ; mais, pour qu'il en soit ainsi, il faut les faire cuire convenablement et surtout ne point économiser le sucre. Si l'on ménage le sucre, on est obligé de faire cuire davantage; dès lors le produit est moindre et le parfum du fruit disparait presque complètement par cette cuisson prolongée.

Il est indispensable d'employer un vase de cuivre non étamé, ceux de faïence ou de terre étant sujets à faire brûler ou à donner mauvais goût. On doit se servir d'un bon feu de bois ou de charbon, mais bien soutenu. Il ne faut rien laisser refroidir dans la bassine, à cause du vert-de-gris qui se formerait; c'est pour cela qu'on recommande de verser les confitures dans les pots dès qu'elles sont cuites.

On ne quitte point ses confitures lorsqu'elles sont sur le feu; à mesure que l'écume monte, on l'enlève avec une écumoire. Il faut veiller à ce qu'elles ne s'attachent pas, et pour éviter cet inconvénient on les remue de temps en temps.

Écumoire.

On reconnait qu'une confiture est cuite quand une goutte de sirop, jetée dans un verre d'eau, ne se délaye point, ou bien quand, versée sur une assiette, la confiture ne coule pas. Lorsque la confiture, mise dans les pots, est refroidie, on la recouvre de ronds de papier trempés dans de l'eau-de-vie et ayant exactement le diamètre intérieur des pots; on ferme ces derniers avec du papier collé ou ficelé sur les bords.

Les *gelées* sont faites avec le jus de divers fruits, dans lequel on a fait dissoudre du sucre et qu'on a fait ensuite évaporer jusqu'à une consistance un peu épaisse, de façon qu'en se refroidissant ce jus ressemble à de la gelée tremblante.

Les *marmelades* ne diffèrent des autres confitures que par le degré de cuisson et la proportion des éléments; le fruit y domine presque toujours.

Avant de donner des recettes pour les confitures les plus ordinaires, nous allons parler de la cuisson du sucre. Souvent la qualité des confitures et des ratafias dépend de cette opération préliminaire, qui réclame du soin et un certain savoir-faire.

Sirop de Sucre. — Le *sirop de sucre* est employé fréquemment dans la cuisine; on le prépare dans une bassine de cuivre rouge non étamée ou dans un chaudron. Plus on met d'eau, plus la cuisson est longue. Si l'on met un verre d'eau par demi-kilogramme de sucre, la proportion est bonne. On verse donc de l'eau dans la bassine, on y mélange la quantité de sucre convenable et l'on conduit à grand feu, en remuant de temps à autre. Presque aussitôt l'ébullition commence, et elle doit durer de 25 à 30 minutes. Pour s'assurer si le sirop de sucre est assez cuit, on prend avec l'écumoire une petite quantité du liquide bouillant et on laisse tomber des gouttes sur une assiette. Si ces gouttes se subdivisent en gouttelettes, il faut continuer la cuisson; si la goutte reste entière, le sirop est suffisamment cuit. On peut encore mettre une goutte de sirop entre le pouce et l'index et la presser : si les doigts collent ensemble et si, en les approchant et en les éloignant successivement, la goutte forme un filament résistant, le sucre est cuit. Suivant le degré de cuisson du sucre, on dit qu'il est au petit *boulé*, au grand *boulé*, à la *nappe*, au *cassé*, etc.

Chaudron.

Gelée de Groseilles. — Voici un procédé excellent pour faire de la gelée de groseilles; il est de beaucoup supérieur à ceux qui ont été employés jusqu'ici.

Prenez des groseilles bien mûres, égrenez-les, pesez-les et jetez-les dans une bassine mise au-dessus d'un feu vif. Remuez jusqu'à ce que les groseilles soient crevées ou aient rendu leur jus, ce qui dure environ un quart d'heure;

mais ayez soin de gouverner le feu de telle manière que les groseilles ne bouillent pas ; c'est une des conditions essentielles du succès. Cela fait, ayez un tamis sur lequel vous mettez un bol de framboises, versez dessus les groseilles et leur jus. Pendant que le jus passe, nettoyez la bassine qui vous a servi et faites dedans un sirop de sucre comme il est expliqué plus haut. Mettez-y une quantité de sucre égale au poids des groseilles et ajoutez un verre d'eau par 500 grammes de sucre. Ainsi, pour 3 kilogrammes de groseilles on met 3 kilogrammes de sucre et 6 verres d'eau. Quand le sirop est fait, retirez la bassine du feu, versez le jus de vos groseilles dans le sirop bouillant, remuez vivement quelques instants, et les confitures sont *cuites ;* il ne reste plus qu'à les mettre en pots.

Tamis.

Gelée de Pommes et gelée de Coings. — Les pommes sont d'abord pelées, coupées en quartiers et débarrassées des pépins. On les fait cuire ensuite à un feu doux avec la quantité d'eau nécessaire pour qu'elles y baignent. Quand elles sont cuites et qu'elles s'écrasent, on les jette sur un tamis placé au-dessus d'une terrine et l'on extrait le jus sans trop l'exprimer. On mêle ce jus à un poids égal de sucre clarifié et l'on fait bouillir le tout légèrement jusqu'à ce que la cuisson soit arrivée au point convenable ; cinq à six gros bouillons suffisent. On peut aussi, quand on a obtenu le jus, y ajouter simplement un poids égal de sucre concassé et faire cuire jusqu'au degré voulu. On aromatise cette gelée avec une demi-gousse de vanille ou quelques morceaux d'écorce de citron qu'on laisse bouillir avec le jus.

Tamisage.

La gelée de coings se fait comme celle de pommes.

Confitures de Cerises. — Choisissez de belles cerises aigres, anglaises ou de Montmorency[1], ou encore des cerises de Saxe[2] bien mûres, mais non tournées; enlevez les queues et les noyaux. Lorsqu'elles sont ainsi préparées, pesez-les et ajoutez-y un poids égal de sucre concassé: faites bouillir à grand feu pendant une demi-heure au moins, et quand les confitures sont un peu refroidies, versez dans les pots.

Le jus de cerises ne se congelant pas, bon nombre de ménagères ajoutent aux cerises le cinquième de leur poids de jus de groseilles et elles obtiennent ainsi des confitures ayant de la consistance.

Spatule.

Pour empêcher la cristallisation des confitures à la surface des pots, on fait tout simplement un peu de gelée de groseilles qu'on fait couler toute chaude sur la confiture de cerises.

Confitures de Raisins. — On prend des raisins bien mûrs, noirs ou blancs, on les égrène, on les pèse, on met 500 grammes de sucre par kilogramme de raisin, on verse le tout ensemble dans la bassine et on laisse bouillir environ une heure et demie. A mesure que les raisins cuisent, on enlève les pépins avec une écumoire. On peut mélanger aux raisins un peu de poires, mais, dans ce cas, il faut à l'avance peler les poires, les couper par quartiers et les laisser passer la nuit dans du sucre en poudre.

Marmelade aux quatre fruits. — Prenez des poires d'Angleterre et des pommes, pelez-les, coupez-les par quartiers et enlevez le cœur; ajoutez-y des raisins égrenés et des coings coupés par tranches très minces; mettez le tout dans la bassine, en même temps qu'un demi-litre d'eau et un demi-kilogramme de sucre par kilogramme de fruits. Faites bouillir au moins une heure et demie, en ayant soin de remuer avec une spatule. Dans ces confitures économi-

1. *Montmorency*, chef-lieu de canton (Seine-et-Oise), arrondissement de Pontoise.
2. *Saxe*, un des États de l'empire d'Allemagne, cap. *Dresde*.

ques il faut plus de raisins et de poires que de pommes, et très peu de coings. Si l'on jette dans la bassine la moitié d'une gousse de vanille, les marmelades prennent un goût délicieux.

Marmelade d'Abricots et de Prunes. — On prend des abricots mûrs, on les coupe en deux et l'on ôte les noyaux. Ce premier travail terminé, on met les abricots sur le feu dans une bassine avec un demi-kilogramme de sucre par kilogramme de fruit, et l'on fait bouillir une heure et demie. On agit de même pour les prunes. Quelques ménagères, lorsque les prunes sont dures, les laissent macérer une nuit entière dans du sucre avant de les faire cuire.

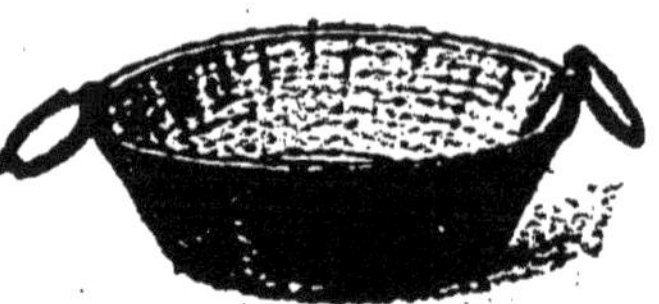

Bassine.

Compotes pour dessert. — On prépare en compote : les *Abricots*, les *Coings*, les *Marrons*, les *Oranges*, les *Citrons*, les *Pêches*, les *Poires*, les *Pommes*, les *Prunes fraîches*, les *Bergamotes*, les *Pruneaux*, les *Fraises*, les *Framboises*, les *Cerises*, les *Groseilles*, le *Verjus*.

Les compotes se préparent au moyen de fruits cuits dans du sucre. Ce sont des confitures moins cuites que les confitures proprement dites. Aussi ne peuvent-elles se garder longtemps.

S'il s'agit de fruits charnus, on les fera cuire tels qu'ils sont dans du sucre et de l'eau, jusqu'à ce que le fruit tombe en marmelade. Bien entendu, il faudra les nettoyer et les peler avant de les faire cuire. Ainsi, par exemple, pour une compote de pommes, vous coupez ces fruits en deux ou en quatre, suivant leur grosseur, vous en ôtez le cœur, et vous les mettez cuire dans un verre d'eau et une quantité suffisante de sucre. Vous les arrosez ensuite de leur sirop, que vous aurez fait réduire. — Pour une compote d'abricots vous mettez 125 grammes de sucre et un verre d'eau dans une casserole, vous y placez vos abricots coupés par moitié, vous leur faites faire deux ou trois bouillons, vous les arrangez dans votre compotier, vous versez par-dessus votre sirop, que vous réduirez si cela est nécessaire. — Il faut peler les pêches si l'on se sert de ces fruits.

Compotier.

Si le fruit est mou, comme la cerise, la fraise, la framboise ou la groseille, on le mettra cuire également dans le sirop, mais moins longtemps que pour la confiture. On enlèvera la queue et le noyau des cerises.

On pourra aromatiser les compotes soit avec du citron, de la vanille ou de la cannelle, soit avec du rhum ou du kirsch, en ne mettant cependant ces liqueurs que lorsque l'opération est achevée.

Les citrons, les oranges, les bergamotes, les chinois demandent à être coupés en morceaux et blanchis avant qu'on les fasse cuire dans le sirop.

On peut servir les compotes chaudes ou froides.

Sujet de rédaction.— Quelle est l'utilité pour une maîtresse de maison d'avoir une provision de confitures? Dites la manière de faire les principales confitures, les gelées, les marmelades et les compotes.

73. — Anecdote.

La petite-fille de Mme Desbordes-Valmore[1] avait, un jour où sa mère recevait du monde à dîner, mangé en cachette la moitié d'un pot de confitures. Le dessert arrivé, Mme Valmore s'aperçoit du larcin, mais ne voulant pas se fâcher devant ses convives, elle se tourne vers l'enfant :

— Si vous aviez une fille et qu'elle eût fait cela, mademoiselle, que lui diriez-vous ?

— Je lui dirais, répond l'enfant, je lui dirais... *mangez le reste*, mais n'y revenez plus.

1. Desbordes-Valmore (*Marceline-Josèphe-Félicité* Desbordes, dame), femme de lettres française, née à Douai en 1785, morte en 1859.

74. — Les Confitures.

Voici l'heure. Déjà dans l'ombreuse cuisine
Les pains de sucre blanc, coiffés de papier bleu,
Garnissent le dressoir où la rouge bassine
Reflète les lueurs du réchaud tout en feu.

On apporte les fruits à pleines panerées,
Et leur parfum discret embaume le palier;
Les ciseaux sont à l'œuvre, et les grappes lustrées
Tombent comme les grains défilés d'un collier.

Doigts d'enfants, séparez, sans meurtrir la groseille,
Les pépins de la pulpe entr'ouverte à demi;
La grave ménagère, attentive, surveille
Ce travail délicat d'abeille ou de fourmi.

Vous êtes son chef-d'œuvre, exquises confitures!
Dès que l'été fleurit les liserons du seuil,
Après les longs travaux, lessives et coutures,
Vous êtes son plaisir, son luxe et son orgueil.

Le sirop frissonne et bout; l'air se parfume
D'une odeur framboisée. Enfants, spatule en main,
Enlevez doucement la savoureuse écume
Qui perle et mousse au bord des bassines d'airain.

Voici l'œuvre achevé. La grave ménagère
Contemple fièrement les godets de cristal
Où la groseille brille, aussi fraîche et légère
Que lorsqu'elle pendait au groseillier natal.

Les grappes maintenant bravent l'hiver... Comme elles,
La ménagère échappe aux menaces du temps;
La paix du cœur se lit dans ses calmes prunelles,
Et son front reste lisse et pur comme à vingt ans.

André THEURIET[1].

1. THEURIET (*André*), poète français, né à Marly-le-Roi (Seine-et-Oise) en 1833.

75. — Liqueurs de ménage.

Les liqueurs étant toujours d'un prix assez élevé, les ménagères économes en préparent elles-mêmes.

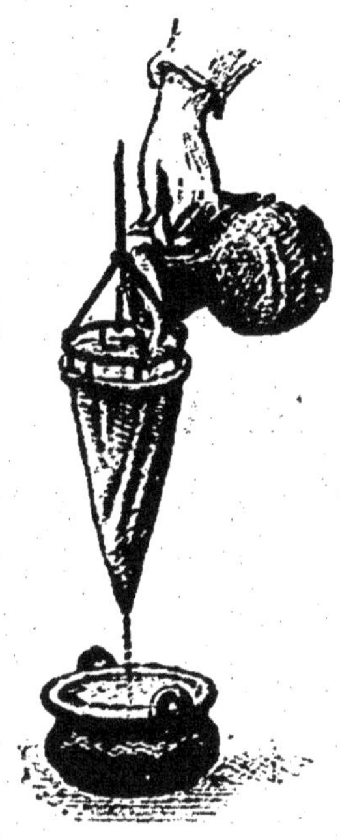
Filtrage à la chausse.

Les bonnes liqueurs sont agréables à boire et peuvent être salutaires quand on les prend avec modération.

Il y a trois manières de préparer les liqueurs : 1° par simple macération dans de l'eau-de-vie ; 2° par distillation avec ou sans macération ; 3° par simple mélange de l'eau-de-vie avec la substance qu'on emploie.

Les liqueurs, pour être très bonnes, doivent avoir au moins un an ; il est donc utile d'en avoir toujours une petite quantité à l'avance, afin qu'elles puissent acquérir toutes les qualités voulues. Les liqueurs se conservent dans des placards, on ne les met point à la cave.

On filtre les liqueurs à la chausse[1] ou au papier. Pour *filtrer à la chausse*, on suspend celle-ci à un crochet quelconque et on dispose au-dessous un vase pour recevoir le liquide filtré. Pour *filtrer au papier*, on prend du grand papier non collé, destiné à cet usage, on en plie une feuille en filtre, on la met dans un entonnoir de verre disposé à l'ouverture d'un bocal. On verse alors la liqueur dans le papier plissé, et on reverse les premiers jets pour l'obtenir plus limpide.

Les *ratafias* sont des liqueurs composées de jus de fruits, d'eau-de-vie et de sucre ; ils se font par macération. Ils

1. Chausse, étoffe disposée en forme d'entonnoir pour clarifier les liquides.

diffèrent des liqueurs proprement dites en ce que celles-ci s'obtiennent en général par distillation.

Distiller, c'est réduire les liquides en vapeur à l'aide de la chaleur, pour les faire revenir ensuite à l'état liquide par le refroidissement.

Cassis. — Emplissez à moitié un bocal en verre ou en grès avec des baies de cassis mûres à point, sans excès; ajoutez-y un demi-bol de framboises, si c'est possible, puis deux ou trois clous de girofle, un peu de cannelle et quelques feuilles de cassis. Finissez de remplir le vase avec de l'eau-de-vie. Bouchez avec un bouchon recouvert de parchemin que vous aurez mouillé avant de le ficeler, et faites macérer un ou deux mois en exposant autant que possible le bocal au soleil. Décantez alors le liquide, passez-le par la chausse afin qu'il soit très limpide, faites fondre du sucre dans très peu d'eau, mélangez et mettez en bouteilles. Pour 2 kilogrammes de baies de cassis, infusées dans 4 litres d'eau-de-vie, on met 1 kilogramme et demi de sucre.

Cassis.

Anisette. — Mettez dans un bocal 2 litres d'eau-de-vie et 100 grammes d'anis vert concassé, ajoutez-y le zeste de quelques citrons ou de quelques oranges, un peu de cannelle et deux clous de girofle. Bouchez et faites infuser un mois. Tirez à clair et mêlez au liquide 1 demi-kilogramme de sucre concassé et *à moitié fondu* dans très peu d'eau. Bouchez et faites macérer encore quinze jours, puis filtrez et mettez en bouteilles.

Curaçao. — Mettez 200 grammes de zeste d'oranges amères dans un bocal, quelques grammes de cannelle et un clou de girofle; couvrez avec 3 litres de bonne eau-de-vie, laissez infuser un mois ou six semaines en exposant le bocal au soleil. Passez à travers un linge, mêlez au liquide 1 kilogramme et demi de sucre, fondu au feu dans trois verres d'eau; mélangez, filtrez et mettez en bouteilles. A défaut d'oranges amères, on prend des oranges ordinaires et le zeste de quelques oranges vertes.

Noyau. — Concassez cent noyaux d'abricots, faites-les macérer pendant deux ou trois mois dans 2 litres d'eau-de-vie, et exposez le bocal au soleil; ce temps écoulé, faites fondre 1 kilogramme de sucre dans deux verres d'eau, passez l'eau-de-vie, pour la débarrasser des amandes. Mélangez le tout et mettez en bouteilles.

Pour faire du *kirsch*, on casse 300 grammes de noyaux de cerises, qu'on met dans 2 litres d'eau-de-vie, et pour le reste on agit comme pour le noyau.

Liqueur de Coings. — Râpez des coings bien mûrs, mettez-les égoutter sur un tamis ou, à défaut, sur un linge fin, faites fondre 1 demi-kilogramme de sucre par litre de jus, ajoutez-y un litre d'eau-de-vie quand le sucre est fondu; mélangez le tout et mettez en bouteilles.

Liqueur d'Oranges. — Faites un sirop avec 750 grammes de sucre, et quand il est presque froid ajoutez-y un litre d'eau-de-vie; mélangez et versez le tout dans un bocal au fond duquel vous aurez déposé à l'avance deux ou trois oranges avec une gousse de vanille. Laissez infuser deux mois, passez au tamis et mettez en bouteilles.

Liqueur des quatre fruits rouges. — On obtient une excellente liqueur de ménage, dite *des quatre fruits*, par la macération dans l'eau-de-vie d'un mélange, en quantités égales, de cerises, de fraises, de groseilles et de framboises. Voici la manière de procéder : Prenez 250 grammes de belles cerises, dont vous enlèverez les queues en ayant soin de laisser les noyaux; joignez-y 250 grammes de chacun des autres fruits indiqués, et faites macérer le tout dans un litre d'excellent cognac pendant six semaines environ. Au bout de ce temps, décantez et filtrez la liqueur; il ne vous reste plus qu'à y ajouter un sirop formé de 125 grammes de sucre pour un verre d'eau.

Brou de Noix. — On prend des noix déjà un peu grosses, mais dont le bois n'est pas encore formé, ce dont on peut s'assurer en les traversant de part en part avec une épingle; on broie grossièrement le fruit tout entier et on le fait macérer dans de l'eau-de-vie pendant trois mois en ayant soin d'ajouter du sucre. On peut mettre vingt noix vertes pour chaque litre d'eau-de-vie et 125 grammes de sucre.

Cerises à l'eau-de-vie. — Prenez de belles cerises, bien saines et pas trop mûres, coupez les queues à moitié et mettez les cerises dans un bocal avec quelques clous de girofle et un peu de bois de cannelle. Faites clarifier 150 grammes de sucre par demi-kilogramme de cerises et par litre d'eau-de-vie. Lorsque le sucre a fait deux ou trois bouillons, versez l'eau-de-vie, mêlez le sirop avec l'eau-de-vie; quand le mélange est fait, versez-le sur les cerises et bouchez le tout en couvrant le bouchon avec un parchemin mouillé.

Bocaux de cerises.

Prunes et Abricots à l'eau-de-vie. — Prenez des prunes qui ne soient pas tout à fait mûres, piquez-les jusqu'au noyau avec une grosse épingle, jetez-les dans de l'eau bouillante, retirez-les presque aussitôt avec une écumoire et plongez-les dans de l'eau froide. Égouttez-les ensuite sur un tamis, et rangez-les dans un bocal. Faites un sirop de sucre, mélangez-y de l'eau-de-vie en quantité suffisante pour que les prunes soient couvertes par le liquide. Couvrez d'un parchemin mouillé et ficelez. — On opère de même pour les abricots.

Sirop de Groseilles framboisé. — Prenez 2 kilogrammes de groseilles rouges égrenées, pas entièrement mûres, 1 demi-kilogramme de cerises peu mûres et 250 grammes de framboises. Otez les noyaux des cerises, puis écrasez le tout ensemble et laissez fermenter pendant vingt-quatre heures. Apres ce temps, si le jus vous semble très clair, jetez-le sur un tamis de crin et exprimez avec les mains pour en faire sortir le liquide; mettez ensuite une serviette sur le tamis bien rincé et jetez le liquide trouble dessus; laissez-le s'écouler de lui-même et sans expression, car il faut qu'il passe très limpide. Faites alors le poids du liquide passé. Pour 500 grammes de jus mettez 1 kilogramme de sucre, versez dans une bassine et portez au feu. Le sucre étant fondu et après le troisième ou quatrième bouillon, retirez le sirop du feu, enlevez l'écume qui se sera formée, et versez dans un vase. Après refroidissement, coulez-le dans des demi-bouteilles bien bouchées, que vous descendrez à la cave.

Sujet de rédaction. — Expliquez comment vous fabriqueriez les principales liqueurs comme cassis, anisette, curaçao, etc. Comment feriez-vous des fruits à l'eau-de-vie? Donnez la recette pour le sirop de groseilles framboisé.

76. — Le Bluet.

De nos guérets[1] modeste fleur,
De ta corolle demi-close,
S'exhale une suave odeur :
Joli bluet, d'où vient cette métamorphose!
— Ce matin, par Clara cueilli pour son bouquet,
Je fus placé près de l'œillet
Entre le jasmin et la rose;
Du doux parfum qui d'abord t'a surpris
Déjà tu devines la cause :
Rappelle-toi qu'à choisir ses amis
On gagne toujours quelque chose.

N.

1. *Guéret*, terre labourée et non ensemencée. Ici *guérets* veut dire champs et moissons.

77. — Recettes précieuses d'une grand'mère.

Jamais une maîtresse de maison expérimentée n'est prise au dépourvu dans son ménage ; elle sait ce qu'il faut faire dans tel ou tel cas, et les moyens à prendre dans telle ou telle circonstance. Survient-il un feu de cheminée, elle parviendra à l'éteindre promptement ; le vin qu'elle sert à table devient-il trouble, elle le collera ou le fera coller ; un convalescent a-t-il besoin de manger des œufs chaque jour, elle pourra lui en donner, parce qu'elle connaît le moyen de les conserver. La science du ménage s'étend à tout, et c'est pourquoi elle a pour les femmes une si grande importance.

Teigne.

Les Teignes. — Les ménagères ont un petit ennemi qui leur cause de grands ennuis, c'est la teigne ! Quoi de plus désastreux, en effet ? Le jour où l'on veut mettre des vêtements de laine, on s'aperçoit qu'ils sont détériorés ; la laine a été enlevée à certains endroits, et l'on voit à la place ce que l'on appelle la *corde !* Lorsqu'on sort un superbe manchon de son étui, on remarque avec surprise, de distance en distance, de toutes petites plaques blanches, méfaits du vilain insecte.

Il y a un remède bien simple pour mettre les laines et les fourrures à l'abri des teignes ; il consiste, après les avoir soigneusement brossées, à les enfermer dans des caisses, des cartons, et à coller sur toutes les ouvertures, à l'intérieur et à l'extérieur, des bandes de papier qui bouchent hermétiquement les plus petites jointures. Si cette précaution a été prise à temps, c'est-à-dire avant que les papillons aient déposé leurs œufs sur l'étoffe, on peut être tranquille ; mais l'on doit bien se garder d'ouvrir les caisses pendant l'été. Lorsque les objets à préserver sont trop volumineux, on peut les saupoudrer de camphre, ou de poivre, ou de pyrèthre, sorte de camomille, et les envelopper soigneusement dans du linge, dans des draps, par exemple, de manière à les entourer plusieurs fois, afin que l'insecte ne puisse parvenir jusqu'à eux.

Feu de cheminée. — Il est prudent de faire ramoner les cheminées au moins une fois l'année et d'en nettoyer fréquemment l'entrée avec un balai. Lorsque le feu prend dans une cheminée, la première chose à faire est de fermer les portes et les fenêtres, de retirer le bois et la braise qui sont dans le foyer, puis de boucher l'ouverture de la cheminée avec un drap mouillé ou une couverture de laine, de manière à intercepter complètement l'air extérieur. Cette précaution prise, on donne au drap un mouvement de va-et-vient qui provoque la chute de la suie enflammée. Si l'on avait de la fleur de soufre sous la main, on en jetterait quelques poignées sur le feu avant de calfeutrer l'ouverture de la cheminée. Le soufre, en brûlant, forme un gaz impropre à la combustion.

Feu aux vêtements. — Si le feu prend à vos vêtements, jetez-vous tout de suite à terre afin d'empêcher la flamme de monter ; cela suffit parfois à l'éteindre. Quand on porte secours à une personne dont les habits sont en flammes, on l'enveloppe d'une couverture, d'un tapis, d'un manteau, d'un vêtement quelconque, afin d'étouffer le feu.

La flamme de pétrole s'éteint en jetant dessus du sable, de la cendre ou de la terre. On peut aussi la frapper et essayer de la couvrir avec un torchon ou un linge mouillé.

Colle. — Une excellente *colle liquide*, destinée à la confection des fleurs artificielles et à recoller la faïence, la porcelaine, les fragments de meuble, peut se préparer ainsi : mettre dissoudre 60 grammes de gomme arabique dans un demi-verre d'eau ; lorsqu'elle est bien dissoute, y ajouter 20 grammes de farine et remuer ce mélange. Chaque fois qu'on désire s'en servir, on crève la peau qui se forme à sa surface.

La *colle ordinaire* ou *colle de pâte* se fait en délayant de la farine avec un peu d'eau jusqu'à ce qu'il n'y ait plus de grumeaux. On verse ensuite de l'eau bouillante pour former une espèce de bouillie, que l'on continue à chauffer et qu'on remue sans cesse jusqu'à ce qu'elle ait l'épaississement convenable. On l'emploie froide.

Mastic. — Outre son utilité pour les vitres, le *mastic* peut encore servir à réparer momentanément les soudures endommagées des seaux, des arrosoirs, etc. Il peut aussi boucher les fentes des volets et des portes. Pour le composer, on prend du blanc d'Espagne ou de Meudon pulvérisé et on le mélange dans un mortier ou sur une planche avec de l'huile jusqu'à ce que le mélange ait pris la consistance d'une pâte molle. On peut conserver ce mastic dans l'eau ; mais il est bon de ne faire que la quantité nécessaire, car il durcit en séchant.

Collage des Vins. — Lorsqu'on reçoit du vin, il faut le faire placer sur le chantier, et après un repos d'une quinzaine de jours, s'assurer s'il est limpide. S'il est trouble, on doit le coller ; voici comment on procède :

Pour une barrique de 220 à 230 litres, on prend huit blancs d'œufs qu'on mêle avec un demi-litre de vin ou d'eau limpide ; on peut ajouter 200 grammes de sel de cuisine. On agite le tout au moyen d'une fourchette jusqu'à ce que le mélange soit parfait. On verse ce liquide dans le tonneau et on agite longtemps le vin avec un bâton. Avant de coller, on retire 2 ou 3 litres de vin du tonneau, afin de faire le vide nécessaire. L'opération du collage terminée, on remplit le tonneau, on met la bonde et on laisse reposer le vin quinze jours avant de le boire ou de le mettre en bouteilles.

Pièce de vin sur chantier.

Les vins blancs doivent être collés au moyen de colle de poisson, dans la proportion de 25 grammes pour 230 litres. On fait fondre la colle, pendant vingt-quatre heures, dans 1 litre d'eau froide ou de vin tiède, et on passe la solution avant de s'en servir.

Pour conserver les vins en tonneaux, il faut les soutirer deux fois par an : au printemps et à l'automne.

Pour qu'un tonneau vide ne prenne pas de mauvais goût, il faut le faire rincer aussitôt que le vin en a été tiré, puis le laisser sécher durant deux ou trois jours. Ensuite, on fait brûler un morceau de mèche soufrée à l'intérieur, et on le dépose, après l'avoir bouché, dans un endroit à l'abri de l'humidité.

Mise en bouteilles. — Il faut, autant qu'on le peut, choisir un beau temps pour mettre les vins en bouteilles.

Cette opération ne doit pas être interrompue, c'est-à-dire que la mise en bouteilles d'une barrique doit se faire dans la même journée. Les bouteilles devront être parfaitement rincées au moins dans deux eaux potables; avant de les remplir, l'eau devra être bien égouttée. Pour cela on mettra les bouteilles de haut en bas, et le plus verticalement possible, en enfilant les goulots de ces bouteilles sur les broches de l'*égouttoir*. C'est une bonne précaution de passer ensuite dans chacune d'elles une goutte d'eau-de-vie. Des bouchons neufs seront toujours préférables aux vieux. Les bouteilles pleines devront être couchées et tenues à la cave ou dans un lieu d'une température uniforme. On vend maintenant des casiers en fer ou *porte-bouteilles*, destinés à recevoir des bouteilles pleines ou vides; ils tiennent peu de place et sont fort commodes. On y met et on y reprend facilement les bouteilles, qui, se trouvant isolées les unes des autres et étant bien soutenues, ne sont pas exposées à être cassées; elles y sont rangées par dizaines, rien n'est plus facile que de les compter.

Égouttoirs.

Porte-bouteilles.

Sujet de rédaction. — Comment peut-on préserver les vêtements des teignes? Que faut-il faire pour éteindre un feu de cheminée, le feu qui prend à nos vêtements, la flamme du pétrole? Comment se fait la colle liquide, le mastic? Comment colle-t-on le vin? Quelles précautions faut-il prendre pour la conservation des tonneaux et la mise des vins en bouteilles?

78. — Les Maximes de Mme de Maintenon.

Mme de Maintenon aimait à écrire des maximes en tête des cahiers des demoiselles de Saint-Cyr, pour leur servir d'exemple d'écriture. On remarque dans ces lignes de remarquables avis, de belles pensées morales, des conseils utiles en un style simple et clair. Le principal pour

SAINT-CYR (Seine-et-Oise), près Versailles, maison d'éducation pour les jeunes filles, fondée sous Louis XIV, en 1686, et supprimée pendant la Révolution. Napoléon Ier y établit l'école militaire spéciale, qui existe encore.

écrire, disait cette remarquable éducatrice, est d'exprimer tout simplement ce qu'on pense; on ne trouve jamais l'esprit quand on le cherche. Au milieu de ces maximes, nous en avons choisi un certain nombre, mesdemoiselles, dont vous pourrez faire votre profit:

1. Accoutumez-vous à l'humeur des autres, sans espérer de les accommoder à la vôtre. — 2. Ayez de la reconnaissance pour tous ceux qui vous ont fait du bien. — 3. Rendez-vous, si vous croyez que vous ayez tort; il y a plus de grandeur à se rétracter qu'à soutenir une mauvaise cause. — 4. Prenez de bonnes habitudes : il n'y en a

point qui ne deviennent douces, quelque pénibles qu'elles vous paraissent d'abord. — 5. Prenez toujours la dernière place; il vaut mieux être appelé que chassé.

79. — Recettes précieuses.

Pour fabriquer une chartreuse coûtant une fois moins et qui sera *presque* aussi bonne que la véritable, on se procure chez les liquoristes ou les confiseurs un petit flacon contenant de l'*élixir végétal de la Grande Chartreuse*, et on fait infuser vingt ou trente fleurs de camomille dans 1 litre d'eau. L'infusion terminée et l'eau ayant acquis une belle couleur jaune, on met sur un feu très doux un vase de grès dans lequel on dépose 800 grammes de sucre cassé en petits morceaux, on verse dessus l'infusion de camomille et l'on remue jusqu'à ce que le sucre soit fondu, mais sans bouillir. Cela fait, on prend 1 litre de bon esprit-de-vin ou alcool dans lequel on mélange l'élixir, on verse ce mélange dans l'infusion, on remue le tout ensemble et on filtre au papier gris; on a 2 litres de chartreuse pour 1, et les convives s'en délectent. Si la liqueur n'a pas tout à fait la teinte de la vraie chartreuse, on met dans quelques cuillerées d'eau une pincée de safran et l'on en mêle plusieurs gouttes à la liqueur jusqu'à ce que l'on ait obtenu la couleur du modèle.

Camomille.

Depuis l'invasion de l'affreux phylloxera et du mildew, deux fléaux qui sont en train de détruire nos belles vignes françaises, les vins sont chers et falsifiés: voici comment on peut se procurer un vin à bon marché, agréable au goût et parfaitement hygiénique.

Pour un fût de 220 litres, on se procure 3 kilogrammes de sucre, 40 litres de vin et 250 grammes de levure de bière. On met le vin dans le fût, on y ajoute le sucre fondu au préalable dans l'eau. On délaye la levure de bière dans de l'eau tiède et on la verse aussi dans le fût. On remplit alors le fût d'eau, on remue le tout, on agite et on laisse fermenter quinze jours, après quoi le vin est bon à boire. Durant les quinze jours de fermentation on couvre légèrement l'ouverture du fût avec une planchette de bois.

Safran.

Passons maintenant à la toilette :

Les dents et les cheveux réclament des soins journaliers et constants ; ces soins ne peuvent être mis sur le compte de la coquetterie, défaut si commun chez la plus belle partie du genre humain, ils font simplement partie de cette demi-vertu qu'on appelle... la propreté.

L'eau de Botot, véritable, est reconnue excellente pour la toilette de la bouche ; les dents et les gencives se trouvent très bien de son emploi. On peut la composer soi-même à très bon compte ; voici la recette :

Pour un litre d'alcool, achetez chez un pharmacien : 30 grammes anis concassé, 8 grammes girofle, 8 grammes cannelle de Ceylan[1], 8 grammes quinquina, 8 grammes essence de menthe anglaise, 2 grammes de pyrèthre, 4 grammes de cochenille. Faites infuser le tout dans l'alcool pendant quinze jours, remuez deux fois par jour et filtrez au papier gris.

Rien n'est plus facile que de se composer une excellente poudre dentifrice, complément indispensable de l'eau de Botot. On réduit en poudre impalpable du pain grillé, tout à fait noir, ou à son défaut du charbon de bois, et on y mélange un peu de quinquina rouge en poudre. A l'aide de cette simple recette on peut avoir les dents aussi blanches que celles... d'un ramoneur, ce qui n'est pas peu

1. *Ceylan*, île anglaise située au sud de l'Hindoustan.

dire. Je ne plaisante pas. N'avez-vous jamais remarqué l'éclatante blancheur des dents de ces enfants de l'Auvergne[1] et de la Savoie[2], offrant un si grand contraste avec leur figure noire?

Ricin.

Si les dents sont précieuses à conserver, les cheveux ne le sont pas moins; voici une pommade efficace contre la chute des cheveux : mélanger un peu de graisse de porc fraîche et épurée avec une cuillerée de quinquina en poudre et mettre en pot. Je recommande aussi le mélange d'huile de ricin et de rhum comme non moins efficace.

Sujet de rédaction. — Comment peut-on fabriquer une chartreuse à bon marché? Donnez la recette d'une bonne boisson pouvant remplacer le vin ordinaire. Dites ce qui entre dans la composition de l'eau de Botot. Comment peut-on composer une excellente poudre dentifrice et de la pommade pour les cheveux?

80. — Le Travail manuel.

Si dans l'éducation de la jeune fille il est un point essentiel, une étude qui ne doive jamais être négligée, c'est, à coup sûr, l'enseignement du *travail manuel*. Le savoir le plus élevé ne saurait remplacer cette science modeste, et la jeune fille doit s'appliquer à l'acquérir au plus tôt.

Alexandre, roi de Macédoine (356-323 av. J.-C.).

Chez les peuples les plus civilisés, les femmes, les princesses même s'occupaient aux *travaux manuels*. Alexandre le Grand montrait avec complaisance les habits que ses sœurs lui avaient faits.

Chez les Israélites, c'étaient les femmes qui faisaient les vêtements de la famille; leur occupation journalière

1. *Auvergne*, anc. province de France, avait pour capitale *Clermont-Ferrand*.
2. *Savoie*, province annexée à la France en 1860, avait pour capitale *Chambéry*.

était de fabriquer des étoffes sur le métier, de confectionner la lingerie et la tapisserie.

Les plus grandes dames romaines observaient aussi cette coutume, et l'empereur Auguste portait d'ordinaire des habits confectionnés par sa femme, sa sœur et ses filles.

Auguste, empereur romain. (63 av. J.-C.-14 ap. J.-C.)

Charlemagne, roi des Francs (742-814).

Chez nous, Charlemagne faisait apprendre à ses filles les travaux manuels, afin, disait-il, qu'elles évitent l'oisiveté, et qu'elles aient un moyen de subvenir à leurs nécessités, si jamais elles éprouvaient une fortune adverse, puisque rien ne nous peut garantir contre les coups du sort.

L'infortunée Marie Stuart fut exercée très jeune dans tous les travaux d'aiguille, et elle y excellait; ils lui furent d'un grand secours aux heures douloureuses de sa captivité.

Marie Stuart, reine de France, puis d'Écosse, fut décapitée (1542-1587).

Marie-Antoinette, reine de France, épouse de Louis XVI, morte sur l'échafaud (1755-1793).

Dans un temps plus rapproché du nôtre, Marie-Antoinette fut obligée de raccommoder elle-même ses vêtements dans la prison du Temple. Combien cette malheureuse princesse ne dut-elle pas se louer alors de n'avoir pas dédaigné d'apprendre un travail qui lui devenait si nécessaire!

Sujet de rédaction. — Citez par des exemples l'utilité pour les femmes du travail manuel.

81. — Le Travail à l'aiguille.

Le travail à l'aiguille joue un grand rôle dans l'existence de la femme; c'est à peu près le seul qui lui soit exclusivement réservé. A la jeune fille pauvre, à l'ouvrière, il permet de gagner honorablement sa vie. A la mère de famille, il fournit le moyen de faire des économies multipliées. Enfin, à la femme favorisée des biens de la fortune, il offre une distraction agréable, un passe-temps précieux et lui permet d'être utile aux pauvres et de leur venir délicatement en aide.

Pour toutes, en un mot, l'aiguille est une amie intime, souvent le soutien du ménage et toujours l'auxiliaire indispensable de la charité. Elle remplit les heures de solitude, combat l'ennui, favorise les bonnes œuvres et, au besoin, lutte contre la misère.

Les travaux à l'aiguille doivent être appris avec ordre et méthode; il faut commencer par exécuter parfaitement les diverses sortes de points, puis viennent tour à tour le raccommodage du linge, la confection des vêtements les plus ordinaires, les applications de pièces ou de morceaux, les piqûres, les œillets, les boutonnières et enfin le tricot des bas et leur ravaudage. Les ouvrages de fantaisie au crochet, la broderie et la tapisserie ne sont qu'un accessoire et ne doivent prendre place qu'après les travaux essentiels de couture.

On ne peut se figurer ce qu'une mère de famille, ouvrière adroite, peut économiser d'argent en raccommodant soigneusement le linge, les vêtements, et en sachant tricoter et ravauder les bas.

Jeunes filles, familiarisez-vous avec tous les ouvrages à l'aiguille, aimez-les, devenez-y habiles : ils vous donneront et plaisir et profit.

Toutes les femmes arrivées au déclin de la vie devraient pouvoir faire en ces termes émus et reconnaissants l'éloge de leur aiguille :

Mon aiguille, n'aurai-je donc jamais pour toi une parole d'affection et de gratitude? Me contenterai-je de réclamer tes services à chaque instant du jour sans paraître t'en savoir gré? Te considérerai-je comme ces amis sur lesquels on compte tellement qu'on ne les récompense ni par un sourire satisfait ni par un mot amical? Et cependant, dis-moi, ma précieuse servante, ma fidèle compagne, mon aide, mon instrument intelligent et docile, à quel labeur t'es-tu jamais refusée pour moi? Je regarde ce qui me couvre, ce qui me pare, ce qui décore ma chambre; la robe que je porte, la batiste brodée de mon mouchoir, le tabouret où mes pieds reposent, les blancs rideaux de mousseline qui tempèrent le jour du dehors... Mon aiguille, tu as contribué à toutes ces nécessités et à tous ces conforts. Tu m'as prêté ton secours pour confectionner le grossier vêtement du pauvre, tu t'es appliquée au manteau de satin rose dont ma petite fille revêt sa poupée avec tant d'orgueil.

Amie de la causerie intime, dis-moi, depuis que mes doigts inhabiles essayèrent de te faire glisser dans le morceau d'étoffe que m'abandonnait ma mère, jusqu'à cette heure où, devenus raides, ils ne savent plus te manier avec adresse et diligence, ensemble que n'avons-nous pas fait! ensemble que n'avons-nous pas écouté et vu, moi, la tête baissée sur ta marche régulière, te poussant toujours, et toi devinant peut-être à l'attachement de ma main, ce qui m'agitait le cœur.

Discret témoin de tant d'entretiens dont le souvenir m'est demeuré cher, de tant de lectures faites au coin du feu par une voix amie, de tant de conseils donnés et reçus, d'heureux sourires et de larmes qui sont parfois tombées jusque sur ton acier brillant, tu es plus encore, mon aiguille! tu es une arme, oui, vraiment, une arme bienfaisante : par toi l'on a du pain pour ses enfants, par toi surtout on conjure et l'on chasse les mauvaises pensées.

Soutien du pauvre, refuge du riche contre l'oisiveté, ingénieux talisman entre les mains de quiconque cherche à repousser le mal, ah! lorsqu'on te tire avec une active persévérance, comme la tête se calme, comme l'esprit devient accessible aux idées saines et bonnes!

As-tu conscience, mon aiguille, de tous les bienfaits que ta présence rappelle? T'a-t-on raconté toutes les misères que tu as secourues, les heures solitaires que tu as remplies, les loisirs que tu as charmés, les aumônes que tu as favorisées, les désirs frivoles bannis sous ton influence ?

Ah ! si tu l'apprenais, quels mémoires tu pourrais écrire ! que d'histoires touchantes, utiles et morales dont tu fus le secret agent !

Mais que peu ou beaucoup te vénèrent, qu'on t'accorde plus ou moins d'estime, humble et grande ouvrière, mon respect pour toi n'en saurait être altéré. Oui, toi qui fais si peu de bruit, si peu d'éclat et tant de bien, reçois mon hommage de femme et d'amie, ma modeste aiguille !

Sujet de rédaction. — Faites l'éloge de l'aiguille et expliquer les services qu'elle rend aux femmes de tous les âges et de toutes les conditions.

82. — Le Ver à soie.

Dans un collège, un écolier
S'ennuyait d'être prisonnier.
L'enfant avait un ver à soie,
Son amusement et sa joie.
Un jour, le regardant qui filait son cocon,
Dont il s'enveloppait et faisait sa prison,
Il lui dit : Mon ami, ta sottise est extrême :
A quoi bon t'enfermer toi-même ?
Le ver lui répondit : Ce n'est pas sans raison
Qu'à filer je mets mon étude :
Pour fruit de mon travail et de ma solitude,
Je serai bientôt papillon.
Leçon où la sagesse brille,
Et dont le sens est assez clair :
S'il n'avait pas filé, ce ver
Serait toujours resté chenille.

RICHER [1].

1. RICHER (*Édouard*), littérateur français, né à Noirmoutier (Vendée) en 1792, mort à Nantes en 1834.

83. — Travaux de couture.

L'habitude, dit-on, est une seconde nature. Rien n'est plus vrai ; et l'on a de la peine à se figurer à quelle perfection on arrive en faisant souvent la même besogne.

Mlle Marguerite X. a vingt ans ; on dirait que ses doigts sont ceux d'une fée tant ils sont adroits et habiles ; rien ne leur est impossible. Elle se joue des ouvrages les plus délicats, les plus compliqués ; mais ne néglige pas les simples travaux du raccommodage. Elle passe d'une broderie charmante à un remmaillage de bas ou à un simple rapiéçage. Aînée d'une famille nombreuse autrefois dans l'aisance, et tombée dans une grande gêne par suite de pertes commerciales, elle est devenue le trésor de la maison.

Mme Emmeline Raymond dit que l'art de se faire elle-même ses vêtements constitue à lui seul un revenu clair et net pour une femme. Marguerite prouve la vérité de ces paroles ; c'est elle qui prend soin du linge et le tient en bon état, elle confectionne les vêtements neufs et rajeunit les vieux[1]. Au besoin, elle renouvelle un corsage, change une garniture et met tous les objets servant à la toilette en rapport avec les exigences de la mode. Sous sa main habile, et grâce à son goût parfait, une vieille robe retaillée et garnie par elle fait illusion et paraît une robe nouvelle. Elle sait réparer les vêtements de son père et de ses frères : elle change les doublures, rafraîchit les parements, renouvelle les boutons, refait à neuf les boutonnières, assujettit les poches, pose des pièces et reprise les accrocs.

Les accrocs ! quels mauvais tours ils jouent souvent aux écolières. Un accroc à une robe, imperceptible le matin, devient le soir un trou énorme. Un manque de fil à un gant s'élargit si vite que le doigt entier peut presque y

1. Les notions de coupe et d'assemblage, la confection des vêtements les plus faciles, font partie maintenant des programmes des écoles.

passer quand on le quitte. Un bas dont le tissu est clair et usé au talon revient du blanchissage sans talon, et ce bas incomplet nécessite un travail long et difficile qu'on aurait pu éviter si on l'avait garni en temps utile. On a donc raison de dire : un point du lundi en vaut dix du jeudi.

O toi qui tiens ménage,
Retiens bien ma leçon :
Réparer un dommage
Enrichit la maison.
Mais dépense inutile petite et journalière
Tout doucement te mène à la misère.

Sujet de rédaction. — Montrez, par un exemple, tous les services qu'une jeune fille, adroite dans les travaux de couture, peut rendre à sa famille.

84. — Les Points de couture[1].

Ai-je besoin, mesdemoiselles, de vous nommer les divers points employés dans la couture? Vous les connaissez aussi bien que moi, vous savez qu'il y a le point devant, le point arrière ou arrière-point, le point de côté, le point d'ourlet, la piqûre, le surjet, le point de boutonnière.

Il y a aussi les coutures en ourlet, les coutures rabattues, les coutures doubles, ainsi que les surjets et les ourlets rouleautés. N'oublions pas de parler des reprises.

Les étoffes se déchirent par l'usage ou s'accrochent par accident, et, comme nous l'avons dit déjà, si l'on néglige de raccommoder les trous, ils s'augmentent graduellement et ne tardent pas à devenir irrémédiables. Une femme qui porte des vêtements troués se fait fort mal juger. On répare les déchirures par des pièces ou par des reprises. On distingue les reprises simples, les reprises à pièce, les

1. Les détails techniques sur la manière d'exécuter les divers points, de tailler et de confectionner les vêtements ne sauraient convenir à un livre de lecture comme le nôtre. Ces explications sont bonnes dans un livre de recherches. Du reste, dans ces choses, la théorie n'est rien, la pratique est tout.

reprises à surjet, les reprises à dentelle, les reprises à point de boutonnière ou de feston, les reprises lacées, les reprises tissées imitant le dessin de l'étoffe détériorée, et enfin les reprises perdues, le *nec plus ultra* des reprises, celles qui demandent le plus de soin et produisent le plus d'illusion, puisqu'elles ne s'aperçoivent pas ou. . . ne doivent pas s'apercevoir; sans cette condition, elles ne mériteraient pas leur nom.

Pour les travaux d'agrément, les points sont innombrables et plus ou moins gracieux et jolis. Dans la lingerie et la broderie, on emploie le point de feston, le point de cordonnet, l'œillet, le plumetis, le point fleuri, le point noué, le point de corail, de chaînette, de chausson, puis le point de poste, d'arme, d'épine, le point turc et le point de Bruges[1].

Pour la tapisserie, contentons-nous de nommer — à tout seigneur tout honneur — le point des Gobelins[2], le point de Smyrne[3], de Hongrie[4], de Beauvais[5], de Paris, et encore le point florentin, le point de velours, le point de riz, le point de plume, le point allongé, natté, etc.

Sujet de rédaction. — Nommez les divers points employés dans les travaux de couture ordinaire, et aussi ceux qu'on emploie dans les travaux d'agrément. Parlez des diverses reprises.

85. — Objets et fournitures nécessaires aux travaux d'aiguille.

On prétend qu'un bon ouvrier a toujours de bons outils; cela est vrai relativement, mais en tout cas il lui faut des outils, son adresse ne saurait y suppléer. Toutes les jeunes

1. *Bruges*, ville de Belgique, capitale de la Flandre occidentale. — 2. *Gobelins*, célèbre manufacture de tapisseries et de teinture, située à Paris. — 3. *Smyrne*, ville de la Turquie d'Asie. — 4. *Hongrie*, royaume de l'Europe, capitale *Budapest*, forme avec l'Autriche l'empire d'Autriche-Hongrie. — 5. *Beauvais*, chef-lieu du département de l'Oise.

filles doivent donc avoir une boite à ouvrage bien garnie, si elles veulent devenir d'habiles ouvrières. Elles doivent pouvoir choisir l'aiguille et le fil le plus convenables pour le genre de travail auquel elles se livrent. Sans cette précaution, elles perdent leur temps en tâtonnements plus ou moins longs et obtiennent de médiocres résultats.

Il faut que la boite contienne d'abord un bon choix d'aiguilles : aiguilles courtes et demi-courtes, longues et demi-longues, puis à l'Y, à *repriser*, à *tapisserie*. Une bonne aiguille ne casse pas, ne plie pas ni ne s'épointe.

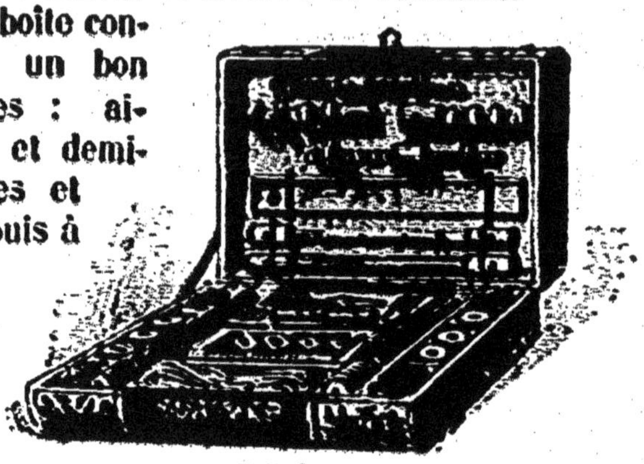

Boite à ouvrage.

Les aiguilles sont numérotées, les plus grosses portent les plus petits numéros et *vice versa;* chaque catégorie a douze numéros. Inutile de dire à mes lectrices qu'il faut approprier l'aiguille à l'ouvrage, que l'aiguillée de fil ne doit être ni trop longue ni trop courte, et que sous aucun prétexte on ne doit porter des aiguilles à sa bouche, c'est un dangereux étui que les lèvres, et cette imprudence a occasionné plus d'une fois de graves accidents.

Pour éviter la rouille, on met les aiguilles dans des étuis ou dans une ménagère en flanelle, le plus commode de tous les étuis, car on y trouve commodément ce que l'on cherche et l'on peut classer les aiguilles par genre. Il est bon d'avoir quelques dés de rechange à la grandeur voulue. Un dé trop large ne tient pas, et trop étroit il blesse le doigt. Bien des ouvrières se servent d'un doigtier en caoutchouc vulcanisé destiné à protéger l'index de la main gauche qui soutient l'étoffe à l'endroit où se fait le point.

La boite doit contenir encore du fil de diverses couleurs

et de grosseurs différentes. Nommons ceux qui portent un nom particulier : le fil d'Alsace[1] — que nous ne pouvons nommer sans un serrement de cœur — le fil algérien, le fil au tambour; puis le fil à bâtir, à broder, à repriser. Il faut aussi une petite provision de coton, de cordonnet, de soie et de laine. La boîte doit contenir encore plusieurs paires de ciseaux, un mètre en ruban, un passe-lacet, une pelote pour épingles, des agrafes, des boutons, etc.

Les travaux d'agrément qui consistent dans la broderie, la tapisserie, le tricot, le crochet et le filet, exigent des aiguilles d'acier, de buis et d'ivoire, des crochets de mêmes matières, des navettes et des moules.

Les travaux d'agrément doivent toujours être subordonnés aux ouvrages de couture. Une femme raisonnable ne se permet jamais un travail qui lui plaît au préjudice d'un travail urgent qui consiste à préparer le linge du ménage ou à réparer les vêtements de ses enfants.

Sujet de rédaction. — Nommez les objets et les fournitures nécessaires pour les travaux d'aiguille.

86. — Sortes d'ouvrages manuels chez les Demoiselles de Saint-Cyr.

Mme de Maintenon prétendait qu'on ne pouvait rien inspirer de meilleur aux jeunes filles que le goût de l'ouvrage, et qu'agir ainsi était leur procurer un trésor. Mais dans les travaux de couture elle distinguait ceux qui sont utiles de ceux qui ne sont que de pur agrément.

L'occupation manuelle était un des grands moyens d'éducation de Saint-Cyr; Mme de Maintenon s'en servait pour ramener les enfants au repos et au silence, pour empêcher leur esprit de se dissiper et de s'égarer. Elle ne connaissait pas de meilleure sauvegarde contre les dangers de l'oisiveté. Rien n'est plus nécessaire aux person-

1. *Alsace*, anc. province de France, avait pour capitale *Strasbourg*, aujourd'hui annexée à l'Allemagne, moins Belfort et son territoire.

nes de notre sexe, répétait-elle souvent, que d'aimer le travail : il occupe l'esprit et ne lui laisse pas le loisir de penser au mal, il fait même passer le temps agréablement. L'oisiveté, au contraire, conduit à toutes sortes de maux ; je n'ai jamais vu de filles fainéantes tourner à bien. Il faut nécessairement prendre goût à quelque chose ; on ne peut vivre sans plaisir ; si on n'en trouve point à s'occuper utilement, il faut en chercher à autre chose. Que peut faire une femme qui ne saurait demeurer chez elle, ni trouver son plaisir dans les occupations de son ménage, et dans un ouvrage agréable ? il ne lui reste à le chercher que dans des distractions extérieures, loin de sa maison. Y a-t-il rien de si dangereux ?

MAINTENON (*Françoise* D'AUBIGNÉ, marquise DE), née à Niort en 1635, morte à Saint-Cyr en 1719.

Mais toutes les applications du travail manuel ne convenaient pas à Mme de Maintenon ; elle n'admettait ni les ouvrages exquis et d'un trop grand dessin, ni les colifichets en broderie ou au petit métier ; elle voulait de la couture utile, variée, passant du neuf au vieux, du beau au grossier, des habits aux bonnets et aux coiffes, de la vraie couture de ménage : il s'agissait d'apprendre à raccommoder, à repriser, à broder, à tricoter, à faire de la tapisserie, à tailler, à faire un peu de tout. Elle ne permettait les objets de luxe qu'en vue d'un besoin spécial ou d'une circonstance particulière et ne se faisait aucun scrupule d'obliger les élèves à raccommoder leurs hardes et à user leurs robes ; elle ne voulait pas qu'elles s'habituassent à croire qu'il n'y aurait, en rentrant chez elles, qu'à prendre les mesures pour avoir un habit neuf ou à aller au magasin pour faire des emplettes. Rentrées dans leur famille, qu'y trouveraient-elles? Un père ou une mère veufs ou infirmes, chargés d'enfants, dont elles accroîtraient le nombre et qu'elles auraient à servir.

Sujet de rédaction. — Quelles étaient les idées de Mme de Maintenon sur le travail manuel réservé aux femmes?

87. — Les Élèves de Mme Campan.

Mlle Genet, fille d'un commis au département des Affaires étrangères, reçut une éducation que beaucoup de princesses du temps auraient été heureuses de recevoir.

A peine âgée de quinze ans, elle fut nommée lectrice des filles du roi Louis XV. Quand Marie-Antoinette arriva à Versailles, elle ne tarda pas à distinguer dans l'austère entourage de ses tantes l'esprit et les talents de leur jeune lectrice. Elle la maria à M. Campan, fils d'un de ses secrétaires, et se l'attacha en qualité de femme de chambre.

Elle conserva ce titre jusqu'au jour où la reine quitta les Tuileries[1] pour la prison du Temple[2]. Étant restée sans ressources, elle eut l'idée, après le 9 thermidor[3], d'ouvrir à Saint-Germain-en-Laye[4] un pensionnat de jeunes filles : c'était le temps où le goût du bon ton, de l'élégance et des manières polies commençait à renaître. Elle compta bientôt pour élèves la fille et la nièce de Mme de Beauharnais[5] et les deux plus jeunes sœurs de Bonaparte[6]. En 1807, Napoléon nomma Mme Campan directrice de la maison de la Légion d'honneur qu'il venait de fonder à Écouen. Ce furent les statuts de Saint-Cyr qui servirent de modèles dans l'organisation d'Écouen. Il y a des mots qui résument toute une œuvre : « Que manque-t-il aux jeunes personnes,

1. *Tuileries* (les), ancienne résidence des souverains de France, à Paris, brûlées en 1871 par la Commune. — 2. *Temple*, prison située à Paris et démolie en 1811. — 3. *Journée du 9 thermidor* (27 juillet 1794), jour où Robespierre fut renversé et qui mit fin à la Terreur. — 4. *Saint-Germain-en-Laye*, ch.-l. de cant. (Seine-et-Oise), arr. de Versailles. — 5. BEAUHARNAIS (*Joséphine* TASCHER DE LA PAGERIE DE), née à la Martinique en 1763; devint impératrice des Français; morte à la Malmaison (Seine-et-Oise) en 1814. — 6. BONAPARTE (*Napoléon*), né à Ajaccio en 1769, empereur des Français de 1804 à 1815, mort à Sainte-Hélène en 1821.

disait un jour Napoléon à Mme Campan, pour être bien élevées en France? — Des mères, répondit-elle. — C'est juste, reprit l'empereur. Eh bien, madame, que les Français vous aient l'obligation d'avoir élevé des mères pour leurs enfants.

Campan (*Jeanne-Louise-Henriette* Genet, dame), éducatrice française, née à Paris en 1752, morte à Mantes en 1822.

Voici comment Mme Campan caractérisait la tâche à laquelle elle s'était vouée.

En 1815, après la bataille de Paris, le tsar Alexandre[1] se présenta, sans être attendu, à l'établissement d'Écouen pour le visiter. La directrice lui en fit les honneurs. Quand il eut tout vu, il la pria de lui indiquer brièvement sa méthode.

« Les filles des grands de l'État, répondit-elle, celles des riches ou des pauvres, sont entièrement confondues dans cette enceinte. Si j'apercevais qu'il y eût des prétentions à cause du rang ou de la fortune des parents, je trouverais le moyen de les détruire sur-le-champ ; l'égalité est aussi parfaite que possible ; le mérite et le travail sont seuls distingués. Par le règlement, les élèves sont obligées d'apprendre à couper leur linge et à le faire ainsi que leurs robes et tout ce qui tient à leur habillement. Elles apprennent même à blanchir et à raccommoder la dentelle.

« Deux d'entre elles, tour à tour, font, trois fois par semaine, le pot-au-feu pour les pauvres du village et le leur distribuent elles-mêmes ainsi que le pain.

« Toutes les jeunes personnes sorties d'Écouen connaissent très bien l'administration de l'intérieur d'une maison, et toutes me savent bon gré d'avoir suivi leur éducation sur ce point comme sur tous les autres.

1. Alexandre Ier, empereur de Russie de 1777 à 1825.

« Dans mes entretiens avec elles, je leur apprends que c'est la manière d'administrer leur maison qui doit conserver leur fortune ou la détruire, qu'il n'y a point de petites dépenses journalières et qu'on doit les régler avec infiniment d'attention ; mais je leur recommande aussi d'éviter, comme une chose du plus mauvais ton, de s'entretenir dans un salon des détails de fortune et d'intérieur. Il faut savoir faire et commander, mais laisser les femmes mal élevées parler équipages, domestiques, lessive ou pot-au-feu. Voilà, sire, pourquoi mes élèves sont supérieures à la plupart de celles qui ont reçu ailleurs leur éducation. Tout se fait dans la plus grande simplicité. Elles sont au courant de tout ce qui doit entrer dans leurs attributions, et sont aussi bien placées dans un cercle brillant que dans un intérieur modeste.

Château d'Écouen (Seine-et-Oise), bâti au XVIe siècle par le connétable de Montmorency. En 1807 Napoléon y fonda, pour les jeunes filles, une maison d'éducation, aujourd'hui succursale de la Légion d'honneur de Saint-Denis.

« La fortune établit les rangs ; l'éducation doit apprendre à s'y maintenir convenablement. »

Sujet de rédaction. — Parlez de l'éducation que Mme Campan donnait à ses élèves.

88. — Le Linge. — Soins qu'il réclame.

Il y a quelque vingt ans, il n'était pas rare de voir, surtout à la campagne, des ménagères bien fières de leur armoire à linge; ce meuble ne contenait pas moins de *cent draps* en toile filée! Cette mode a disparu peu à peu et avec raison; il est inutile d'avoir une grande quantité de linge, il est toujours temps de s'en procurer au fur et à mesure des besoins. On peut chaque année consacrer à cet achat une petite somme qui ne charge pas trop le budget.

La ménagère doit des soins constants au linge; elle ne saurait trop veiller à son entretien et à sa conservation. Le linge mal blanchi est très désagréable à voir et...à porter. Les hommes sont généralement difficiles sous ce rapport, et ils manifestent de la mauvaise humeur quand leur col de chemise et leurs manchettes laissent à désirer.

Le linge blanchi par de mauvais procédés est vite détérioré. Souvent les blanchisseuses tordent au lieu de presser, brossent avec excès au lieu de battre, ou mêlent à l'eau des substances qui brûlent, comme le chlore; il est donc indispensable à une maîtresse de maison de s'occuper sérieusement des lessives et de voir tout par elle-même.

Le blanchissage du linge fin: cols, fichus, manches, mouchoirs, bonnets, rideaux, etc., peut très bien être fait par les mères de famille; ce travail n'est ni pénible ni ennuyeux, et en le faisant elles ménagent beaucoup les objets blanchis, elles prennent des précautions et ne les déchirent pas en frottant. Pour peu qu'une jeune fille veuille s'en donner la peine, elle peut savonner et repasser le linge fin de chaque semaine; son apprentissage sera vite fait si elle regarde avec attention sa mère ou sa bonne quand l'une ou l'autre se livre à ce travail.

Avant de mettre le linge à la lessive ou avant de le donner à la blanchisseuse, on doit en prendre un compte très exact; un oubli ou une erreur suscite de fâcheux débats quand ce linge est apporté et qu'on le vérifie.

Le linge doit être raccommodé aussitôt qu'il a besoin de l'être. Ajourner une reprise à un objet qui la réclame, c'est se mettre dans l'impossibilité de pouvoir la faire à un prochain blanchissage. L'usure serait remplacée par une énorme déchirure.

Bon nombre de mères de famille ouvrent leur armoire avec une certaine vanité quand, après une lessive, leur linge est parfaitement repassé, plié et mis en ordre, et vraiment, ce petit sentiment leur est bien permis, car rien n'est plus agréable à voir qu'un meuble qui renferme l'ordre dans la diversité.

Les draps ont tous la même grandeur, ils sont par paire, deux semblables ; les serviettes sont numérotées par douzaine, et chaque douzaine est séparée par une marque quelconque ; les chemises ont une place spéciale ; les mouchoirs forment des piles régulières, le linge à raccommoder occupe aussi un endroit spécial, ainsi que les essuie-mains, taies d'oreiller, etc. Une ménagère est toujours pressée et quand elle va chercher une pièce de linge elle doit la trouver sans difficulté et sans rien bouleverser. Il est bien entendu que le linge nouvellement blanchi doit être placé en dessous pour ne pas être employé tout de suite.

Le linge sale ne doit pas être entassé et abandonné sans ordre ; il est bon d'en faire plusieurs catégories. Le *gros linge*, après avoir été essangé[1], si besoin est, doit être suspendu sur une traverse en bois ou sur une corde dans une pièce sèche et aérée ; c'est le moyen de l'empêcher de moisir. Le *linge fin* doit être déposé dans une caisse de bois à l'abri des rats et des souris. Le *linge de cuisine* doit être suspendu sur des cordes, mais non mêlé avec d'autre linge, auquel il communiquerait une mauvaise odeur.

Sujet de rédaction. — Énumérez les soins que réclament le linge blanc et le linge sale. Dites le travail qui incombe à une ménagère sous ce rapport.

---

1. *Essangé*, passé à l'eau avant d'être mis à la lessive.

89. — Pensées de Mme de Sévigné.

1. Une femme doit apprendre de bonne heure à être vieille; ce n'est pas un médiocre talent.

2. On n'a jamais pris longtemps l'ombre pour le corps : il faut être si l'on veut paraître. Le monde n'a point de longues injustices.

3. La raison supporte les disgrâces, le courage les combat, la patience et la religion les surmontent.

4. L'habitude est pour vous comme ces faibles araignées qui prennent de grosses mouches dans des filets imperceptibles.

5. Les longues maladies usent la douleur, et les longues espérances usent la joie!

SÉVIGNÉ (*Marie* DE RABUTIN-CHANTAL, marquise DE), femme de lettres française, née à Paris en 1626, morte au château de Grignan (Drôme) en 1696.

90. — La Lessive.

On appelle *lessive* la dissolution aqueuse de potasse ou de soude dans laquelle on fait macérer le linge que l'on veut blanchir.

Anciennement on faisait la lessive avec des cendres, et ce procédé est même encore suivi actuellement dans les campagnes et dans les petites villes de province. Pour lessiver le linge par cette méthode, on le dispose pièce à pièce dans un grand cuvier en bois, placé sur un trépied, puis on le recouvre d'une grosse toile qui déborde tout autour. On met sur cette toile une quantité de cendres proportionnée à la masse du linge que l'on doit lessiver; puis on enroule tout autour les bords de la toile, de façon à former une sorte de bassin dans lequel on verse peu à peu et par intervalle de l'eau chaude qui, s'infiltrant à travers les couches du linge, gagne la partie inférieure d'où elle s'écoule par un robinet. On reprend le liquide écoulé, on le chauffe et on le reverse sur la cendre et ainsi de suite ; c'est ce que l'on appelle *couler la lessive.* Il faut employer l'eau à une température douce, qui permette aux tissus de se gonfler par degrés, et de se laisser plus facilement pénétrer. Toute eau qui dissout bien le savon (comme l'eau de pluie, par exemple) est excellente pour la lessive.

Dans les grandes villes, et particulièrement à Paris, on n'emploie plus guère les cendres, que l'on ne pourrait se procurer, parce que le charbon de terre et le coke ont généralement remplacé le bois de chauffage. Les blanchisseuses emploient donc directement les alcalis, et de l'usage peu rationnel qu'elles en font il résulte des effets déplorables au point de vue de la conservation du linge.

On lessive aussi le linge à la vapeur. Dans ce procédé, le linge est soumis à une macération dans la lessive froide, puis placé dans le cuvier fixé au-dessus de la chaudière ; la vapeur d'eau traverse le linge, et détermine la saponification, c'est-à-dire la transformation des corps gras en savon. Pour ce qui regarde la lessive, l'acide gras que contient le linge sale se combine avec l'alcali (soude ou potasse) et produit le savon.

Chaptal[1] est le premier qui ait fait connaître en France les procédés de lessivage à la vapeur employés depuis longtemps par les Orientaux. Depuis lors, les appareils pour

1. CHAPTAL (Jean), célèbre chimiste, né à Nogaret (Lozère) en 1756, mort à Paris en 1832.

le blanchissage à la vapeur sont de plus en plus recherchés; leur simplicité les rend d'un usage facile et peu dispendieux. On peut résumer ainsi, d'après Mme Millet[1], les avantages de ce système : « Il n'y a pas besoin d'essanger le linge, travail considérable et ennuyeux ; on remplace par quelques centimes de cristaux de soude la cendre dont on manque souvent ; pas de coulage, travail très pénible ; économie considérable de bois ; grande économie de savon ; économie notable sur la durée du linge, qui, n'étant point battu ni frotté avec force, est moins usé et moins déchiré. »

Lessiveuse.

Quel que soit d'ailleurs le procédé de lessivage employé, il est bon, avant de l'appliquer, de trier le linge et de le partager en divers lots, comme le linge fin, le linge de couleur, le gros linge, le linge de cuisine, etc. ; sans quoi, une portion du linge se blanchirait aux dépens de l'autre, et le linge fin, par exemple, serait retiré du cuvier plus sale qu'il n'était quand on l'y a mis.

La poésie est partout, il s'agit de la trouver. Voyez ce que l'action si simple d'aller laver du linge à la rivière devient sous la plume gracieuse de Mlle Eugénie de Guérin[2] :

« J'écris d'une main fraîche, revenant de laver ma robe au ruisseau. C'est joli de laver, de voir passer des poissons, des flots, des brins d'herbe, des feuilles, des fleurs tombées, de suivre cela et je ne sais quoi au fil de l'eau. Il vient tant de choses à la laveuse qui sait voir dans le cours de ce ruisseau ! C'est la baignoire des oiseaux, le miroir du ciel, l'image de la vie, un chemin courant. »

Sujet de rédaction. — Faites connaître les divers procédés de lessivage employés soit à la ville, soit à la campagne.

---

1. MILLET (*Cora-Élisabeth* ROBINET, dame), femme de lettres fr., née à Paris en 1798.
2. Mlle *Eugénie* DE GUÉRIN, femme de lettres française, née au château du Cayla (Haute-Garonne) en 1805, morte en 1848.

91. — Le Blanchissage.

Le savonnage. — Pour blanchir à *neuf* les rideaux, bonnets, cols, manchettes, etc., on commence par mettre chaque pièce de linge *en savon*, c'est-à-dire qu'on les mouille d'eau tiède et qu'on passe du savon dessus, dans tous les sens. On les met les unes sur les autres à mesure et on les laisse en tas, sans y toucher, jusqu'au lendemain matin. Le lendemain, on fait chauffer de l'eau

et on savonne chaque pièce en particulier, puis on les jette dans d'autre eau tiède pour les éclaircir, on les retire et on les met dans un petit baquet. Aussitôt après, on fait une eau de savon très chaude[1] qu'on verse sur le linge ; on couvre le tout et on le laisse ainsi quelques heures, même une nuit entière. Le lendemain, il suffit de remuer le linge dans l'eau où il se trouve, de le frotter un peu avec les mains et enfin de le tremper et de le rincer dans l'eau froide jusqu'à ce que l'eau sorte très claire. Pour terminer le travail, on tord le linge avec précaution, on le passe au bleu et on le fait sécher en plein soleil ou au vent.

Le linge au bleu. — Le bleu employé pour azurer le linge doit être choisi d'excellente qualité (l'indigo n'est bon que pour le gros linge). On le conserve enveloppé dans un morceau de flanelle ou de toile neuve mis en double, et l'on fait une sorte de nouet. Après s'en être servi, il faut suspendre le nouet à l'air : le bleu qu'il contient sèche ainsi sans s'altérer.

1. Pour faire une eau de savon, on racle du savon dans de l'eau chaude, on bat l'eau avec une baguette ou une grande cuillère de bois jusqu'à ce que le savon soit fondu et qu'il se produise de la mousse.

Pour azurer l'eau, on presse le nouet et l'on fait sortir le bleu jusqu'à ce que l'eau ait la teinte voulue. Quand on a passé dans l'eau une certaine quantité de linge, on ajoute du bleu de temps à autre pour conserver toujours la même nuance. Le linge passé au bleu doit être tordu et étendu aussitôt, afin qu'en s'égouttant l'eau bleue ne forme pas des raies désagréables à voir quand le linge est sec.

Avant de mettre le linge au bleu, on doit tremper un petit morceau de mousseline pour essayer la teinte.

Nettoyage de la flanelle. — On prend de l'eau de pluie, qu'on fait seulement tiédir; on savonne les gilets dedans, on les retire de l'eau, on les plie et on les laisse dans leur savon une journée Le lendemain, on les frotte dans leur savon, puis dans une eau de savon nouvelle; enfin, on les retire de cette eau sans les rincer et sans les tordre, on les étend *à l'ombre* et on les fait sécher le plus vite possible.

Les bas de laine blanche se nettoient de la même manière, et conservent, ainsi que la flanelle, leur blancheur et leur souplesse.

Quant aux effets de laine blanche, — jupons tricotés, petits manteaux, châles, guêtres, etc., — si vous voulez leur rendre leur blancheur primitive, frottez-les simple-plement, dans tous les sens, avec de la belle farine. Cette première opération terminée, allez à l'air, secouez fortement l'objet jusqu'à ce qu'il ne sorte plus de blanc, et vous pourrez le mettre sur des vêtements noirs sans craindre de les blanchir. Ce procédé est commode et infaillible pour donner l'*éclat* de la neige.

Devons-nous dire ici, à nos lectrices, que le savonnage ne se brosse jamais, que le linge de couleur doit être banni de la lessive, et que les étoffes de laine ne doivent jamais être plongées dans l'eau chaude, ni lavées dans l'eau bouillante?

Sujet de rédaction. — Quel procédé peut-on employer pour blanchir *à neuf* des rideaux, bonnets blancs, cols, etc.? Comment met-on le linge au bleu? De quelle manière nettoie-t-on la flanelle?

92. — Les Taches.

La propreté est une demi-vertu qu'on ne saurait trop pratiquer. Rien ne dispose à la malveillance envers les gens comme leur malpropreté.

Les plus grands ennemis de la propreté sont les taches; les plus beaux vêtements, quand la graisse, la poussière et la boue y ont laissé leur empreinte, sont désagréables à l'œil, tandis que les habits simples mais propres font plaisir à voir et disposent favorablement.

En propreté, comme en hygiène, il est plus facile d'éviter que de réparer; il serait donc bien de prendre toujours des précautions pour ne point tacher ses vêtements; mais quand on a eu la maladresse de faire des taches, il faut absolument avoir l'adresse de les enlever. Il y a des taches de bien des sortes; de là des remèdes divers.

Les taches produites par les *corps gras*, tels que l'huile, le beurre, la graisse, la peinture fraîche, la résine, disparaissent assez facilement à l'aide de la benzine ou autres substances analogues. Si vous voulez réussir dans ces opérations, conformez-vous aux instructions suivantes :

Entourez d'abord la tache de fil blanc de manière à reconnaître exactement la place qu'elle occupe, brossez-la à l'endroit et à l'envers; ensuite prenez une serviette ou une vieille couverture, pliez-la en plusieurs doubles, mettez-la sur une table, placez dessus l'étoffe tachée; puis, au moyen d'un tampon de flanelle imbibé largement de benzine, frottez la tache de manière à faire pénétrer dans la serviette la benzine qui a dissous la graisse. Après cela, enlevez l'étoffe, placez-la sur un endroit de la serviette qui n'a pas été touché par la benzine, recommencez l'opération, essuyez la place détachée avec un linge fin, repassez l'étoffe encore humide avec un fer légèrement chaud et exposez-la au grand air. Pour réussir plus sûrement, il est bon, lorsque c'est possible, d'opérer une fois à l'endroit de l'étoffe et une autre fois à l'envers. Disons aussi que la benzine laisse souvent des cercles sur l'étoffe ; pour les éviter, il faut, en frottant, décrire des rayons du centre à la circonférence et en appuyant d'autant moins qu'on s'éloigne de la tache.

Pour nettoyer les *rubans*, il suffit de les plonger dans la benzine, de les essuyer promptement avec un linge et de les repasser encore humides avec un fer légèrement chaud.

Pour nettoyer les *gants de peau*, on les pose aussi tendus que possible sur une feuille de papier blanc, puis on passe dessus un linge fin imbibé de benzine.

Lorsqu'on manque de benzine, pour enlever les *taches graisseuses*, on peut se servir d'essence de térébenthine, d'éther, d'alcali volatil, etc. Pour enlever les *taches de goudron* et de *cambouis*, on enduit la tache avec du beurre, puis on lave avec du savon.

Les *taches d'encre* et de *rouille* s'enlèvent avec le sel d'oseille ; voici comment on doit opérer :

Mouillez la tache avec de l'eau et couvrez-la de sel d'oseille réduit en poudre, étendez-la ensuite au-dessus de l'eau bouillante, et vous verrez la tache disparaître plus ou moins vite. Quelques personnes mettent un ou plusieurs morceaux de charbon ardent dans une cuillère d'argent et promènent cette cuillère échauffée sur la tache mouillée de sel d'oseille. La besogne finie, on lave à grande eau et l'on rince la partie détachée.

A défaut de sel d'oseille, on peut appliquer sur les taches d'encre, à l'aide d'une brosse, une solution de cyanure de potassium. Quand la tache a disparu, on passe de l'eau froide dessus.

Lorsque le linge est *piqué* d'humidité, on mélange une partie de savon doux et une partie de poudre d'amidon à une demi-partie de sel et au jus d'un citron ; à l'aide d'un pinceau on étend de cette composition sur les parties tachées, à l'envers et à l'endroit, puis on met le linge sécher sur le gazon, en ayant soin de le bien étirer.

Les *taches de fruits, de vin, de liqueurs, de confitures*, etc., peuvent être traitées par le soufre, mais on a à craindre quelquefois de remplacer la tache par un trou ou d'enlever la couleur de l'étoffe, deux remèdes pires que le mal. Pour éviter tout accident, on agit comme avec le sel d'oseille : on commence par mouiller la tache et on la tient bien tendue au-dessus d'un vase dans lequel on fait brûler du soufre, ou simplement au-dessus d'une mèche largement soufrée. On doit ensuite rincer à grande eau.

On nettoie aussi les *étoffes de laine* et *de soie* avec le bois de Panama[1] ; 250 grammes suffisent pour une robe. On brise le bois en morceaux et on le fait baigner de vingt à vingt-quatre heures dans l'eau froide ; on décante cette eau, on y ajoute de l'eau chaude en quantité suffisante pour que l'étoffe à nettoyer puisse être parfaitement imbibée. On étend ensuite l'étoffe sur une planche, on la frotte avec une brosse de crin qu'on trempe de temps en temps dans la décoction très chaude de panama. On rince soigneusement l'étoffe et on la repasse à l'envers pendant qu'elle est encore humide. L'eau dans laquelle on a fait cuire des épinards est également très bonne.

Les *peignes* se nettoient aussi avec l'eau de Panama.

Est-il besoin de parler ici de l'eau dans laquelle les ménagères font dissoudre quelques cristaux de soude ? Elle est excellente pour dégraisser la poterie, les grès, etc.

L'*eau de Javel* sert à nettoyer le linge ; on peut tremper la partie tachée dans cette eau, mais à la condition de ne pas l'y laisser plus de cinq à six minutes et de la rincer ensuite à plusieurs eaux.

Une femme de ménage doit avoir en réserve : une bouteille d'eau de Javel, un petit flacon de sel d'oseille et une bouteille de benzine. Ces différents objets seront toujours placés hors de la portée des enfants.

Taches d'acides ou d'alcalis. — Les acides employés

1. *Panama*, province de Colombie (Amérique).

par les chimistes, aussi bien que le vinaigre, le jus de citron, etc., altèrent un grand nombre de couleurs, qu'on rétablit très facilement par un lavage à l'eau de savon, ou mieux avec de l'ammoniaque très étendue d'eau.

Le satin blanc se remet à neuf en le frottant avec une brosse de flanelle recouverte de craie ou *blanc de Troyes*[1], en poudre fine et très sèche. L'étoffe est ensuite secouée et brossée pour enlever l'excès de craie.

L'ammoniaque pure ou étendue d'eau convient parfaitement pour le dégraissage des draps de couleur foncée; c'est presque toujours à l'ammoniaque que les fripiers ont recours pour remettre à neuf les collets des vieux habits.

Un moyen bien simple d'enlever les taches de vin rouge du linge de table consiste à couvrir les taches avec du suif de chandelle avant de mettre les objets à la lessive. La lessive enlève le suif et la tache en même temps. Il en est de même pour les taches d'encre. S'il reste une tache jaune, la seconde lessive la fait disparaître.

Le pétrole assouplit le cuir des souliers et des chaussures durci par l'humidité et le rend aussi flexible et mou que lorsqu'il était neuf.

Le pétrole fait briller comme de l'argent les ustensiles en étain; il suffit d'en verser sur un chiffon de laine, et de frotter le métal avec. Le pétrole enlève aussi les taches sur les meubles vernis.

La cire jaune et le sel rendront propre et poli comme du verre le plus rouillé des fers à repasser. Enveloppez un morceau de cire dans un chiffon, et quand le fer sera chaud, frottez-le avec cette espèce de tampon, puis avec un papier saupoudré de sel.

Sujet de rédaction. — Donnez le procédé pour enlever les taches produites par un corps gras, les taches d'encre ou de rouille, les taches d'acides ou d'alcalis.

1. *Troyes*, chef-lieu du département de l'Aube.

94. — Le Repassage.

On appelle *repasseuse* l'ouvrière qui, après que le linge a été lavé par la blanchisseuse, en enlève les plis et lui donne du brillant et de la raideur en passant et repassant sur l'étoffe, encore humide et quelquefois empesée, un fer chaud qui la sèche subitement, écrase et resserre les fils froissés, gonflés et distendus par les opérations du lavage.

La repasseuse n'a pas seulement à passer le fer sur le linge, elle a aussi à lui donner l'apprêt, c'est-à-dire l'empois, dissolution d'amidon dans laquelle on trempe les parties qui doivent être empesées. La science de la repasseuse consiste à bien préparer cet empois, à le maintenir dans un état convenable de fluidité, à savoir manier le fer avec adresse, de façon à ne pas laisser des parties plus brillantes ou moins fermes les unes que les autres.

Le linge à repasser doit être soigneusement enveloppé, jusqu'au moment où l'on procède au repassage. Quand vient ce moment, on humecte au degré convenable seulement la quantité de linge qui peut être repassée en une fois; on retourne le linge à l'endroit et on le *table*. Pour le tabler, il faut, après l'avoir humecté d'eau bien claire, le secouer et le dérider en l'étirant dans tous les sens, puis le plier en deux ou en quatre, et l'entasser pour que l'humidité le pénètre partout également.

Il convient que le linge soit séparé par espèces : en repassant tout de suite une série de pièces de même nature, on expédie mieux et plus vite la besogne. On mettra donc à part les chemises d'homme, celles de femme et les jupons, les cols, les mouchoirs de poche, etc. Toutes les pièces qui doivent être plissées ou empesées seront également mises à part. Les cols, les poignets et le devant des chemises d'homme sont mis à l'amidon cru. Pour les étoffes claires, on emploie l'amidon cuit au degré d'épaisseur convenable, puis on les enveloppe dans un linge sec.

Avant d'employer les fers au repassage, il convient de les essuyer soigneusement sur un linge; s'ils ne coulent pas bien, on les frotte avec un peu de cire. La repasseuse, pour repasser le linge uni, doit choisir le moment où le feu est le plus ardent et où le fer est le plus chaud; lorsque le fer a perdu de son ardeur, elle repasse les petits objets.

La table destinée au repassage doit être suffisamment large et plus haute que les tables ordinaires. On étend dessus une couverture de laine pliée en double ou en triple, et par-dessus la couverture une nappe en toile assez fine et unie : la couverture et la nappe seront fortement tendues au moyen de cordons qui se rattachent sous la table. A défaut de table, on peut disposer de la même manière une planche qu'on place sur des tréteaux.

Le linge, à mesure qu'il est repassé, doit être plié à l'endroit et uniformément, c'est-à-dire que les pièces semblables seront pliées dans la même forme et dans la même dimension; il faut adopter une juste mesure : plié trop grand, le linge est embarrassant pour être rangé dans les armoires; plié trop petit, il ne peut être solidement empilé.

Pour donner au linge une fermeté, un brillant ou teinte satinée qu'on n'obtient pas en employant l'amidon seul, on mélange à l'amidon un huitième de son poids de sel de borax, ou quelques grammes d'acide stéarique. On pulvérise le borax, on le fait fondre dans un peu d'eau, on le mélange à l'amidon et on fait cuire le tout ensemble en remuant. — Quant à l'acide stéarique, on en jette environ 40 grammes dans l'empois nécessitant un demi-litre d'eau et arrivé à l'état d'ébullition.

Sujet de rédaction. — Quelles sont les précautions nécessaires à prendre pour repasser convenablement le linge?

95. — Le Bon Emploi du temps.

Comme la bienfaisante pluie
Féconde la terre en été,
Dieu fit, pour féconder la vie,
Le travail et l'activité.
Ne laissons point d'heure inutile;
Songeons que la paille stérile
Est foulée aux pieds du glaneur.
Puissent s'amasser nos journées,
Comme les gerbes moissonnées
Dans le grenier du laboureur !

Mme A. TASTU[1].

96. — Marques du linge.

La *marque* est une simple mesure d'ordre ou bien un ornement. Dans le premier cas, on brode de petites initiales peu apparentes; dans le second, on brode de grandes lettres et on les met en évidence.

Les chemises d'homme se marquent sous la patte placée au bas de l'ouverture.

Les camisoles, sous le bras droit.

Les bas et les chaussettes en haut et à droite de la couture.

Les pantalons et les jupons, sur la ceinture, à l'intérieur.

Les serviettes et les draps, en ligne droite sous l'ourlet, dans le coin supérieur de droite.

Les taies d'oreiller, près de l'ourlet de dessous.

Tous les mouchoirs se marquent au coin en biais, non à la croix avec du coton rouge, mais au plumetis avec du coton blanc. On assortit les lettres à la nature du mouchoir.

En ce qui concerne le très beau linge, les grandes ini-

1. TASTU (Sabine-Casimire-Amable VOÏART, dame), femme poète, née à Metz (1798-1885).

tiales du drap de lit sont brodées au milieu et au-dessus de l'ourlet, sur le côté rabattu sur la couverture.

Celles des taies d'oreiller se placent soit au beau milieu de la taie, soit en dessous de son bord supérieur.

Si les nappes ordinaires se marquent comme les serviettes ordinaires, les services de luxe ont de grandes initiales, placées dans l'un des coins en biais.

On doit marquer le linge de maison, draps, nappes, serviettes, etc., de l'initiale du nom de famille du mari et de l'initiale du nom de famille de la femme.

Pour le linge particulier de chacun des époux, on doit le marquer de l'initiale du nom de baptême de chacun et de la première lettre du nom du mari.

Quant aux armes, il en sera de même. On doit mettre les deux écussons sur le linge de maison, en commençant, bien entendu, par celui du maître de maison. Quant au linge de corps, dans les plus grandes familles, on ne le timbre que d'une couronne placée au-dessus du chiffre.

Sujet de rédaction. – Quels sont les usages adoptés généralement pour la marque du linge de corps et de table?

97. – La Lingerie.

Dans les grands ménages, il est utile d'avoir une lingerie, c'est-à-dire une pièce destinée à serrer et à mettre en ordre le linge, et qui peut en même temps servir pour le repassage. Tout autour de la pièce sont établis de grands placards et des armoires dont le fond, le dessus et le dessous doivent être en bois solide et bien joint, de manière à ne donner passage ni à la poussière ni aux souris.

C'est sur les tablettes que se range le linge, et le moyen le plus facile de trouver tout de suite l'ordre dans lequel le linge blanchi et mis en réserve doit être employé, c'est de faire, par exemple, plusieurs piles de serviettes, chacune d'un certain nombre de douzaines; le numéro de ces piles est marqué sur le devant de la tablette; lorsque la première est employée, on passe à la seconde, ainsi de suite, et on remet dans la place vide celles qui reviennent du blanchissage. On procède de la même manière pour les draps de lit et autres objets dont le nombre est assez considérable pour exiger ce soin. Au milieu de la pièce, on dispose une table à repasser. Deux autres tables servent à poser les fers chauds, et à déposer et plier le linge sec. Plusieurs cordes de crin, tendues dans la pièce et solidement fixées à des crampons, servent à étendre le linge mouillé. La lingerie doit être chauffée l'hiver à l'aide d'une cheminée ou d'un poêle. On doit y trouver aussi une armoire spéciale pour mettre le linge à raccommoder et celui qui est destiné au repassage, puis des fers de diverses grandeurs, des fers à tuyauter, des grilles à fers et des poignées à fers.

Fourneau à fers.

Dans un grand nombre de ménages, on met les fers devant le feu du foyer pour les chauffer ; l'emploi du charbon avec un fourneau approprié au chauffage des fers est préférable et moins dispendieux. Il existe des *fourneaux à fers* qui sont ingénieux, commodes et faciles à chauffer avec une petite quantité de combustible ; il faut choisir le fourneau le mieux approprié aux besoins du ménage.

Sujet de rédaction. — Comment doit être disposée une lingerie et que doit-elle contenir ?

98. — Tout a un but.

Il n'est rien ici-bas qui ne trouve sa pente:
Le fleuve jusqu'aux mers dans les plaines serpente;
L'abeille suit la fleur qui recèle le miel.
Tout être vers son but incessamment retombe:
L'aigle vole au soleil, le vautour à la tombe,
L'hirondelle au printemps, et la prière au ciel.

Victor Hugo.

99. — Le Chez-soi. — La Chambre.

On peut juger d'une jeune fille en visitant sa chambre. On voit tout de suite ses aptitudes de femme de ménage, aptitudes si précieuses pour elle et surtout pour ceux avec lesquels elle vivra un jour. Entrons dans ce petit sanctuaire et rendons compte de nos impressions.

Tout d'abord cette chambre fait plaisir à voir; elle reflète la joie, la candeur, la simplicité de celle qui l'habite.

Ici est le lit avec ses rideaux, blancs comme la neige. Qu'il est bien fait! La plume a été remuée, puis égalisée; le traversin est parfaitement rond et bien posé; la couture des draps occupe juste le milieu de la couchette; la couverture a été également distribuée; pas un pli à la courtepointe, on la dirait tirée à quatre épingles! Ce n'est pas un mince talent que de savoir faire un lit : demandez plutôt aux pauvres malades et à ceux qui ont des insomnies!

Au bas du lit est un frais tapis aux couleurs vives et brillantes; au pied du lit est un prie-Dieu surmonté d'un Christ et d'une statuette de la Vierge. C'est là que la jeune fille, matin et soir, vient prier Dieu de la bénir, d'éloigner d'elle les dangers qui pourraient la menacer. Un peu plus loin est une armoire contenant le linge et les vêtements; à côté de la fenêtre se trouve une table-bureau sur laquelle sont déposés l'encrier, le buvard et la boite à ouvrage. Le long du mur est attachée la petite bibliothèque, une étagère contenant vingt ou trente volumes : ce sont des ouvrages de piété, des livres de prix, des cadeaux d'étrennes. La cheminée est garnie d'une gentille pendule, de deux flambeaux et d'un vase où s'épanouissent quelques roses. Des deux côtés de la cheminée sont les photographies du père, de la mère, de quelques amies intimes; ajoutons trois chaises, un tabouret, et c'est tout.

Non, nous oublions les fleurs grimpantes qui ornent la croisée et les deux gais prisonniers, les deux chantres intarissables suspendus au dehors dans une coquette cage : un serin et un chardonneret. Oiseaux, fleurs et jeune fille vont si bien ensemble !

Maintenant, c'est fini. Vous le voyez, dans cette chambre rien de luxueux, pas de meubles recherchés, et pourtant comme on la trouve délicieuse, comme on y respire un air frais et pur, comme on se plairait à l'habiter! Ce qui en fait le charme, c'est l'ordre qui y règne, c'est sa propreté exquise, c'est le bon goût qui a présidé à tous ses arrangements. Eh bien, ces diverses qualités doivent exister dans toutes les pièces occupées par un ménage.

C'est un devoir pour une maîtresse de maison de rendre sa demeure, non seulement aussi commode, mais encore aussi jolie que possible; pour arriver à ce résultat, elle ne doit rien négliger. Il faut qu'elle choisisse des meubles utiles, solides, plutôt que des meubles élégants et précieux. Qu'ils soient neufs ou vieux, peu importe, pourvu qu'ils soient bien entretenus. Il faut si peu de chose pour parer une chambre, pour l'embellir : quelques rouleaux de gentil papier collé sur les murs, quelques tableaux choisis avec goût et placés avec symétrie, un peu d'encaustique pour faire briller les meubles, du savon pour blanchir les rideaux, ajoutez des vitres bien nettes, un parquet ciré ou des carreaux lavés en temps convenable, et vous aurez un intérieur de maison agréable, quelle que soit votre position. Le confort, le bien-être dans la famille — ajoutés aux qualités morales de la femme — détournent souvent les hommes de sortir, d'aller au spectacle, au café, au cercle.

Bienheureux les ménages où le *chef* préfère le chez-soi au chez-les-autres, qui se plaît dans son *home*, comme disent les Anglais, et qui volontiers s'écrie comme les disciples au Thabor[1] : Ah! qu'il fait bon ici!

Sujet de rédaction. — Faites la description d'une chambre de jeune fille ; la vôtre, si vous le préférez.

100. — Les Amis disparus.

Ainsi nous mourons feuille à feuille,
Nos rameaux jonchent le sentier ;
Et quand vient la main qui nous cueille,
Qui de nous survit tout entier ?

Ces contemporains de nos âmes,
Ces mains qu'enchaînait notre main,
Ces frères, ces amis, ces femmes
Nous abandonnent en chemin.

A ce chœur joyeux de la route
Qui commençait à tant de voix,
Chaque fois que l'oreille écoute,
Une voix manque chaque fois.

Chaque jour l'hymne recommence,
Plus faible et plus triste à noter :
Hélas! c'est qu'à chaque distance
Un cœur cesse de palpiter.

Adieu les voix de notre enfance!
Adieu l'ombre de nos beaux jours :
La vie est un morne silence,
Où le cœur appelle toujours! LAMARTINE.

1. *Mont* THABOR, montagne près de Jérusalem (Turquie d'Asie).

101. — Chambre d'amis.

Dans une maison bien organisée, il doit y avoir toujours une chambre de réserve ou mieux une chambre d'amis. Recevoir chez soi les personnes qu'on aime est un des plus doux plaisirs que l'aisance puisse procurer. C'est alors qu'il faut s'ingénier à rendre la vie agréable à ses hôtes et leur laisser croire qu'ils sont encore chez eux. La chambre qui leur est destinée est préparée à l'avance; on y trouve, outre les meubles ordinaires : un verre d'eau, tout ce qu'il faut pour écrire, une veilleuse et des allumettes. Les flambeaux sont garnis de bougies. Le cabinet de toilette, attenant à la chambre à coucher, est garni de porte-manteaux, de tablettes pour recevoir les chaussures, de cartons à chapeaux, etc. Il contient aussi une table-toilette, garnie de : cuvette, pot à eau, savon, eau de toilette ; plus un séchoir, qui permet de faire sécher les serviettes plus commodément, sans salir les meubles. La cheminée contient le bois nécessaire pour qu'on puisse allumer le feu facilement; le coffre est approvisionné de bois, et le lit, qui a tout le confortable possible, donne aux hôtes un bon sommeil.

Sujet de rédaction. — Que doit-il se trouver dans une chambre de réserve destinée à des amis?

102. — Le Rouet de la grand'mère.

Quoi ! vous vouliez le faire disparaître
Dans quelque sombre et triste corridor,
Ce vieux rouet qu'à travers la fenêtre
Le gai soleil frappe d'un reflet d'or ?
Si vous saviez la douce rêverie
Qui près de lui si souvent m'a bercé!

Si vous saviez à mon âme attendrie
Tout ce que dit ce témoin du passé !

C'est le rouet de la grand'mère.
Il me semble encore la voir,
Malgré l'âge active ouvrière,
Filant du matin jusqu'au soir.

Oui, je la vois, c'est elle, c'est bien elle.
Sa robe sombre aux larges plis tombants,
Sa coiffe antique et sa tête si belle,
Si belle encore sous ses beaux cheveux blancs !
Ici, près d'elle, une cage est posée,
Là, le vieux chat dort devant les tisons,
Et le soleil, à travers la croisée,
Comme aujourd'hui, darde ses chauds rayons.

Quelle fête pour la grand'mère
Quand ses oiseaux, dans les beaux jours,
Chantaient leur chanson printanière,
Le vieux rouet tournant toujours !

Je vois l'école au sortir de laquelle
Avec bonheur grimpant notre escalier,
De loin déjà m'arrivait pêle-mêle
Ce gai ramage et ce bruit familier.

J'entrais. — Eh bien! disait la bonne vieille,
A-t-on point ri? S'est-on point fait chasser?
Dois-je embrasser, ou bien tirer l'oreille?...
— Non! grand' maman, vous pouvez m'embrasser.

Je le sens encor sur ma joue
Ce tendre et long et doux baiser.
Et bientôt la petite roue
De recommencer à jaser.

Plus tard, un soir : Écoute, me dit-elle,
Tu vois ce fil, enfant? tels sont nos jours.
Sur sa quenouille une main immortelle,
La main de Dieu, les file longs ou courts.
Puissent les tiens, qui commencent à peine,
Égaler ceux que je dois au Seigneur!
Puisse surtout sa bonté souveraine
A leur durée égaler ton bonheur!

Et les deux mains de la grand'mère
Se joignant au bord du rouet,
Oh! de quelle ardente prière
Elle accompagna ce souhait!

— Les miens s'en vont, ajouta-t-elle encore,
Et ma quenouille est bien près de finir!
Au soir du jour qui pour toi vient d'éclore,
J'arrive en paix et je n'ai qu'à bénir.
Quand du rouet de ta pauvre grand'mère
Depuis longtemps le bruit aura cessé,
Puisse une larme au bord de ta paupière
Monter encore en songeant au passé!

Grand'mère, la voilà cette heure,
Depuis longtemps il a cessé...
Et regardez! votre enfant pleure
Auprès du rouet délaissé!

L. TOURNIER[1].

1. TOURNIER (*Jacques-Louis*), pasteur et poète suisse, né à Genève en 1829, mort en 1907.

103. — La Literie.

Le noyer, le chêne, l'acajou et le palissandre sont les bois les plus généralement employés à la fabrication des lits.

Les lits en fer, sous toutes les formes et à tous les prix, sont de nos jours d'un usage presque général. Ils ont l'avantage de ne pas donner asile aux punaises — cette peste des ménagères, — de pouvoir être démontés facilement, de tenir peu de place et de réclamer peu de soins.

Il convient que les pieds des lits soient garnis de roulettes qui portent sur des coulisses de bois. De cette manière, le carreau ou le parquet ne peut être détérioré.

Un lit *garni* se compose généralement de : un sommier, deux matelas, un traversin et un oreiller; quelques personnes y ajoutent un lit de plume placé entre les deux matelas. L'usage du lit de plume ainsi placé n'est pas malsain; mais il serait contraire à tous les principes hygiéniques de coucher directement sur la plume. Les oreillers en crin sont plus sains que les oreillers en plume, d'après les mêmes principes : la plume a, en effet, pour vertu et pour inconvénient de concentrer la chaleur et de perdre difficilement l'humidité dont elle est imprégnée par le souffle et les exhalaisons cutanées[1]. Une paire de draps, une ou deux couvertures de laine ou de coton, suivant la saison, et un couvre-pieds ouaté ou un édredon sont les accessoires obligés du lit garni.

Le sommier élastique, remplaçant l'antique paillasse, est sain et commode; les matelas, pour être salubres, doivent contenir deux parties de laine cardée et une partie de crin; l'inclinaison du coucher de la tête aux pieds doit être faible, mais suffisamment marquée; enfin, il convient que le lit soit plutôt dur que mou. Pour les enfants et les adolescents, un sommier de crin et un matelas sont le

1. *Cutané*, qui appartient à la peau.

meilleur coucher en hiver; en été, le sommier de crin seul est plus hygiénique.

Il est de la plus grande importance que le lit soit défait chaque matin après le lever, et que les matelas soient largement aérés avant d'être remis en place. Il faut enlever l'édredon dès qu'on est sorti du lit, et ne le reprendre qu'au moment de se coucher. Le lit conserve une humidité malsaine provenant de la transpiration du corps; l'édredon, dont on a l'habitude de le recouvrir pendant le jour comme ornement, s'oppose à l'évaporation de cette humidité, et le lit devient ainsi un nid à fièvres et à rhumatismes.

Pendant le jour, les vapeurs éliminées par le corps traversent les vêtements et se disséminent dans l'atmosphère ambiante[1]; la nuit, la majeure partie de la vaporisation qui se produit imprègne les matelas et les couvertures. Mais au lieu d'exposer les matelas à l'air, on les remue à peine; au lieu de secouer violemment draps et couvertures, on les replace sans qu'ils aient perdu leur humidité, et l'on recouvre le tout d'un édredon qui s'oppose au départ du moindre atome de cette buée doublement malsaine!

Si, dans l'état de santé, la mauvaise condition hygiénique du lit cause des malaises, des douleurs, des maladies, quels ravages ne causera-t-elle pas dans les circonstances où des maladies graves sont tout à fait déclarées! Le médecin recommande bien d'aérer le plus possible la chambre du malade; mais il se préoccupe rarement de la salubrité du lit, parce qu'il suppose que la ménagère sait ce qu'il faut. La plupart des rechutes et des transmissions de maladies n'ont souvent d'autre cause que le mauvais état de la literie. Il est donc indispensable au malade, qui entre en convalescence et qui veut hâter son rétablissement, de changer ou de faire assainir complètement sa literie.

A ce propos, nous recommandons de faire nettoyer les

1. *Ambiant*, qui nous enveloppe, nous entoure.

matelas une fois chaque année. *Battre les matelas*, selon l'expression vulgaire, c'est faire carder[1] la laine et le crin dont ils sont composés. Les ménagères prudentes font venir chez elles le matelassier, et c'est sous leurs yeux que l'ouvrier exécute la besogne.

Nous ne saurions trop le répéter : tous les objets qui constituent la literie doivent être tenus dans un état de propreté extrême; et si, malheureusement, les lits ont pour hôtes les punaises, il ne faut rien négliger pour chasser ces vilains insectes de leurs mystérieuses demeures. Dans une maison neuve, des soins et un peu de persévérance suffisent pour qu'on parvienne à s'en débarrasser ; en tout cas, un bon moyen de destruction consiste à insuffler de la *poudre insecticide* dans les fissures des murs, les mortaises des meubles, les coutures des matelas, les sangles des lits, les plis des rideaux et les fentes des parquets.

Sujet de rédaction. — De quoi se compose un bon lit garni? Quelles sont les précautions hygiéniques à prendre à propos des lits?

104. — Les Premières Cerises.

Au flâneur, le long du marché,
Mai, qui sourit, fait des surprises :
Par hasard, m'étant approché,
J'ai vu les premières cerises!....

Dès ce soir, les petits enfants
Aux lèvres pures et vermeilles,
Après leur dîner, triomphants,
Se mettront des pendants d'oreilles....

Mais mon cœur se serre. — Pourquoi ?
— Je songe à ma lointaine enfance,
Aux rires de si bon aloi,
Pleins de naïve insouciance...

En ce temps, ma mère, à son cou,
Me prenait (ô douceurs exquises !)
Et, très fier d'un bouquet d'un sou,
J'avais les premières cerises!

A. PIEDAGNEL[2].

1. *Carder*, démêler la laine avec la carde, etc.
2. PIEDAGNEL (*Alexandre*), littérateur français, né à Cherbourg en 1831.

105. — Le Savoir-vivre à table.

Il y a dans la société des usages que nous sommes tenus de respecter. Ces usages répugnent souvent à notre sans-gêne et nous voudrions pouvoir en secouer le joug ; mais il faut bon gré mal gré nous y soumettre, si nous ne voulons passer pour des personnes mal élevées. S'il n'existait pas de règles pour les convenances sociales, il y aurait un laisser-aller qui amènerait bientôt la décadence de la distinction, des bonnes manières et du respect. Si nos goûts sont parfois gênés, la dignité humaine y gagne. Cela dit, parlons des repas et de la manière de s'y conduire.

Il est bon, même chez soi et dans l'intimité, de se tenir à table comme si l'on était en compagnie. Une fois qu'une mauvaise habitude est prise, on a bien de la peine à s'en défaire. Qui n'a été témoin de l'embarras d'une personne de la campagne invitée à un repas de cérémonie? Elle est troublée, mal à l'aise ; elle sait que des yeux malins l'observent : elle ne demanderait qu'une chose : voir finir son supplice ! L'action si simple de manger demande beaucoup de savoir-vivre, il faut manier adroitement cuillère, fourchette et couteau. On doit tenir de la main droite sa cuillère, sa fourchette et son couteau, excepté quand on a des viandes à couper. Dans ce cas, on prend la fourchette de la main gauche et le couteau de la droite, puis on pose le couteau et l'on reprend la fourchette de la main droite pour porter le morceau à la bouche. Si l'on ne veut pas changer la fourchette de main, on pousse avec le couteau les aliments sur la fourchette que l'on tient et que l'on porte à la bouche de la main gauche; cette mode, usitée dans le nord de l'Europe, commence à se répandre en France. Les Anglais essuient, quand besoin est, leur couteau à leur pain, on peut les imiter et les maîtresses de maison ne s'en plaindront pas. Les doigts s'essuient à la serviette et non à la nappe... La serviette sert encore à essuyer les lèvres; on l'étend en long sur les genoux, et, en se levant, on la dépose sur la table sans la plier. Les hommes ne doivent pas l'attacher à leur boutonnière; quelques femmes, surtout celles qui découpent, la fixent avec une épingle sur un des côtés de la poitrine.

Un jour, une bonne grand'mère avait assisté à un repas où se trouvaient de nombreux convives de différents âges et de diverses classes de la société. Le lendemain, l'aïeule se plaignit, en souriant, de ce qu'on ne mangeait plus comme *de son temps* et dit que très peu d'invités avaient respecté les usages reçus entre gens bien élevés. — Ah! chère grand'mère, dirent alors ses deux petits-enfants, nous n'avons rien remarqué de répréhensible; apprenez-nous bien vite en quoi chaque convive a manqué aux convenances, pour que nous en profitions; nous vous promettons un secret absolu. — Et l'aïeule commença ainsi:

M. O., par excès de complaisance et d'amabilité, a tendu plusieurs fois le verre de sa voisine pour lui faire verser à boire et lui a offert de partager un fruit avec elle. Ce sont là des familiarités de mauvais ton et qu'il faut éviter. Cependant, il peut arriver qu'il n'y ait pas assez de fruits entiers pour tous les convives; dans ce cas, une femme peut en couper un en deux et présenter à une autre femme le quartier le plus gros.

M. A., croyant sans doute qu'il était dans une auberge, a essuyé soigneusement son verre et son assiette avant de s'en servir; c'était montrer qu'il se méfiait de la propreté de la maison. C'est lui aussi qui a demandé du bouilli pour du bœuf, de la volaille pour du poulet, du champagne et du bordeaux pour du vin de Champagne et du vin de Bordeaux. Dieu! que je plaignais les voisines de ce joyeux convive! il gesticulait, parlait fort, donnait des coups de coude à droite et à gauche, appelait le domestique *garçon*, terme qui ne s'emploie que chez un restaurateur.

Mme X. est arrivée une demi-heure avant le dîner, c'était trop tôt. Mme Z. est arrivée vingt minutes après l'heure fixée, c'était trop tard. Il est bien d'arriver dix minutes, même cinq, avant l'heure indiquée par le billet d'invitation. — Quand Mlle B. s'est levée de table, elle avait encore du vin dans son verre, du pain à côté de son assiette; demander au delà du besoin, c'est de la prodigalité : il ne faut pas avoir les yeux plus grands... que l'estomac!

Mlle V., qui était souffrante, aurait dû entamer son œuf mollet à petits coups de cuillère ou avec sa fourchette et non avec son couteau; elle aurait dû aussi briser la coquille au lieu de la laisser entière sur son assiette. Avant de se lever de table, elle a eu le tort de plier sa serviette. On ne plie sa serviette que chez soi, — ou chez les autres, quand on y doit prendre plusieurs repas de suite.

Le jeune collégien H. avait sans doute un appétit excité par la marche : il mangeait avec trop d'avidité, parlait la bouche pleine, faisait du bruit avec ses lèvres, et la jolie robe de sa voisine portait les marques du manque d'adresse et de propreté de ce petit monsieur. Il m'a bien semblé aussi le voir choisir minutieusement les meilleurs morceaux dans les plats qu'on lui passait, et, à diverses reprises, il a plongé ses doigts dans la salière pour prendre une pincée de sel. A défaut de petite cuillère, il pouvait se servir de la lame bien essuyée de son couteau.

La gentille Mlle R. avait, pendant le dîner, une pose trop nonchalante, elle se dandinait ou s'appuyait sur le dos de sa chaise. Elle mangeait du bout des lèvres et comme si cette *opération* avait été trop matérielle pour elle. Je l'ai vue même, une ou deux fois, faire un geste de dédain quand on lui a présenté certains mets. La politesse défend de dire ou de laisser voir ce qu'on pense d'un mets mauvais ou qu'on ne trouve pas à son goût. J'ai été très étonnée de la voir *ramasser* la sauce de son assiette avec du pain ; s'abstenir eût été plus distingué ; elle aurait dû aussi ne pas couper son pain, mais le casser ou le rompre. Dans les dîners de famille, quand le pain est rassis, il est permis de le couper.

Votre amie Mlle Laure devait attendre que son potage refroidît avant de le manger, et ne pas souffler dessus ; elle ne devait pas non plus étendre des confitures sur son pain, on ne peut étendre de cette manière que le beurre quand on prend du thé.

L'excellent fermier M. C. était fort embarrassé des os qui s'accumulaient sur son assiette, et je ne jurerais pas qu'il ne s'en soit point débarrassé plusieurs fois en les glissant sous la table, comme il le fait chez lui. Il s'est servi avec sa propre fourchette au lieu de prendre celle qui était dans les plats. C'est avec une cuillère, aidée d'une fourchette, qu'il a mangé son potage : la fourchette était une superfluité. Il a posé ses coudes sur la table au lieu des poignets, pour être plus à l'aise ; il a versé du café de sa tasse dans la soucoupe, sous prétexte de le refroidir, habitude fort malséante ; et enfin, avant de quitter la table, il a eu le soin de remplir ses poches de bonbons et de gâteaux qu'il destinait sans doute à sa petite fille. C'était la preuve d'un bon cœur, mais d'une fort mauvaise éducation.

Mlle J., pour prouver sans doute qu'elle avait de bonnes dents, s'est amusée à casser des noyaux de fruits ; c'était un tort : il n'est pas plus permis de casser un noyau que de mordre dans du pain, dans une poire ou dans une pomme. Elle aurait dû aussi manger un peu plus vite, car la maîtresse de maison a attendu qu'elle ait fini pour se lever et donner le signal de quitter la table.

Mme T., qui avait pris une place à table sans qu'elle lui fût désignée, est partie dix minutes après le diner, elle a fait ainsi deux impolitesses. C'est la maîtresse de maison qui désigne les places, et il est de la bienséance de rester au moins une heure avec ses amphitryons.

Sujet de rédaction. — Quels sont les usages auxquels on doit se conformer lorsqu'on est à table? Dites aussi ce qu'il faut éviter.

106. — Ordonnance d'un diner.

Le premier soin que doit avoir une maîtresse de maison pour composer d'une manière convenable le menu des diners de cérémonie, c'est de consulter la saison où l'on se trouve et de choisir judicieusement les mets qui conviennent à cette saison. Elle doit encore, dit Mme Millet-Robinet, composer le diner de telle sorte que les mets soient variés, que la viande de boucherie, la volaille, le gibier, le poisson, les légumes y trouvent leur place.

Si plusieurs volailles sont servies, qu'elles diffèrent par leur assaisonnement; que la viande de boucherie, comme le gibier ou le poisson, varient aussi d'espèces. Il ne convient pas de mettre deux entrées de la même couleur vis-à-vis l'une de l'autre; il en est de même pour les entremets et le dessert.

Un assortiment bien entendu contribue beaucoup à la

délicatesse et à l'agrément du repas ; il faut que la variété soit assez grande pour que chaque convive trouve à satisfaire son goût. Outre la viande, il doit y avoir la moitié ou le tiers des mets qui soient composés de poissons, de légumes ou de laitage.

Il importe que les plats soient servis promptement et bien dressés. Les viandes doivent être placées de telle façon que le morceau de choix soit en dessus, les légumes disposés avec goût, et il faut que le tout soit dressé sur la table avec ordre; on ne doit pas surtout placer un petit mets sur un grand plat. Il faut donner la préférence à un petit nombre de plats, mais beaux, bien garnis, à une foule de petits plats mesquins, servis dans les assiettes avec l'intention de produire de l'effet par leur nombre.

Une maîtresse de maison doit être prête à recevoir ses hôtes au moment de leur arrivée; il faut que tous les ordres soient donnés à l'avance, et le service assez bien organisé pour qu'elle n'ait plus à s'en occuper; rien de plus désagréable que d'arriver dans une maison sans trouver la maîtresse prête à vous recevoir; rien de plus ridicule que de la voir quitter ses convives pour se rendre dans la cuisine, l'office ou la salle à manger. Si elle n'a pas de domestiques assez habiles pour leur confier le soin de mettre le couvert, elle doit le mettre à l'avance et donner à la cuisine assez d'explications pour qu'on puisse servir sans elle.

Elle mettra tous ses soins à faire les honneurs de la table avec grâce et bienveillance, veillera à ce que chaque convive ne manque de rien, surtout n'en oubliera aucun. Elle remplira ce devoir de telle sorte, que chaque convive puisse penser qu'il a été l'objet d'une attention particulière. Elle cherchera à deviner quels sont les mets qui plaisent à chacun pour les lui offrir, mais sans insistance et sans affectation, ce qui serait de mauvais ton.

Sujet de rédaction. — Comment une maîtresse de maison doit-elle organiser un repas de cérémonie, et de quelle manière doit-elle faire les honneurs de sa table ?

107. — Pensées de Mme de Staël.

STAEL (*Anne-Louise-Germaine* NECKER, baronne DE), femme de lettres française, fille de Necker, ministre de Louis XVI, née et morte à Paris (1766-1817).

1. La pureté de l'âme et de la conduite est la première gloire de la femme.

2. Le remords est la seule douleur de l'âme que le temps et la réflexion n'adoucissent pas.

3. La sévérité bien ordonnée commence par soi-même.

4. La gloire ne saurait être pour la femme qu'un deuil éclatant du bonheur.

108. — Le Service de table.

Le *menu* est la liste des mets qui composent le repas.

Le *service* est le nombre de plats servis ensemble.

Un beau dîner à la française doit avoir trois services successifs. Le premier se compose du potage remplacé par le relevé, des entrées et des hors-d'œuvre; le second, du rôti, des entremets sucrés et de la salade; le troisième, du dessert.

Les *relevés* forment avec les rôtis les pièces principales des dîners; nous citerons parmi ceux qui sont le plus fréquemment employés : la dinde truffée; la côte braisée; le filet à l'étouffée ou à la financière; la tête de veau au naturel; le canard, le lièvre et la perdrix en daube; le rosbif avec garniture de pommes de terre; le gigot de mouton braisé; la truite à la Chambord; le saumon au bleu, etc. Lorsqu'il n'y a qu'un relevé, il est placé au milieu de la table; s'il y en a deux, on les place aux deux bouts, et le milieu peut être occupé par une corbeille de fleurs.

Les *entrées* sont des mets, le plus souvent chauds, plus ou moins solides, composés de viande, gibier, volaille, poisson, et presque tous avec sauce.

Les *entremets* sont des mets légers que l'on sert après ou en même temps que le rôti; ils se composent de légumes, de gelées, de crèmes et autres préparations sucrées, et enfin de légères pâtisseries. Le nombre d'entremets est ordinairement le même que celui des entrées.

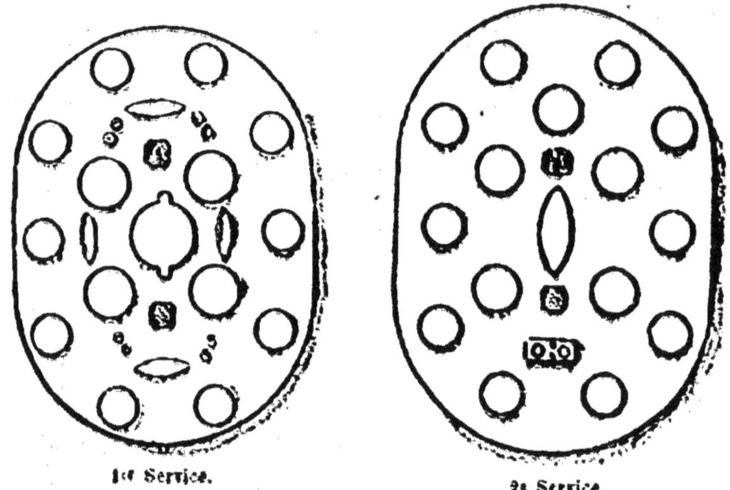

1er Service. 2e Service.

On appelle *rôts* ou *rôtis* les viandes cuites à la broche ou au four, et auxquelles on ne joint d'autre sauce que leur propre jus.

Les *hors-d'œuvre* sont des mets ou plutôt des accessoires destinés à aiguiser l'appétit et surtout à flatter l'œil. Les principaux hors-d'œuvre sont : les radis, le beurre frais, les olives, les anchois, le saucisson, etc. On les place dans de jolies coquilles de porcelaine ou de cristal, soit au milieu de la table, soit aux deux extrémités. Donnons maintenant quelques explications sur chaque service.

Premier service. — Le potage se place au milieu. Aussitôt qu'il est servi, la soupière est remplacée par le relevé. On commence par faire circuler les hors-d'œuvre pendant qu'on sert le relevé, puis on sert les entrées.

Second service. — On dessert les relevés, les entrées ; on laisse les hors-d'œuvre qui peuvent encore figurer sur la table, et l'on place le second service. On offre le rôti, puis la salade, et l'on passe successivement les légumes, les fritures, et l'on termine par les entremets sucrés.

Troisième service. — On enlève les plats, les réchauds, les salières, l'argenterie et les hors-d'œuvre. On laisse les verres et les carafes à eau, on ramasse les restes de pain inutiles, et on enlève les miettes avec une brosse ; ensuite, on met les assiettes à dessert, ainsi que les couteaux et les cuillères.

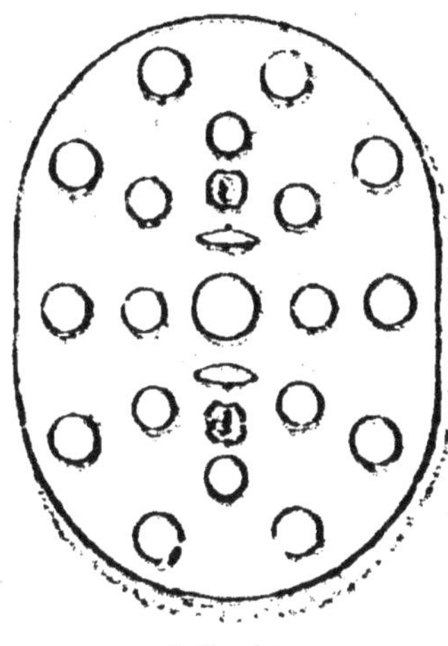

3e Service.

Les assiettes à dessert doivent être symétriquement rangées, de manière que les gâteaux soient en regard des gâteaux, et les fruits en regard des fruits.

Le fromage ne figure point sur la table, à moins que ce ne soit un fromage à la crème. On commence par faire passer le fromage, qui doit être accompagné d'un couteau ; puis on sert les fruits, les compotes, les pâtisseries légères et les bonbons. Le café et les liqueurs se servent ordinairement au salon. La maîtresse de maison engage ses hôtes à mettre eux-mêmes du sucre dans leur tasse et elle verse ensuite le café, qui doit être brûlant !

Ajoutons qu'un domestique doit présenter les mets à chaque convive du côté gauche, et qu'avant de remplacer un service par celui qui doit suivre, il faut que tous les convives aient une assiette propre.

Les carafes d'eau et les bouteilles de vin ordinaire doivent être assez nombreuses pour que chaque convive puisse se servir à boire à sa guise.

Le dîner *à la russe* consiste à couvrir la table de plats de desserts, d'entremets et de vases de fleurs. Les mets ne paraissent sur la table que pour y être présentés; après quoi ils sont découpés sur la table de service et offerts aux convives.

Service des vins. — Après le potage, on sert le vin de Madère[1] ou de Xérès[2]. Au premier service, les grands vins de *Bordeaux*, tels que ceux de Saint-Julien, Château-Margaux, Château-Lafite[3]. Au second service, les grands vins de *Bourgogne* : Pomard, Romanée[4], Clos-Vougeot, Chambertin[5] et aussi des vins du Midi : Côte-Rôtie[6], Ermitage[7], etc. On sert généralement le vin de Champagne avec les entremets sucrés et au dessert. Les vins blancs de Bordeaux ou de Bourgogne doivent toujours accompagner les huîtres.

Au dessert, les vins de liqueur, tels que : les vins muscats de Frontignan, de Lunel[8], et les vins plus recherchés de Malaga, d'Alicante[9], de Malvoisie[10], de Chypre[11], de Tokay[12]. En fait de vins, il vaut mieux la qualité que la quantité.

Le vin ordinaire doit être frais en tout temps; le vin de Bourgogne aime à être servi frais, mais non froid; le vin de Bordeaux doit être monté à l'avance et avoir à peu près la température de la salle. Quant aux bouteilles de vin de Champagne, elles gagnent à être frappées, c'est-à-dire plongées dans la glace environ deux heures avant le moment de les servir.

Sujet de rédaction. — Qu'entend-on, dans le langage de la cuisine, par relevés, entrées, entremets et hors-d'œuvre? Quels mets sert-on au premier service, au deuxième et au troisième? Qu'appelle-t-on dîner à la Russe? Comment doit se faire le service des vins?

---

1. *Madère*, île portugaise de l'Atlantique. — 2. *Xérès*, ville du sud de l'Espagne. — 3. *Saint-Julien*, *Château-Margaux*, *Château-Lafite*, vignobles du département de la Gironde. — 4. *Pomard*, *Romanée*, communes du département de la Côte-d'Or. — 5. *Clos-Vougeot*, *Chambertin*, vignobles du département de la Côte-d'Or. — 6. *Côte-Rôtie*, vignoble du département du Rhône. — 7. *Ermitage*, vignoble du département de la Drôme. — 8. *Frontignan*, *Lunel*, cantons du département de l'Hérault. — 9. *Malaga*, *Alicante*, villes du S.-E. de l'Espagne. — 10. *Malvoisie*, presqu'île de Grèce. — 11. *Chypre*, île du S.-E. de la Méditerranée. — 12. *Tokay*, bourg de Hongrie.

109. — Pensées de Mme Guizot.

GUIZOT (*Élisabeth-Charlotte-Pauline* DE MEULAN, dame), femme de lettres française, née et morte à Paris (1773-1827).

1. La tâche des gens raisonnables est grande; ils sont chargés d'avoir de la raison à la place de ceux qui n'en ont pas.

2. On ne se fâche jamais que contre les bons conseils, parce qu'il n'y a que ceux-là qui nous obligent à les suivre.

3. Le goût dépend de deux choses, d'un sentiment très délicat dans le cœur, et d'une grande justesse dans l'esprit.

110. — Repas de cérémonie.

On ne doit pas inviter à dîner une personne que l'on connaît peu, et un homme dans une modeste position sociale ne se permettra pas d'inviter un personnage considérable.

Les invitations pour un dîner s'adressent huit jours à l'avance, par écrit ou de vive voix ; si l'invité ne peut accepter, il doit répondre aussitôt pour s'excuser; on est censé accepter par cela seul qu'on ne répond pas. On doit une visite de remerciement dans les huit jours qui suivent le dîner.

En général, il est bon de n'accepter à dîner que quand on est disposé à inviter à son tour les personnes chez lesquelles on est reçu.

Pour passer dans la salle à manger, les femmes doivent attendre qu'on vienne leur offrir le bras. Il faut laisser entrer les premiers les supérieurs et en général toutes les personnes qui, dans le monde, occupent un rang plus élevé que le sien. Conduites à la place qu'elles doivent occuper, les femmes s'inclinent pour remercier celui des convives qui leur a donné le bras. C'est à la maîtresse de maison qu'il appartient de placer ses invités en appelant successivement les personnes aux principales places, suivant leur rang, leur âge, leur qualité, femmes et hommes tour à tour, en rapprochant autant que possible les personnes qui se conviennent le mieux. Quand les places sont désignées par des cartes nominatives, déposées sur les assiettes, il y a de l'obligeance à aider les convives à trouver la leur.

Les places d'honneur sont à droite et à gauche de la maîtresse de maison, qui se met au milieu de la table; puis celles à côté du maître, qui est placé vis-à-vis de la maîtresse. Généralement, en envoyant le potage on observe les rangs de prééminence, mais on ne s'astreint plus à cet ordre pour les autres plats. Les dames sont toujours servies les premières. Pendant le repas, la maîtresse de maison doit veiller à ce que le service se fasse avec ordre et avoir l'œil à tout. Elle doit s'abstenir de gronder les domestiques, même quand ils cassent porcelaines et cristaux ! Toutes ses observations sont faites à voix basse et d'un ton tranquille. Il est de mauvais goût d'insister vivement auprès des convives pour leur faire accepter d'un mets qu'ils ont déjà refusé, on doit leur laisser pleine liberté à cet égard.

Le prince de Conti[1], père du dernier de ce nom, avait invité de Voisenon[2] à dîner. Celui-ci oublia le jour et n'y fut pas. Le lendemain, un ami le rencontre et lui dit : « Monseigneur a été hier de fort mauvaise humeur contre vous. » L'académicien convint de son tort, et ne manqua pas de se trouver un jour d'audience chez le prince pour lui faire ses excuses. Dès que Son Altesse l'aperçut, elle lui tourna le dos sans le regarder. « Ah! monseigneur, s'écria de Voisenon, je suis pénétré de reconnaissance. On m'avait dit que vous m'en vouliez, mais je vois le contraire. — Comment? dit le prince. — Votre Altesse me tourne le dos, et ce n'est pas son usage d'en agir ainsi avec ses ennemis. »

Sujet de rédaction. — Quelles sont les obligations d'une maîtresse de maison envers ses convives, avant le repas, pendant et après?

111. — Le Salon. — Les Réceptions du soir.

Le salon est la pièce destinée à recevoir les visiteurs; il doit être commode, élégant et en rapport avec la fortune qu'on possède et la position qu'on occupe dans la société.

L'ameublement d'un salon de moyenne grandeur se compose ordinairement d'un canapé ou d'une causeuse, de six fauteuils, quatre chaises, quelques tabourets, un coffre à bois, une table-guéridon et un piano. Le guéridon se place au milieu de la pièce; il est recouvert d'un tapis et reçoit

1. CONTI (*Louis-François* DE BOURBON), lieutenant général des armées françaises, né en 1717, mort en 1776.

2. VOISENON (*Claude-Henri* DE FUZÉE, DE), littérateur français, né et mort au château de Voisenon (Seine-et-Marne) [1708-1775].

les albums, les journaux, les livres illustrés et souvent aussi une coupe contenant les cartes de visite. Le piano est un meuble charmant et utile, lors même que la maîtresse de maison ne serait pas musicienne.

Causeuse.

Les canapés, les causeuses, les fauteuils et les chaises sont en bois peint en blanc et relevé par la dorure, ou en bois de palissandre avec ornements de cuivre doré pour les riches ameublements ; le palissandre uni et le bois d'acajou sont réservés pour les ameublements plus modestes. Pour recouvrir les meubles et pour les tentures, le velours est plus solide que le damas de soie ou de laine, le reps, l'algérienne, etc.

Console.

L'été, les rideaux des fenêtres doivent être de mousseline brodée, garnie d'une jolie frange; l'hiver, on peut remplacer les rideaux de mousseline par les rideaux de cretonne. Une console peut occuper l'entre-deux des fenêtres; une glace au-dessus serait d'un très bon effet; une autre glace sur la cheminée est indispensable. Au milieu de la tablette de la cheminée on place une pendule, et, de chaque côté, des flambeaux ou des candélabres garnis de bougies. L'intérieur de la cheminée doit être garni de chenets, de pelles et de pincettes d'une jolie forme. Devant le foyer, il faut mettre un garde-feu en toile métallique; c'est le plus sûr moyen d'éviter des accidents. Un tapis est indispensable quand, au lieu d'un parquet, il y a des carreaux. Si les murs du salon n'ont pas de boiseries, on choisira de préférence pour la tenture un papier dont la couleur sera claire et gaie; il est bon que la bordure s'harmonise avec la couleur du meuble. On place sur des consoles ou aux extrémités de la tablette de la cheminée, des statuettes, des objets d'art, quelques curiosités; c'est par l'heureux agencement de ces petites superfluités que l'on juge du goût de la maîtresse de maison.

Durant la belle saison, une femme qui désire rendre sa maison agréable pare le salon et la salle à manger de fleurs et de jolis feuillages; elle les remplace, l'hiver, par des plantes en pots, conservées dans la petite serre.

Le soir où l'on reçoit, il faut se hâter de dîner et de faire dîner les domestiques, parce que le salon doit être éclairé, chauffé, en un mot tout prêt à recevoir les visiteurs. Pour l'éclairage, on fait placer deux lampes sur la cheminée, et des bougies sur les tables de jeu, si l'on en a dressé.

« Pendant ces sortes de réceptions, la maîtresse de maison, dit Mme de Bassanville[1], n'est point obligée, comme pendant le jour, de rester inactive à la même place; elle peut aller et venir dans le salon, s'asseoir tantôt près des uns, tantôt près des autres, même se mettre au jeu si on a besoin d'un partenaire, ou à la table de travail s'il y en a une d'établie; mais alors, soit son mari s'il est jeune, soit son fils ou sa fille si elle est d'un certain âge, doivent la remplacer auprès des allants et des venants. Seulement, où qu'elle soit, il faut toujours qu'elle se lève pour saluer ceux qui entrent ou qui sortent de chez elle; elle doit même quitter un moment la table de jeu pour leur dire ou adieu, ou bonsoir, en s'excusant préalablement auprès de ceux qui jouent avec elle. Quand on a chez soi de ces réceptions ordinaires le soir, on doit faire collection de tout ce qui peut amuser les visiteurs. Ainsi, il faut se procurer des albums nouveaux, les revues à la mode, les journaux illustrés, etc., parce que les visiteurs étant nombreux, on ne saurait comment occuper tant de monde à la fois, et une bonne maîtresse de maison doit, à tout prix, chasser

1. Bassanville (Anaïs Lebrun, comtesse de), femme de lettres française, née et morte à Paris (1806-1884).

l'ennui de chez elle. Tout d'abord, elle doit s'occuper des personnes âgées et assortir les joueurs; puis, quand ils sont établis à leur table, elle songe à occuper et à amuser la jeunesse. Si ce jeune public est trop bruyant pour se plaire aux jeux assis, elle lui fait jouer des charades, et au besoin sacrifie un peu de ses chiffons pour en faire des costumes. »

Il y a encore les jeux de mémoire, les jeux d'esprit et ceux qu'on appelle les *jeux innocents;* mais ces derniers ne sont admis que dans l'intimité et entre jeunes filles. La maîtresse de maison doit régler tous ces petits jeux d'une façon très délicate et faire rejeter les pénitences susceptibles de déplaire. Nous l'avons déjà dit : Si une jeune fille est invitée à chanter ou à faire de la musique, elle doit s'exécuter de bonne grâce et sans se faire prier : on est toujours indulgent dans les réunions de famille et d'amis.

Pendant la soirée, on doit faire circuler des rafraichissements et ensuite servir le thé. On l'accompagne ordinairement de petits gâteaux, auxquels on peut ajouter des bonbons et des oranges. Une maîtresse de maison qui reçoit doit porter une toilette très simple, afin de n'éclipser aucune des femmes qu'elle a invitées.

Sujet de rédaction. — Dites en quoi consiste l'ameublement d'un salon. Quelle doit être la conduite d'une maîtresse de maison envers ses invités durant les réceptions du soir?

112. — Les Visites.

Les visites resserrent les liens de la famille et de la société; il serait ridicule de vouloir se soustraire à cette coutume, qui nous offre le moyen de témoigner à nos supérieurs, à nos amis et à nos connaissances les sentiments qu'ils nous inspirent. Il y a des visites indispensables et des visites facultatives. Parmi les premières nous citerons les visites de bonne année, les visites faites après une invitation à dîner et enfin celles qui sont motivées par un événement heureux ou malheureux arrivé aux personnes avec lesquelles nous sommes en relation.

Les visites de bonne année peuvent se faire dans le cours du mois de janvier; on les échelonne suivant le degré d'empressement et de respect qu'on désire témoigner. On en fait la veille du jour de l'an aux grands parents, aux supérieurs, — ce sont les plus respectueuses; — le jour même, aux parents, aux amis âgés; et, aux autres connaissances, dans des délais plus ou moins longs, mais le mieux est de les faire plus tôt que plus tard. Il faut aussi rendre exactement dans le mois toutes les visites qu'on a reçues.

Les bons cœurs ne peuvent rester insensibles aux événements qui arrivent à leurs amis ou à leurs connaissances, et ils doivent montrer aussitôt la part qu'ils y prennent.

Faites une visite de félicitation à propos d'un mariage, d'une promotion, d'un avancement, d'une distinction accordée, et l'on vous en saura un gré infini. Visitez ceux qui sont dans la peine, qui viennent de perdre des membres de leur famille, et l'on vous en aura une vive reconnaissance.

En cas de maladie de parents ou d'amis, on fait prendre souvent des nouvelles du malade et on le visite, si son état le permet et s'il manifeste le désir de vous voir. C'est le moment de témoigner de l'intérêt, de l'affection à ceux que nous aimons, de leur porter des consolations et de leur faire nos offres de services.

Lorsqu'on a reçu une invitation à déjeuner, à dîner, ou à une soirée, on doit une visite dans la huitaine, même lorsqu'on n'a pas profité de l'invitation. Quelques personnes, dans ce cas, se contentent d'envoyer une carte ; c'est peu.

Une jeune fille ne doit point faire de visites sans l'agrément de ses parents et sans être accompagnée d'une personne respectable. Il est inutile d'ajouter que les jeunes femmes et les jeunes filles ne reçoivent pas seules les visites des messieurs. Dans certaines familles, quand le maître de la maison n'est pas chez lui, les hommes ne sont point reçus, lors même que sa femme est présente.

On doit une visite à une personne qui vous a été utile, qui vous a rendu service. Lorsqu'on arrive dans un pays pour l'habiter, on rend dans la quinzaine une visite aux personnes qui composent la société avec laquelle on croit pouvoir établir des relations.

Une visite exige la politesse d'une autre visite ; envoyer simplement une carte en retour, c'est vouloir cesser des relations.

Une personne à qui l'on ne rend pas sa visite doit s'abstenir d'en faire d'autres : c'est le signe que l'on ne veut pas entretenir de relations avec elle. Quand il y a une grande disproportion de rang, et dans les administrations, par exemple, un supérieur n'est point obligé à rendre la visite d'un inférieur.

Rappelez-vous que les visites les plus courtes sont les meilleures, et qu'il vaut mieux exciter des regrets que causer de la fatigue. Une visite de cérémonie, à de grands personnages, à des fonctionnaires, ne doit pas dépasser dix minutes ; souvent on prend à peine le temps de s'asseoir.

113. — Les Visites (*fin*).

Les visites ordinaires de cérémonie peuvent se prolonger vingt minutes, une demi-heure au plus, à moins qu'on ne vous engage à rester. La durée des visites de parents, d'amis ou de connaissances ne peut être fixée, mais il est bon de ne jamais dépasser une heure. On l'a dit avec raison : Le moment précis où nous nous ennuyons est aussi celui où nous commençons à ennuyer les autres. Si la conversation languit, si vous voyez le maître ou la maîtresse de maison prendre un air distrait, ou regarder la pendule, retirez-vous au plus tôt : c'est que, pour une raison ou une autre, votre visite n'est pas opportune.

Les heures où se rendent les visites varient suivant les pays ; en province, les visites ont lieu ordinairement entre deux heures et cinq heures du soir. A Paris et dans quelques grandes villes, les visites après l'heure du dîner sont admises, jusqu'à dix et onze heures du soir. Il faut, autant que possible, ne pas les faire dans la matinée ni aux heures des repas. Il est bon de se régler sur les habitudes adoptées dans les maisons; lorsqu'une personne a un jour de réception, c'est ce jour-là qu'il faut s'y rendre.

Quand on arrive dans un salon, il est très délicat à la femme assise près de la maîtresse de la maison de céder sa place à la nouvelle venue si celle-ci est plus âgée.

S'il arrive une visite pendant la vôtre, n'ayez pas l'air de fuir, restez deux ou trois minutes avant de vous retirer. On ne doit pas attendre le départ d'une personne arrivée après soi, à moins que la maîtresse de maison ne vous le demande, que vous ne soyez une parente ou une amie intime. Lorsqu'on se lève pour prendre congé, on doit laisser à sa place le siège qui a servi et ne pas y toucher.

En entrant dans un salon, il faut se diriger vers la maîtresse de la maison et lui rendre ses hommages, la saluer profondément; on s'incline ensuite vers les visiteurs qui se trouvent à droite et à gauche, et s'il y a parmi les personnes présentes une amie plus intime, on lui adresse quelques mots. Lorsqu'il entre une dame, les femmes présentes doivent se lever, si elle est âgée ou en dignité; dans le cas contraire, un salut suffit. Si c'est un homme, elles s'inclinent simplement, à moins que ce ne soit un haut fonctionnaire. — Suivant la position des visiteurs, on les reconduit plus ou moins loin. Les maîtresses de maison, quand il n'y a pas d'autre visite, prennent congé des hommes à la porte du salon et des femmes à l'entrée de l'escalier. Souvent, les maîtres de maison accompagnent les femmes jusqu'à leur voiture.

On ne mène pas à des visites de cérémonie des enfants au-dessous de quinze ans. Une jeune fille qui rend des visites en voiture avec sa mère, monte la dernière et descend la première. Elle n'entre dans le salon qu'après sa mère et reçoit la main qu'une dame lui tend, mais ne tend pas la sienne la première; car tendre la main est une marque d'égalité ou d'amitié protectrice. On ne souhaite le bonjour et on ne demande de nouvelles que dans l'intimité; en visite de cérémonie, on se contente de dire, en s'inclinant devant la maîtresse de la maison : Madame, j'ai l'honneur de vous saluer.

Durant une visite, une jeune personne doit avoir un maintien modeste, une physionomie gracieuse et naturelle : nous entendons par là qu'elle doit éviter avec autant de soin l'air léger que l'expression sentimentale ou mélancolique, et le sérieux plein de dédain aussi bien que le sourire en permanence sur les lèvres. Elle doit, en outre, se tenir droite sans raideur, ne pas s'appuyer sur le dos de son siège, ne pas croiser les jambes, ni quitter ses gants, ni regarder autour d'elle comme si elle voulait faire l'inventaire de ce qui se trouve dans la salle de réception. Il faut enfin qu'elle ne gesticule pas, qu'elle ne parle ni trop haut ni trop bas, qu'elle s'exprime en termes choisis, mais sans affectation, et surtout qu'elle sache écouter!

Écouter, dit Mgr Dupanloup, c'est ce que les femmes et surtout les jeunes filles savent le moins faire; et pourtant, on les juge à la manière dont elles écoutent, bien plus qu'à la manière dont elles parlent.

La timidité ou tel autre obstacle peut enlever à une jeune fille ses avantages dans la conversation; mais rien ne peut jamais l'empêcher de bien écouter, de ne pas déranger, détourner, rabaisser par une interruption maladroite ou une question intempestive, la conversation qui s'anime et s'élève.

Écouter! cet art si rare, que je voudrais cultiver chez une jeune fille avant le dessin et la musique : le premier des arts libéraux, dit un spirituel auteur. Et cet art-là, au moins, il n'est pas de loi somptuaire qui l'interdise aux femmes; elles peuvent le pratiquer, au grand bénéfice de ceux qui apprécient cette chose rare, délicate et charmante, qu'on appelle une bonne conversation, et sans même courir le danger du sarcasme ordinaire.

Sujet de rédaction. — Nommez les circonstances de la vie où l'on doit rendre des visites d'amitié ou de convenance. Quelle règle de conduite est-il bon d'adopter pour les visites en général? Parlez de l'heure où se font les visites et de leur durée.

114. — Anecdotes.

Une jeune fille étant sur le point de se marier, le notaire lui lut le contrat : tout était à son gré; mais à la fin, lorsque le notaire, arrivant à une dernière clause où se trouvaient encore une fois tous les noms et titres de la jeune fille, dit : Ladite demoiselle une telle, *et cœtera*. La future ne voulut plus se marier, croyant qu'on avait fait entrer dans les clauses : *et se taira*.

Un prédicateur, prêchant sur l'évangile de la Samaritaine, acheva son sermon en disant : « Ne vous étonnez pas si cet évangile est si long; c'est une femme qui y parle. »

Dans un salon on reprochait à une dame d'être trop sévère pour un de ses amis, grand parleur. — Il vous est si dévoué, lui disait-on, qu'il se jetterait à l'eau pour vous sauver. — Que voulez-vous! répondit-elle, je ne me noie jamais, et il m'ennuie toujours.

Un petit drôle s'avisa un jour de tendre une ficelle dans l'escalier de l'appartement de sa mère pour faire tomber les visiteurs. L'un d'eux, ayant trébuché contre l'engin, tomba et se fit beaucoup du mal; il se releva furieux. — Oh! dit la mère, pardonnez à Jules; il y a là plus d'espièglerie que de méchanceté. C'est la crème des enfants. — Morbleu! madame, répondit l'éclopé, de toutes les crèmes, celle que je préfère en pareil cas, c'est la crème *fouettée*.

Une vieille dame était en visite chez une de ses amies dont la petite fille pleurait. — Fi! que c'est vilain de pleurer ainsi! dit la dame; c'est cela qui, plus tard, rend les petites filles laides. L'enfant, au milieu de ses larmes: — Vous avez donc bien pleuré, vous?

Défions-nous des enfants terribles.

Une dame, voulant rendre ses visites du jour de l'an, dit à Baptiste, son domestique, de prendre un paquet de ses cartes. Vous en donnerez une, dit-elle, dans toutes les maisons devant lesquelles je ferai arrêter la voiture. — Bien, madame; quelle carte faut-il donner? — Comment, quelle carte? mais... n'importe laquelle. On part. Le valet descend de son siége, vient prendre le nom des personnes, entre chez les concierges, remet partout une carte. Il y avait plus de deux heures que la distribution durait, quand la maitresse dit au domestique : — Vous reste-t-il encore beaucoup de cartes? — Non, madame, je n'ai plus que l'as de pique! Baptiste avait distribué un jeu de piquet.

115. — Les Cartes de visite.

Il ne faut pas croire que l'usage des cartes de visite soit une invention moderne et que cet usage soit particulier à la France et à l'Europe. Comme les visites sont une mode de tous les temps et de tous les pays, l'emploi des cartes est répandu jusque dans l'extrême Orient. Ainsi, en Chine[1], on connaît depuis plus de mille ans ces cartes que nous avons trouvé si commode d'adopter à l'égard des personnes que nous ne voulons pas voir, ou bien qu'une absence réelle nous empêche de rencontrer. Là-bas, dans le Céleste-Empire[2], ce ne sont pas de petites cartes que l'on distribue, mais bien d'énormes feuilles de papier, dont la couleur et la longueur varient suivant le rang des personnages auxquels on les adresse.

En France, la carte de visite fit son apparition sous Louis XV et fut bientôt revêtue d'emblèmes mythologiques et de bergères de Boucher[3] et de Watteau[4]; aujourd'hui, les cartes sont simplement imprimées sur un carton mince ou sur un papier bristol.

On a dit beaucoup de bien et de mal de ces petits carrés de carton; on a eu tort d'en médire, car ils sont vraiment d'une grande utilité dans notre siècle affairé où tout marche à la vapeur.

Les détracteurs des cartes de visite leur reprochent de ne rien signifier, c'est une injustice et de l'ingratitude. Chaque fois qu'elles vous apportent un nom, n'est-ce pas la preuve que la personne qui porte ce nom a pensé à vous et que vous avez eu, ne serait-ce qu'une seconde, place dans son souvenir?

Comme un myosotis elles disent tout bas :
Un ami pense à vous, oh! ne l'oubliez pas!

---

1. *Chine*, empire d'Asie, capitale *Pékin*. — 2. *Céleste-Empire*, nom donné à la Chine. — 3. Boucher (*Antoine*), peintre et graveur français, né et mort à Paris (1703-1770). — 4. Watteau (*François*), peintre français, né à Valenciennes en 1684, mort à Nogent-sur-Marne (Seine) en 1721.

Si vous êtes dans la joie ou si vous êtes éprouvées par la douleur, n'est-ce donc point pour vous une satisfaction de recevoir la preuve que telles personnes s'associent à votre joie et prennent part à votre douleur?

Du seigneur Jour de l'an, vous êtes, mes charmantes,
Les ambassadeurs précieux;
Vous êtes les coureurs des belles nonchalantes
Et les ailes des paresseux.
Lorsque le mois de mai vient remplir nos corbeilles,
Sur vos beaux vernis éclatants,
Nous lisons *p. p. c.*; sur ces lettres vermeilles
Se voit la griffe du printemps.
Sous vos habits pimpants, à l'étoffe qui brille,
Vous cachez un cœur tendre et bon!
Vous vous associez au deuil de la famille,
Quand la mort frappe à la maison.

A cause du rôle multiple que jouent les cartes de visite dans la société, il nous paraît indispensable d'expliquer quand et comment elles doivent servir.

Disons d'abord qu'une jeune fille n'a jamais de cartes à son usage. Quand sa mère le juge à propos, elle lui fait écrire son nom au crayon sur la sienne; exemple: *Mademoiselle Leroy*. Il n'est pas de bon goût de mettre le prénom. Le prénom d'une jeune fille ne doit pas franchir inutilement le seuil de la famille.

Les femmes n'envoient pas de cartes de visite aux hommes; pourtant, une femme d'un certain âge et qui a renoncé au mariage, a ses cartes et s'en sert dans toutes les circonstances voulues. Une femme qui occupe un emploi peut en envoyer à son supérieur immédiat. Le mari et la femme doivent avoir des cartes séparées, puis d'autres collectives. Sur les cartes collectives le nom est précédé de: Monsieur et Madame, sans prénom; exemple: *Monsieur et Madame Leroy*. Sur sa carte particulière, un homme ne fait pas précéder son nom du mot Monsieur; il met l'initiale de son prénom, son nom, quelquefois sa profession et aussi son adresse. Exemple : *H. Leroy, avocat, 26, rue de Bourgogne.* Une femme fait toujours précéder son nom du mot Madame, et ne met ni prénom ni adresse : *Madame Leroy*, ou *Madame H. Leroy*, s'il est besoin de distinguer.

Lorsqu'on reçoit une lettre de faire part pour baptême, mariage, décès, on envoie sa carte aussitôt aux personnes qu'on connait parmi celles qui figurent dans l'énumération des parents.

Lorsqu'on assiste à une bénédiction nuptiale, on n'a pas de cartes à envoyer. Pendant les six premières semaines d'un grand deuil, on est dispensé d'envoyer des cartes, soit pour le premier de l'an, soit pour répondre à des lettres de faire part.

Si l'on porte soi-même ses cartes, on les corne à l'un des angles supérieurs, ou on les plie dans le sens de la largeur. La carte portée sans intention de faire visite se dépose sans corne ni pli.

Pour répondre à une invitation à diner, on écrit, mais on n'envoie pas de carte. Dans les visites du jour de l'an, on laisse autant de cartes qu'il y a de personnes dans la famille à qui on veut donner une marque d'estime.

On n'envoie jamais, à moins que l'on ne soit pas sur les lieux, sa carte par la poste chez un supérieur ou un haut personnage; on la porte soi-même.

Quand on est en deuil, les cartes doivent être entourées d'un filet noir plus ou moins large.

Sur la carte de mariage on écrit *p. m.* et sur la carte de départ, c'est-à-dire celle qu'on remet avant de s'absenter, on écrit *p. p. c.* qui signifie *pour prendre congé.*

Il faut bannir des cartes toute espèce d'ornements, arabesques et dorure.

Les cartes les plus distinguées sont simplement en beau papier bristol.

Sujet de rédaction. — Montrez l'utilité des cartes de visite. Énumérez les diverses circonstances où l'on doit les envoyer.

116. — Anecdotes.

Un soir que le roi Louis XVIII avait dîné d'un plat de haricots en salade, il disait à son capitaine des gardes : — Monsieur, aimez-vous les haricots ? et le courtisan maladroit de répondre : — Ma foi, sire, je ne fais jamais attention à ce que je mange ! — Eh bien, monsieur, reprit le roi, tant pis pour vous, il faut faire attention à tout ce qu'on mange et à tout ce qu'on dit.

Louis XVIII, roi de France en 1814, et de 1815 à 1824.

Henri IV, roi de France de 1589 à 1610, faisait des préparatifs pour une expédition importante. Personne n'avait été initié au secret du prince, et, partant, chacun faisait une foule de conjectures. Un courtisan, plus hardi que les autres, se hasarde à interroger le roi. — Êtes-vous capable de porter un secret ? lui dit ce prince. — Comment ! dit le courtisan, je me ferais plutôt couper en quatre que de lâcher une parole. — Eh bien, dit Henri, je suis de même ; voilà pourquoi je ne vous dirai rien.

Un médecin français est envoyé en Egypte lors du choléra. En arrivant dans une ville, il demande à un fonctionnaire quelles précautions il a cru devoir prendre contre le fléau. Le fonctionnaire répond : — J'ai fait creuser 3,000 tombes.

Une dame, qui écrivait une lettre, s'aperçut qu'un jeune homme lisait cette lettre par-dessus ses épaules. Alors elle ajouta : — J'aurais encore bien des choses à vous dire, mais M. N. est derrière moi et lit tout ce que j'écris. — Pardon, madame, s'écrie l'indiscret, je n'ai rien lu.

117. — Les Voyages.

Une jeune fille ne doit pas voyager sans être accompagnée de ses parents ou de quelqu'un qui les représente; par le fait qu'elle voyage *seule*, on est disposé à la juger défavorablement.

Les femmes sont tenues à une très grande réserve en voyage : elles doivent éviter de lier conversation avec les personnes qui les entourent et qu'elles ne connaissent pas; elles doivent se borner à répondre poliment et brièvement aux questions qui leur sont adressées. Pour se donner une contenance et se tirer d'embarras, elles peuvent lire un bon ouvrage dont elles auront eu soin de se munir. La raison de cette réserve, c'est qu'on ignore ce que sont les gens qui vous entourent; d'abord ils peuvent se familiariser avec vous, et, en voyage surtout, il ne faut donner aucune prise à la familiarité; ensuite, il arrive souvent qu'on aborde des sujets délicats de conversation, comme la religion et la politique, et si l'on prend part à la discussion, on peut être froissée dans ses opinions ou blesser celles des autres.

En montant en voiture ou en wagon, il est incivil de chercher ses aises avant tout, de baisser ou de lever les glaces sans s'occuper de ses voisins; il n'est pas per. 's de se rendre incommode aux autres; entre voyageurs, on se doit aide et concessions mutuelles. Chaque portière est surtout à la disposition des deux voyageurs qui en sont le plus rapprochés; cependant, il est de bonne éducation d'ouvrir ou de fermer une portière suivant le désir manifesté par une personne âgée ou souffrante. Le meilleur moyen de contenter tout le monde est de lever les glaces à moitié ou au tiers pour établir un courant d'air au-dessus des voyageurs; en agissant ainsi, nul ne peut être incommodé et la trop grande chaleur n'est point à craindre.

Une jeune fille doit des égards aux femmes âgées qui sont placées près d'elle; par exemple, leur céder une bonne place, les débarrasser d'un paquet, leur offrir la main pour descendre.

Lorsqu'on prend congé de ses compagnons de voyage, on se borne simplement à un salut, si l'on n'a pas causé; dans le cas contraire, on dit un mot d'adieu et de politesse.

Un homme bien élevé ne se permet pas de fumer dans un compartiment où se trouvent des femmes, ou du moins sans leur en demander la permission. Si la fumée du tabac gêne réellement, il faut réclamer avec douceur et politesse; si on peut la supporter, il est préférable de garder le silence.

Sujet de rédaction. — Comment doit se comporter une jeune fille en voyage? Pourquoi doit-elle être très réservée?

118. — Anecdotes.

Un commis voyageur qui venait d'allumer son cigare dit cavalièrement à une dame, sa voisine de wagon : — La fumée ne vous gêne point, n'est-ce pas? — Je l'ignore, monsieur, répondit la dame, on n'a jamais fumé devant moi.

— Dis donc, bébé, quand maman t'a donné un excellent bonbon, que dit-on à cette bonne mère?

— Encore!

Pauline aime à rire, — la chose n'est pas défendue, — et lorsqu'elle aborde ses compagnes, elle a toujours quelques devinettes à leur proposer; exemple : — Amélie, dis un peu, toi qui es si forte en géographie, ce qu'on entend par une rivière à eaux dormantes?

— C'est... c'est...

— Tiens! je te prends en pitié, c'est une rivière qui ne sort pas de son lit.

119. — Pensées de Mme de Genlis.

Genlis (*Félicité* Ducrest, comtesse de), femme de lettres française, née près d'Autun en 1746, morte à Paris en 1830.

1. Les qualités de l'esprit font des jaloux, celles du cœur ne font que des amis.

2. On se souvient froidement des plaisirs qu'on a goûtés; on se rappelle avec transport les bonnes actions qu'on a faites.

3. Il ne faut pas confondre l'indiscrétion avec la franchise, et d'un défaut faire une vertu.

4. Le caractère de la véritable vertu, c'est la modestie.

5. Nul mérite, nul talent ne peuvent tenir lieu d'un bon cœur.

6. Le luxe n'éblouit que les sots, et ne produit pas une seule vraie jouissance.

120. — Le Nouveau-né.

Dans la moire et le satin
L'enfant vient de naître.
Il est couché ce matin,
Le cher petit être.
Chacun accourt et, tremblant,
Sur le lit se penche,
Pour voir dans son écrin blanc
Cette perle blanche.

Chacun soulève à demi
Les fines dentelles,
Pour voir cet ange endormi
Qui n'a plus ses ailes,
Pour voir ces nids à baisers,
Sa main délicate,
Et ses petits pieds rosés
Aux ongles d'agate.

Il est comme sont les fleurs,
Parfum et mystère;
A peine si par ses pleurs
Il tient à la terre!
Que faut-il pour l'apaiser?
Un mot, s'il soupire;
S'il se réveille, un baiser;
S'il dort, un sourire.

Il dit déjà, savez-vous?
Mille et mille choses,
Rien qu'avec le souffle doux
De ses lèvres roses.
C'est un langage charmant,
Fait de mots étranges,
Que comprennent seulement
Sa mère — et les anges.

E. Pailleron[1].

1. Pailleron (*Édouard*), poète et auteur dramatique français, né et m. à Paris (1834-1899).

121. — Baptême.

Est-il besoin de dire qu'une jeune fille ne doit accepter d'être marraine que si ses parents l'y autorisent? Il y a des circonstances où il n'est pas permis de refuser; mais, généralement parlant, il est bon de ne point accepter cet honneur à la légère, car on contracte des engagements sérieux. Qu'un enfant vienne à perdre son père et sa mère, ses parrain et marraine deviennent ses protecteurs, ils ont pour devoir de veiller sur sa conduite et de l'aider si besoin est, suivant leur condition, à le mettre en état de gagner sa vie.

Mais, s'il est prudent de ne point accepter d'être parrain ou marraine sans raison valable, il faut dire aussi qu'il existe des circonstances où l'on peut aller au-devant de l'invitation, c'est quand une famille pauvre, par exemple, a de la difficulté à trouver quelqu'un et que, vous connaissant, elle n'ose cependant s'adresser à vous. Ne craignez pas alors de faire de délicates avances, remplissez votre rôle de marraine avec simplicité, vous ferez une bonne action et par là vous pourrez devenir naturellement la protectrice aimée de la pauvre famille.

Avant la cérémonie, le parrain envoie à la marraine les présents d'usage : un bouquet de fleurs naturelles, une boîte de gants et un nombre suffisant de boîtes de dragées.

Une jeune fille marraine ne doit accepter du parrain aucun cadeau sans le consentement de ses parents.

Dans les villes, pour se rendre à l'église, le parrain et

la marraine montent dans une voiture et occupent la place d'honneur, c'est-à-dire le fond; ils ont devant eux l'enfant, porté par la garde, et le père de l'enfant. Lorsqu'on arrive à l'église, la garde entre la première, précédée du suisse ou du bedeau; viennent ensuite le parrain et la marraine, marchant l'un à côté de l'autre, sans se donner le bras, puis le père, et enfin les autres invités.

C'est le parrain qui est tenu de faire les dépenses nécessaires à l'église; il donne quelque argent au bedeau et aux enfants de chœur, et il dépose sur la table de la sacristie une boite de dragées dans laquelle se trouve l'offrande particulière destinée au prêtre qui a baptisé l'enfant. La marraine, sans y être obligée nullement, peut cependant faire de son côté les générosités qu'il lui plait. Du reste, toutes les dépenses doivent être proportionnées au rang des parents du nouveau-né.

Les dragées se distribuent en boites aux parents et aux amis; elles ne se donnent en cornets et en sacs qu'aux gens de service.

Quand il y a des domestiques dans la maison, il est convenable de leur remettre une petite gratification ainsi qu'à la nourrice.

Quand la position de la marraine le permet, elle fait un présent à la mère de l'enfant[1] et offre à celui-ci le bonnet, la robe ou le manteau de baptême; et à mesure que l'enfant grandit, la marraine s'ingénie à confectionner pour son filleul toutes sortes de petits ouvrages à l'aiguille, qui montrent son adresse et qui sont reçus avec le plus grand plaisir. Les étrennes sont de rigueur envers un filleul, et l'on peut choisir ce moment pour lui offrir le travail qu'on a fait.

C'est une délicatesse de la part des parrain et marraine de ne pas *imposer* de prénoms à leur filleul et de laisser à ce sujet toute liberté au père et à la mère. Du reste, c'est

1. Si c'est une femme pauvre, on lui donne des objets utiles : vin vieux, sucre, chocolat, etc.

une fort mauvaise coutume de donner une kyrielle de noms aux enfants: un seul suffit ou deux au plus. Que, par une raison quelconque, ces noms soient intervertis dans des actes publics, il peut en résulter des chicanes et des procès.

Il ne faut pas imposer non plus au parrain une marraine qu'il n'aurait pas choisie. Ordinairement, le premier enfant a pour parrain un de ses grands-pères et pour marraine une de ses grand'mères. Pour un second enfant, on alterne, et, à défaut de grands parents, on s'adresse aux oncles, tantes, cousins et cousines.

Le nom de compère et de commère, très à la mode autrefois, ne se donne plus... qu'en riant et par pure plaisanterie.

Sujet de rédaction. — Quel est le cérémonial usité pour un baptême? Quelles sont les obligations d'une jeune fille qui, avec la permission de ses parents, a accepté d'être marraine?

132. — Petit Enfant, petit Oiseau.

Petit enfant, petit oiseau!
Quand tu fredonnes dans ma chambre,
Je me crois en plein renouveau[1],
Fût-ce aux tristes jours de décembre.

Petit oiseau, petit enfant!
Les murs noirs, les pages méchantes,
L'ennui, le brouillard étouffant
Tout s'éclaircit, lorsque tu chantes.

Il fait soleil dans la maison,
Sur chaque meuble où tu te poses.
Ton sourire, à chaque saison,
Donne des lilas et des roses.

V. DE LAPRADE.

1. C'est-à-dire en pleine saison nouvelle, au printemps.

123. — Pensées de Mlle de Scudéry.

Mlle de Scudéry (*Madeleine*), femme de lettres française, née au Havre en 1607, morte à Paris en 1701.

1. La seule rose sans épines dans ce monde, c'est l'amitié.

2. La science des égards est celle de la politesse.

3. La politesse est un désir de plaire aux personnes avec qui on est obligé de vivre, et de faire en sorte que tout le monde soit content de nous : nos supérieurs de nos respects, nos égaux de notre estime, et nos inférieurs de notre bonté.

124. — Le Nid et le Berceau.

Oh ! savez-vous pourquoi je l'aime,
Ce nid perché sur le rameau ?
C'est qu'il est le touchant emblème
De mon berceau.

C'est qu'en le contemplant je rêve
A ma mère, à son cœur aimant,
A sa tâche sans paix ni trêve
De dévoûment.

C'est qu'il est la charmante image
De ma vie à son frais matin ;
C'est qu'il me parle le langage
Du temps lointain ;

C'est qu'il reporte ma pensée,
Du chemin nu que je parcours,
A la richesse dépensée
De mes beaux jours.

C'est qu'au début la vie enchante ;
Au nid de mousse tout fleurit,
Comme auprès du berceau tout chante
Et tout sourit ;

C'est que là tout est riant songe,
Que tout s'y cache sous des fleurs,
Trait qui tue et chagrin qui ronge,
Deuil et douleurs !

Berceau ! nid ! l'un rappelle l'autre,
Le faible enfant, le frêle oiseau,
Le monde des airs et le nôtre...
Nid et berceau !

F. Ducros [1].

1. Ducros (*Francisque*), littérateur français, né à Vienne (Isère) en 1823.

PAROLES de LÉOPOLD LALUYÉ

125. — Joli Bouquet (1).

MUSIQUE de CLAUDE AUGÉ

Je suis la simple Violette,
Vivant de l'air que Dieu bénit.
Sous l'herbe touffue, en cachette,
Sans nul éclat, je fais mon nid.
Au fond de mon petit royaume,
Loin du monde je suis si bien !
On dit que ma corolle embaume,
Je n'en sais rien.

Je suis la Rose, on le devine
A mon éclat doux et vermeil ;
Ma mère était une églantine
Mon père un rayon de soleil.
Sous mon feuillage emblématique
Pour mes amis j'ai des parfums
Mais je suis sauvage et je pique
Les importuns.

Moi je m'appelle Marguerite,
L'étoile blanche des prés verts ;
Je suis frileuse, et je n'habite
Que les endroits d'herbe couverts.
Je vis bien peu, pauvre fleurette,
Car de mon sort indifférent
L'homme effeuille ma collerette
Dès qu'il me prend.

Fleur d'oranger, fleur d'innocence,
Touffe neigeuse et fruit doré,
De moi, dans sa toute-puissance,
Dieu fit un symbole sacré.
Aussi de mes rameaux sans tache,
Sur mon front pur, tout en tremblant,
La jeune fiancée attache
Son voile blanc.

1. Chant extrait du *Livre de Musique*, par Claude Augé. — Librairie Larousse.

126. — Mariage.

Le mariage à la mairie a lieu ordinairement la veille du mariage à l'église ou le matin même. Généralement, les parents seuls et les quatre témoins des futurs y assistent : chacun s'y rend séparément, de son côté.

La cérémonie religieuse a lieu à la paroisse de l'épouse. Le jeune homme vient avec sa famille et apporte un bouquet blanc. La mariée monte dans la première voiture et se place au fond à droite ; sa mère est à côté d'elle, son père et son plus proche parent se placent vis-à-vis. Le marié occupe la seconde voiture avec ses parents, il laisse le côté droit à sa mère.

Arrivés à l'église, le père de la mariée offre la main à sa fille pour la conduire à l'autel, le marié donne le bras à sa mère, le père du marié à la mère de la mariée, le garçon d'honneur à la demoiselle d'honneur.

A l'autel, le marié se place à la droite de la mariée ; les parents et invités de la mariée se placent de son côté, à gauche de l'autel, et ceux du marié à droite.

La sœur de la mariée ou, à son défaut, une amie intime, est désignée pour sa demoiselle d'honneur, et le frère ou un ami du marié pour son garçon d'honneur.

Le matin du mariage, le garçon d'honneur va chercher la demoiselle d'honneur et lui porte un bouquet blanc. Celle-ci, accompagnée de sa mère, monte en voiture avec le jeune homme et se rend à la maison de la mariée.

La messe finie, on se dirige vers la sacristie dans l'ordre suivant : le père du marié donne le bras à la mariée, le jeune époux à sa belle-mère, le mari de celle-ci à la mère du marié. Après avoir signé sur le registre, les époux reçoivent les félicitations des invités, et la mariée embrasse tous ses parents et ses amis.

En sortant de la sacristie, le marié donne le bras à sa femme, le père du marié à la mère de la mariée, etc. ; les jeunes époux montent dans la même voiture et sont accompagnés des parents du marié.

A table, la mariée est placée entre son père et celui du marié, l'époux lui fait face entre la mère de la mariée et la sienne. S'il y a bal, c'est la mariée qui doit l'ouvrir avec le marié.

Les lettres de faire part invitant à une messe de mariage sont envoyées doubles, l'une au nom des parents du marié, l'autre au nom des parents de la mariée.

Les nouveaux mariés doivent une visite dans le mois à leurs parents et à leurs amis. Dans aucun cas, on ne doit rendre visite à de jeunes mariés sans qu'ils soient venus eux-mêmes les premiers ; la visite se rend dans la huitaine qui suit celle des mariés.

Les personnes qui ont assisté aux repas de la noce offrent un cadeau aux jeunes époux et les reçoivent un jour à dîner.

Sujet de rédaction. — Résumez le cérémonial usité pour les mariages.

127. — Décès. — Funérailles.

Lorsqu'on a le malheur de perdre quelqu'un de sa famille, on annonce aussitôt la douloureuse nouvelle à ses parents et à ses amis intimes. On écrit soi-même, ou l'on fait écrire quelques mots. Les lettres d'invitation aux funé-

railles doivent être envoyées la veille, et les lettres de faire part, destinées aux personnes éloignées, dans la quinzaine qui suit la mort.

Les personnes qui assistent à un enterrement doivent être vêtues de noir, autant que possible, ou au moins de couleurs sombres. On entend souvent dire : « Je ne puis aller à cet enterrement, je n'ai pas de toilette de deuil. » C'est une mauvaise raison, car il est facile de s'en procurer une. On ne peut se dispenser, sans raisons sérieuses, d'assister à une cérémonie funèbre à laquelle on est invité par lettre spéciale. Rappelons-nous que toute marque de sympathie donnée à celui qui est dans l'affliction lui est doublement précieuse.

A l'heure indiquée on se rend à la maison mortuaire ; si le défunt est un parent, un ami ou un supérieur immédiat, on doit l'accompagner jusqu'au cimetière ; s'il s'agit d'une simple connaissance, on peut quitter le convoi au sortir de l'église.

Un assez grand nombre de femmes assistent simplement à la cérémonie religieuse ; mais, quand on tient à donner des marques particulières de sympathie à la famille du défunt, hommes et femmes l'accompagnent au cimetière. Les plus proches parents masculins tiennent la tête du cortège, puis viennent les amis et les connaissances. La funèbre cérémonie terminée, les hommes, parents du défunt, se placent à la porte du cimetière, la tête découverte, et s'inclinent devant les personnes qui passent.

Ordinairement, une épouse ou une mère n'assiste pas aux funérailles de celui qu'elle a perdu, à moins pourtant qu'elle ne se sente le cœur assez fort et assez ferme pour donner au cher défunt ce suprême et dernier témoignage de son affection. On a vu plusieurs fois de pauvres mères fendre la foule des hommes qui les séparaient de leur enfant et vouloir marcher les premières près du cercueil. Dans ces circonstances, les usages sont mis de côté et personne ne peut y trouver à redire.

A la mort d'une jeune personne, ses amies et ses compagnes, vêtues de blanc, figurent au premier rang du funèbre cortège ; elles accompagnent le corps jusqu'au cimetière, et quatre d'entre elles portent les cordons du drap mortuaire.

Dans quelques grandes villes, on se rend quelquefois au cimetière dans des voitures de deuil ; le clergé monte d'abord, puis les proches parents, et s'il y a des places libres, les amis et les invités.

Les voitures de deuil reconduisent les personnes qui y ont pris place à leur domicile.

Lorsqu'on rencontre un convoi, il n'est jamais permis de traverser le cortège ; les femmes s'inclinent devant le cercueil et les hommes saluent avec respect. Si l'on passe devant la porte où un mort est exposé, il est convenable de s'arrêter un instant pour faire une courte prière ou au moins pour jeter de l'eau bénite sur le cercueil.

Est-il besoin de dire que toute personne qui assiste à un enterrement doit avoir un maintien grave et recueilli ? Il serait de la dernière inconvenance de parler avec ses voisins, de tourner la tête à droite et à gauche, et de prendre un air indifférent ou jovial.

Lorsqu'on est lié avec une personne proche parente du défunt, il faut lui faire au plus tôt une visite de condoléance et laisser sa carte si elle ne reçoit pas. On doit se présenter dans une toilette sévère et qui contraste le moins possible avec les vêtements que porte celui ou celle que l'on vient consoler.

Les personnes qui reçoivent des lettres de faire part envoient immédiatement leur carte par la poste; elles écrivent une lettre si elles sont intimes, ou bien elles tracent quelques mots sur leur carte. Exemples :

Madame S. envoie à Madame L. l'expression de sa douloureuse sympathie.

Ou :

Madame L. adresse à Madame S. ses compliments de condoléance.

Ou encore :

Madame L. prend la part la plus vive à la douleur de Madame S. (ou : au malheur qui vient de frapper Madame S.) et lui envoie l'expression de son affectueuse sympathie.

Les termes varient suivant le degré d'intimité et la différence des positions.

Une jeune femme devenue veuve réside le temps de son grand deuil, ou au moins quelques mois, dans la famille de son mari.

La première sortie après un grand deuil doit être au cimetière où repose le défunt.

Dans le mois qui suit la mort, on est tenu d'envoyer des cartes à toutes les personnes qui en ont déposé chez vous : on répond à ceux qui vous ont écrit, et les premières six semaines écoulées, on peut rendre les visites de condoléance.

Sujet de rédaction. — Que doit-on faire lorsqu'on a eu le malheur de perdre un membre de sa famille et aussi lorsqu'on apprend la mort de quelqu'un que l'on connaît? Que peut-on écrire sur les cartes de condoléance que l'on envoie?

128. — Le Deuil.

C'est la peine imposée à ceux qui longtemps vivent
De voir sans cesse, ainsi que les mois qui se suivent,
Les deuils se succéder de saison en saison,
Et les vêtements noirs entrer dans la maison.

V. HUGO.

Le mot *deuil* signifie douleur. Dieu veuille, enfants, vous préserver longtemps de la perte de ceux qui vous sont chers et que vous aimez de toute la force de votre âme. Lorsque la mort entre dans une famille, tout en nous, à l'intérieur comme à l'extérieur, doit révéler nos regrets, nos chagrins, la perte que nous avons faite. La figure reflète les sentiments du cœur, et quand le cœur est triste, le visage doit porter l'empreinte de cette tristesse. Il est convenable qu'il en soit ainsi, c'est un hommage rendu au défunt.

Pendant le temps d'un grand deuil, il faut s'abstenir d'aller dans les réunions nombreuses, les lieux publics, et éviter les occasions de dissipation et de divertissement bruyant. C'est une privation qui ne doit pas coûter si l'on reporte sa pensée sur ceux qui ne sont plus, qui nous aimaient et que nous aimions. Seules, les réunions de famille en petit comité sont permises. Avant de quitter le deuil, on rend les visites de condoléance que l'on a reçues.

Le deuil que l'on appelle extérieur, celui des habits, varie, comme durée, suivant les usages du pays qu'on habite; il faut s'y conformer strictement et ne pas l'abréger, mais on peut le prolonger indéfiniment. On appelle grand deuil la première moitié du deuil, l'autre moitié est de demi-deuil.

Le grand deuil n'admet, pour les femmes, que des vêtements de laine noire, cachemire ou mérinos, châle long et carré, chapeau en crêpe, voile très long en crêpe à large ourlet, bonnet à barbes en crêpe, col et fichu de crêpe, gants de soie, filoselle ou castor, bijoux de jais ou en acier bronzé. Les cheveux doivent être lisses, non bouclés ni ondulés.

Le demi-deuil est un peu moins sévère, on peut à la fin porter de la soie noire. Le petit deuil, pour des cousins, se porte en étoffe où se mêlent le blanc et le noir, ou le gris et le noir.

Les femmes de la campagne qui n'ont pas de chapeau pour coiffure portent le deuil avec des bonnets de mousseline très fine, très claire et tout unie.

Des hommes en deuil portent toujours le crêpe au chapeau, tous leurs vêtements doivent être noirs; la cravate blanche est aussi de deuil.

Durée des deuils. — Deuil de veuve, deux ans. Un an de grand deuil, six mois de deuil ordinaire, six mois de demi-deuil. A Paris, les veuves ne le portent souvent qu'un an et six semaines.

Deuil de veuf, un an. Six mois de grand deuil, six mois de demi-deuil.

Pour les père et mère, un an. Six mois de grand deuil, six mois de demi-deuil. Souvent les enfants prolongent leur deuil deux ans.

Pour les grand-père et grand'mère, six mois. Trois mois de grand deuil, trois mois de demi-deuil. Dans plusieurs provinces, le deuil d'un grand-père et d'une grand'mère se porte un an.

Frère et sœur, six mois.

Pour les oncle et tante, trois mois.

Cousins germains, six semaines.

Pour un tuteur ou un parrain, trois mois ou au moins six semaines.

Le deuil pour un parent ou pour une personne dont on hérite se porte six mois.

Les deuils d'ascendants à descendants ne sont pas obligatoires ; mais une innovation qui paraît se répandre dans les familles est le deuil qu'on porte de ses enfants. Dans ces douloureuses circonstances, il est bon de suivre l'impulsion de son cœur.

On quitte le deuil le jour de son mariage, mais on le reprend le lendemain, et le conjoint le reprend avec vous. Un veuf ou une veuve remariée ne porte plus le deuil des décès qui ont lieu dans la famille du premier époux.

Au-dessous de douze ans, les enfants ne portent le grand deuil que pour père, mère et aïeuls.

On doit toujours porter le deuil d'un parent si la famille vous a fait figurer dans la lettre de faire part.

L'usage exige que les domestiques d'une maison prennent le deuil lorsqu'un des membres de la famille vient à mourir.

Sujet de rédaction. — Dites comment se porte le deuil suivant le degré de parenté des personnes défuntes, et parlez aussi de la durée des deuils.

129. — Question d'enfant.

— Père, qui passe le plus vite :
Est-ce le fleuve ? est-ce le vent ?
Est-ce l'étoile qui gravite
Et s'enflamme en sillon mourant ?

Est-ce la nue ou la fumée ?
L'hirondelle glissant dans l'air ?
La fusée en gerbe allumée ?
Est-ce la foudre ? est-ce l'éclair ?

Le sable arraché de la grève ?
La frêle bulle de savon ?
Le fil de la vierge ? le rêve ?
La feuille morte ? le ballon ?

Mon fils, que l'avenir t'évite
Ce savoir doux et douloureux.
Non, ce qui passe le plus vite,
Enfant, ce sont les jours heureux !

Vte DE G.

130. — Une Collection de menus usages.

La politesse est le charme des relations sociales.

Nous complétons ici les notions sur le savoir-vivre qui n'ont pu trouver place dans les autres chapitres.

Il faut bien se garder, dans une réunion, de parler malades à un médecin, finances à un banquier, procès à un avocat, négoces à un marchand, politique à un homme d'État. Toutes ces personnes ont l'envie de se distraire de leurs occupations ordinaires et il ne peut que leur être désagréable de s'en entretenir encore en société.

Quand on marche deux, la droite est la place d'honneur; si l'on est trois, c'est le milieu. Quand, dans une rue, on marche à côté de quelqu'un à qui on doit le respect, il faut lui céder le haut du pavé et régler son pas sur le sien.

Il n'est jamais permis de manger dans une promenade fréquentée, de montrer qui que ce soit du doigt et de se retourner pour regarder les personnes qu'on a rencontrées.

Il ne faut donner sa photographie qu'aux personnes qui la demandent expressément. Inutile d'ajouter qu'une femme ou une jeune fille ne la donnent pas à des hommes, à moins qu'ils ne soient leurs parents.

Lorsque, dans l'intimité, une jeune fille est priée de faire de la musique, de chanter, de lire des vers, elle doit accepter simplement; il y a mauvaise grâce à n'accepter qu'après une longue résistance.

On ne fait point de présents à un supérieur.

Tirer vanité de sa naissance, de sa fortune, de ses liaisons, c'est orgueil ou bêtise.

Il faut jouer sans passion et rester toujours calme, quel que soit le résultat : savoir perdre sans montrer de mauvaise humeur et gagner sans manifester une joie bruyante.

Une maîtresse de maison qui reçoit doit être habillée simplement, afin de ne pas éclipser, par l'éclat de sa parure, les personnes qui la visitent. Son adresse et son tact consistent à alimenter la conversation, mais à ne jamais s'en emparer.

Il est d'une grande importance de soigner toutes les lettres qu'on écrit et de n'écrire qu'après réflexion. Un simple billet de quatre lignes peut faire juger de l'instruction qu'on a reçue, et quelques mots imprudents, écrits avec étourderie, suffisent à vous compromettre. Les paroles s'envolent, mais les écrits restent.

Il ne faut pas se permettre, sous aucun prétexte, de décacheter une lettre qui ne vous est point adressée, ni d'écrire une lettre anonyme, c'est-à-dire ne portant pas de signature. Un écrit clandestin n'est pas d'un honnête homme.

Une mère doit toujours lire les lettres adressées à sa fille. Si l'on vous remet une lettre devant le monde, ne la décachetez pas, à moins qu'on ne vous demande une réponse pressée; dans ce cas, demandez la permission de lire la missive.

Lorsqu'on reçoit, il faut avoir de grandes attentions pour ses hôtes, veiller à ce qu'il ne leur manque rien et procurer des distractions. Si l'on est reçu chez des amis, on doit se conformer à tous les usages de la maison : être exact aux heures de repas, de promenade commune, de causerie au salon, de coucher, etc.

Il est convenable de ne réclamer que le moins possible des services des domestiques. On doit prendre aussi le plus grand soin des objets et des meubles qui se trouvent dans la chambre qu'on occupe et se servir avec discrétion des flacons placés sur la table à toilette et du sucre mis pour le verre d'eau. Lorsqu'on a un tempérament délicat ou maladif, il est prudent de ne point accepter d'invitation; car, dans ce cas, on devient une gêne. Avant de quitter une maison où l'on a été reçu, on remet aux domestiques une gratification que l'on proportionne à sa fortune.

Toute quêteuse, pour une œuvre de charité et de bienfaisance, doit porter une toilette soignée; c'est de rigueur. Si elle quête avec un cavalier, elle appuie légèrement la main gauche dans la main droite de ce dernier et présente la bourse de la main droite. Le cavalier tient le bouquet de la quêteuse de sa main restée libre.

Une femme soucieuse du bon ton doit toujours être sobre de bijoux d'or. Elle peut porter une montre en voiture, en voyage ou aux bains de mer; mais dès qu'elle n'est plus en toilette de ville, les diamants, les pierres fines ou les perles sont les seuls joyaux dont elle puisse se parer sans déroger au bon goût.

Quelle qu'ait été la condition d'une femme avant son mariage, elle doit être traitée dans le monde selon le rang de son mari. Par son mariage, l'homme élève la femme jusqu'à lui.

131. — La Bienfaisance.

Vivre en soi, ce n'est rien; il faut vivre en autrui.
A qui puis-je être utile, agréable, aujourd'hui?
Voilà chaque matin ce qu'il faudrait se dire;
Et le soir, quand des cieux la clarté se retire,
Heureux à qui son cœur tout bas a répondu :
Ce jour qui va finir, je ne l'ai pas perdu;
Grâce à mes soins, j'ai vu sur une face humaine
La trace d'un plaisir ou l'oubli d'une peine.

ANDRIEUX[1].

1. ANDRIEUX (*Jean-Stanislas*), littérateur français, né à Strasbourg en 1759, mort à Paris en 1833.

132. — L'Hygiène.

On appelle *hygiène* la science qui nous apprend à conserver la santé, à diminuer le nombre et la gravité des maladies et à augmenter, dans la mesure du possible, la somme de jours que la Providence a départie à chacun de nous.

La santé est la richesse de ceux qui n'en ont pas d'autre ; c'est un des biens les plus précieux. Sans elle la vie n'a aucun charme ; aussi ne devons-nous rien négliger pour l'entretenir.

La plupart des maladies qui nous frappent tiennent à l'abus que nous faisons de notre santé et à l'influence des milieux dans lesquels nous vivons ; il est donc indispensable de connaître ce qui peut convenir ou nuire à notre corps.

« Il est plus facile d'empêcher cent personnes de tomber malades que d'en guérir une seule quand elle l'est devenue, disait dernièrement le docteur Jules Rochard[1].

« La vérité est effectivement que l'hygiène a cet avantage sur la thérapeutique, qu'elle agit avec une sûreté beaucoup plus grande. Elle possède une sorte d'infaillibilité qui frappe les yeux des plus sceptiques. La médecine a ses détracteurs et ses incrédules, l'hygiène n'en connaît pas. On n'écoute pas toujours ses avis, hélas ! mais on n'en conteste jamais l'utilité.

« L'hygiène est cependant une science qui date d'hier.

« Il a fallu des siècles et des efforts inouïs pour faire comprendre à l'humanité ce qu'elle peut pour se garantir contre les innombrables fléaux qui l'assiègent de toutes parts, et que, jusque dans ces derniers temps, elle regardait comme autant de fatalités inéluctables.

« Il a fallu que M. Pasteur[2] vînt semer les germes puis-

1. ROCHARD (*Jules*), médecin français, né à Saint-Brieuc en 1819.
2. PASTEUR (*Louis*), chimiste français, né à Dôle en 1822.

sants de ses doctrines et de sa méthode sur le terrain déblayé par les progrès de la physique et de la chimie, et si profondément remué par la physiologie, pour fonder enfin l'hygiène contemporaine. »

Pour comprendre ce qui peut déranger cet instrument si délicat qu'on appelle une montre, ne faut-il pas avoir à l'avance étudié toutes les pièces, tous les rouages qui le composent ? Ne faut-il pas être familier avec leurs fonctions, avec leurs usages, pour prétendre régler la marche ou réparer les erreurs de cet organisme ?

Eh bien, le corps humain est encore mille et mille fois plus compliqué que cette savante machine, et il faut apprendre non point à le réparer — c'est l'affaire du médecin — mais à le conduire, mais à le régler, à le diriger dans la voie de la santé, et c'est là le rôle de l'hygiène, de cette science qui prévoit et prévient, et que toutes les femmes devraient parfaitement connaître.

La femme, en effet, par les bonnes habitudes qu'elle fait prendre, par les sages conseils qu'elle donne, par la nourriture qu'elle prépare, a une grande influence sur la santé de tous ceux qui l'entourent. C'est à elle qu'il appartient de mettre les membres de sa famille en garde contre un grand nombre de maladies qu'on peut éviter.

Sujet de rédaction. — Dites en quoi consiste l'hygiène et démontrez son utilité.

133. — Des Bains.

On ne saurait trop recommander les bains comme moyen de propreté et de santé; mais il faut y recourir en observant certaines règles indispensables; car les bains pris sans prudence peuvent avoir les plus graves conséquences. On peut en distinguer quatre espèces : les bains froids, de 15 à 25 degrés; les bains frais, de 25 à 30; les bains tièdes, de 30 à 35, et les bains chauds, de 35 à 40. C'est l'affaire du médecin de régler la température du bain chaud et sa durée exacte.

Le travail de la digestion doit être complètement terminé quand on prend un bain, c'est-à-dire qu'il doit y avoir au moins trois heures d'écoulées depuis le dernier repas. Sans cette précaution, de violentes indigestions, des syncopes et des congestions cérébrales, souvent mortelles, se manifestent.

Le bain tiède est celui qu'on prend généralement par propreté. Il faut qu'en y entrant on ne soit pas trop impressionné d'une sensation de chaud ou de froid. Les personnes sanguines peuvent, pendant qu'elles sont dans le bain, s'appliquer de temps à autre une compresse d'eau froide sur le front; et au sortir du bain, aussitôt qu'elles se sont essuyées avec du linge chaud, elles doivent tremper leurs pieds dans l'eau très chaude jusqu'à ce que le sang s'y précipite, ce qui ne tarde pas à arriver. On doit toujours, autant que possible, se coucher après le bain, ne fût-ce qu'une demi-heure, afin de sécher plus complètement le corps et de le rendre moins impressionnable aux agents extérieurs.

Il est très dangereux de prendre un bain lorsqu'on a chaud, lorsque le corps est couvert de sueur. La sensation qu'on éprouve au contact de l'eau fait instantanément refouler le sang à l'intérieur, une réaction énergique se produit, se prolonge, et presque toujours une fluxion de poitrine se déclare quelques heures après.

Un bain tiède ne doit durer qu'une demi-heure au plus; un bain froid, huit ou dix minutes, et encore faut-il, pendant ce temps, se remuer, nager, exécuter des mouvements quelconques. Quand le frisson vous prend dans l'eau, c'est le signe qu'on y est resté trop longtemps.

Sujet de rédaction. — Dites dans quelles conditions on peut prendre des bains chauds ou froids, pour qu'ils soient salutaires à la santé.

134. — Anecdotes.

Mme de Staël était brouillée avec le vicomte de Choiseul[1] pour de malignes épigrammes que celui-ci avait débitées.

Un jour, la dame et le comte se trouvent dans la même société ; la politesse leur faisait un devoir de se parler. Mme de Staël commença : — Il y a longtemps qu'on ne vous a vu, monsieur de Choiseul. — Ah ! madame l'ambassadrice, j'ai été malade. — Gravement, monsieur? — J'ai failli m'empoisonner. — Hélas ! peut-être que vous vous serez mordu la langue. Ce mot terrible tomba comme un coup de foudre sur le vicomte, connu pour ses médisances et sa méchanceté. La leçon était sévère, mais il la méritait et n'osa répliquer un mot.

Le docteur Du Moulin, célèbre médecin du XVIIIe siècle, étant à l'agonie, dit à plusieurs confrères qui déploraient sa perte : — Messieurs, je laisse après moi trois grands médecins... Croyant qu'ils allaient être nommés, nos médecins écoutaient, suspendus aux lèvres du mourant, qui murmura : — L'EAU, L'EXERCICE, LA DIÈTE.

C'est peut-être cette anecdote qui a donné naissance au dicton très connu :

> Gaîté, doux exercice et modeste repas,
> Voilà trois médecins qui ne se trompent pas.

1. CHOISEUL (vicomte DE), petit-neveu du célèbre duc de Choiseul.

135. — Les Maladies dues à l'imprudence.

Il est certaines maladies qui nous assiègent sans que nous puissions rien faire pour les conjurer; telles sont les maladies épidémiques : le choléra, la fièvre typhoïde, le typhus, la petite vérole, etc. Mais il en est une quantité d'autres que nous nous attirons par nos imprudences, notre manque de soins et de précautions. Oui, il est vrai de dire que les deux grandes plaies de l'humanité, la pauvreté et la maladie, pourraient être souvent conjurées, si, d'une part, nous avions l'ordre et l'économie nécessaires, et d'autre part, si nous respections les lois de l'hygiène, si nous ne traitions pas notre corps en ennemi et ne lui demandions pas des choses impossibles, déraisonnables. Nous allons citer plusieurs faits dont nous avons été témoin et qui prouvent la vérité de notre assertion.

Au mois de juillet dernier, un commerçant se rendait au chemin de fer. Craignant d'être en retard, il pressa le pas, et il arriva à la gare en grande transpiration. Voyant qu'il lui restait quelques minutes avant le départ, il entra dans un café voisin et se fit servir une glace. Le malheureux n'eut pas la peine d'aller prendre son billet : pris d'un malaise subit, il demanda qu'on le fit conduire chez lui en voiture, et trois jours après il n'existait plus.

Un jour, au temps de la moisson, on trouvait des fermiers dans un grand émoi : sur douze moissonneurs, quatre étaient très gravement malades. Ils avaient bu la veille une quantité énorme d'eau froide pendant leur travail, et ils payaient cher leur imprudence. L'un d'eux avait tous les symptômes du choléra.

Les boissons froides et glacées sont funestes quand le corps est en sueur ; elles peuvent occasionner des congestions pulmonaires, des crachements de sang, des crampes d'estomac, la péritonite aiguë et quelquefois une véritable attaque de choléra.

Pour éviter les accidents de ce genre, il faut ajouter à l'eau quelques substances étrangères : un peu de vin, de sucre, quelques gouttes de café noir, d'eau-de-vie ou même de vinaigre. On peut faire aussi précéder la boisson froide d'un aliment solide, fût-il en très petite quantité, tel que pain, biscuit, chocolat, etc.

Il est très sage encore de boire à petites gorgées et de conserver le plus longtemps possible le liquide dans la bouche avant de l'introduire dans l'estomac.

Dans les bals et les réunions il est préférable, lorsqu'on a chaud, de faire usage de thé léger, de punch ou d'une boisson chaude quelconque. Prises immédiatement après un liquide glacé, ces boissons en contrebalancent souvent les fâcheux effets.

Pendant une belle journée d'été, un jeune homme s'était échauffé à un travail assez pénible ; il eut la pensée, pour se rafraîchir, d'aller à la cave ; il y resta deux heures et s'y endormit. Quand il se réveilla, ses dents claquaient et sa pâleur était affreuse. Dix-huit mois plus tard, il mourait d'une phtisie pulmonaire, suite du long et complet refroidissement qu'il avait subi dans la cave.

Lorsqu'on est en transpiration, il est excessivement dangereux de se découvrir, de s'exposer à des courants d'air et de tremper ses mains dans l'eau froide. Il est bon alors de changer de linge ou au moins de marcher, de se donner du mouvement, de manière à éviter un refroidissement brusque qui pourrait déterminer une bronchite, une pleurésie, une fluxion de poitrine et même, dans certains cas, une phtisie pulmonaire.

Une douloureuse nouvelle se répandit il y a peu de jours. Un joli petit garçon de huit ans était mort empoisonné. Sa malheureuse mère avait fait cuire de la viande dans une casserole de cuivre et l'avait laissée refroidir dans ce vase avant de la retirer. Les personnes qui en mangèrent le soir furent très malades et le plus jeune enfant mourut.

Le cuivre à l'état métallique et non oxydé n'est pas un métal malfaisant ; mais aussitôt qu'il est combiné à l'oxygène ou à un acide, qui en fait un sel soluble appelé *vert-de-gris*, il devient un poison mortel. On voit tous les jours des confiseurs, des cuisinières faire cuire dans de grands vases de cuivre des fruits, des viandes et des légumes sans que ces substances y acquièrent une qualité nuisible ; et pourquoi ? C'est parce qu'on retire ces fruits, ces viandes et ces légumes bouillants. Si on les y laissait refroidir, ils seraient empoisonnés. De là l'habitude que l'on doit prendre de ne jamais laisser rien refroidir dans un vase de cuivre, ni boire de l'eau qui y a séjourné. Il est d'ailleurs prudent de faire étamer les vases de cuivre, c'est-à-dire de revêtir leur surface intérieure d'une couche mince d'étain allié à une certaine quantité de plomb, deux métaux qui ne peuvent pas devenir vénéneux en se refroidissant. La durée de l'étamage est variable ; aussi faut-il surveiller les casseroles de cuivre avec soin pour les faire étamer de nouveau lorsque l'étain disparaît.

Le petit Louis, un jour d'orage, pour montrer qu'il n'avait pas peur, regarda longtemps les éclairs qui sillonnaient la nue ; à commencer de ce jour, sa vue fut très mauvaise.

Les enfants doivent éviter de regarder fixement le soleil ou les éclairs, sous peine d'affaiblissement de la vue, quelquefois même de cécité.

136. — Les Maladies dues à l'imprudence (*suite*).

Par une chaude journée d'automne, Claire était allée à la campagne voir une de ses amies de pension ; elle n'avait que des vêtements d'été fort légers. Le soir, au moment du retour, une humidité froide se répandit dans l'atmosphère; Claire eut froid, et lorsqu'elle rentra chez elle, elle était toute tremblante. Elle se mit au lit et fut un mois gravement malade des suites d'une bronchite.

Il est bon d'adapter ses vêtements à la température de la saison dans laquelle on se trouve, mais ce changement doit se faire par transition et non brusquement.

Nous venons de parler de l'humidité accidentelle; ajoutons que l'humidité froide peut déterminer, suivant les circonstances, des angines, des laryngites, des bronchites, des pleurésies et aussi des affections rhumatismales.

L'habitation constante dans des chambres humides, basses, où l'air ne peut se renouveler facilement, favorise le développement des scrofules et des tubercules.

Marie a une fausse idée sur ce qui constitue la beauté de la taille : elle est grande, forte, et elle voudrait avoir une taille microscopique, une *taille de guêpe!* Aussi, pour arriver à ce résultat elle se serre énormément et a un corset beaucoup trop étroit ; qu'arrive-t-il ? Ses digestions sont souvent mauvaises, elle se plaint de maux de tête, d'oppression, et le médecin craint une maladie organique du poumon.

Les corsets ne doivent pas comprimer les côtes, le creux de l'estomac et empêcher le développement de la poitrine. Quand ils sont trop étroits, ils s'opposent au libre jeu des poumons et du cœur et prédisposent aux maladies chroniques[1] de ces deux organes.

Quand Rose va dans un jardin, elle cherche avant tout des fruits verts et, si elle en rencontre, elle se jette dessus en vraie gloutonne. Elle vient d'échapper à une cholérine qui n'avait pas d'autre cause : car l'usage des fruits verts, abricots, pommes, prunes, etc., est la source de maux d'estomac intenses, de diarrhées et de cholérines.

Une excellente mère de famille a failli causer la mort de ses enfants par suite de deux imprudences :

Une première fois, elle avait fermé la clef du tuyau d'un poêle placé dans la chambre à coucher et qui contenait encore de la braise éteinte. L'acide carbonique, ne trouvant plus d'issue par le tuyau, se répandit dans la chambre et allait asphyxier les deux plus jeunes enfants, qui y étaient couchés, quand la mère, éprouvant elle-même un grand malaise, donna de l'air à l'appartement et conjura ainsi le péril.

Un autre jour, elle avait mis dans la chambre où couchait sa fille aînée un grand vase rempli de braise enflammée, sous prétexte d'échauffer la pièce ; la jeune fille fut très souffrante toute la nuit et ne dut la vie qu'à un carreau cassé à la fenêtre, lequel permit à l'air de se renouveler un peu.

Un feu de braise dans une chambre à coucher peut causer la mort, parce que le carbone de la braise ardente, se combinant avec l'oxygène de l'air, le convertit en acide carbonique.

La braise est perfide, elle asphyxie sans qu'on s'en aperçoive. Quant au charbon, tout le monde en connaît les dangers, et il est très important, pour les cuisinières et les ouvrières, de ne point en allumer dans une pièce sans donner de l'air et sans prendre toutes les précautions possibles pour le renouveler souvent.

---

1. *Maladies chroniques*, celles qui se prolongent et poursuivent lentement leur période.

Respirer, c'est se nourrir, a dit un docteur, et l'air est le pain de la respiration ; seulement ce pain-là se respire au lieu de se manger. Et puis, à la différence du pain, que nous ne mangeons que deux ou trois fois par jour, l'air doit venir nourrir notre sang sans aucune interruption. L'air vient-il à manquer, la vie ne tarde pas à s'éteindre, faute d'aliment. L'air est-il vicié par les émanations malfaisantes, le sang s'appauvrit et s'altère peu à peu, en dépit de l'alimentation la mieux choisie. Au contraire, l'air pur et vif des campagnes entretient en santé l'homme des champs, bien que sa nourriture soit grossière.

Quelquefois, par leur propre incurie, les habitants des campagnes ne jouissent pas d'un air pur. Les eaux stagnantes, la mauvaise tenue des étables, le fumier obstruant jusqu'à l'entrée des maisons, une aération insuffisante des appartements sont des causes de bien des maladies qui disparaîtront par l'observation des règles les plus élémentaires de l'hygiène et les habitudes de propreté.

Une des causes qui altèrent l'air que l'on respire est le mode de chauffage.

Les cheminées sont préférables aux poêles. Le poêle, nous l'avons déjà dit, répand plus de chaleur, il en répand même trop ; car si d'une pièce fortement chauffée par un poêle on passe à l'air froid, on s'expose à s'enrhumer. Les poêles dégagent, en outre, des odeurs métalliques, des vapeurs malsaines provenant de la tôle ou de la fonte qui entrent dans leur construction, ainsi que du noir et du vernis dont on les recouvre.

Et, pour terminer convenablement cet entretien sur la nécessité d'un air pur et salubre, disons aux personnes qui peuvent choisir leur habitation : Faites choix d'un logement à l'abri des émanations des marais et des rivières, et de celles des usines et exploitations insalubres. N'habitez ni le rez-de-chaussée, à cause de son humidité, ni l'entre-sol, à cause de son peu d'élévation ; mais des pièces où entre le soleil, et à plafond élevé.

137. — Les Maladies dues à l'imprudence (*fin*).

La petite Joséphine, un jeudi de congé, avait tant joué, tant sauté à la corde, que, n'en pouvant plus, elle s'assit sur un banc du jardin, qui se trouvait être en plein soleil, et s'y endormit. Elle resta au moins une heure dans cette position. Quand elle se réveilla, elle eut beaucoup de peine à regagner la maison; elle fut gravement malade de ce *coup de soleil*, qui lui occasionna une congestion.

Pendant un voyage en chemin de fer, Laure se tint la tête constamment à la portière ouverte du compartiment où elle se trouvait. Le lendemain, elle se plaignit d'un violent mal de dents et d'une douleur intolérable d'oreilles. Est-ce étonnant? C'est ce qui arrive souvent aussi quand, par les plus grands froids, on porte des chapeaux qui couvrent à peine le dessus de la tête.

Pauline avait, un jour d'hiver et de pluie, des chaussures très minces et très délicates; elle resta plusieurs heures les pieds mouillés et froids, et eut, à la suite, un violent mal de gorge qu'elle aurait évité si elle avait eu des caoutchoucs ou des chaussures qui maintiennent les pieds chauds et secs. Les chaussures perméables à l'humidité peuvent déterminer, chez les femmes, des coryzas, des bronchites et des angines.

Julienne recherche les acides, elle mêle les cornichons

à presque tous ses mets, et fait ses délices d'une salade très vinaigrée; mais, conséquence nécessaire, elle se plaint constamment de maux d'estomac, ses digestions deviennent de plus en plus difficiles, elle perd ses couleurs et maigrit à vue d'œil.

Mme Leroy se plaint souvent de douleurs vives aux doigts de pied ; ces souffrances sont le résultat de sa coquetterie au jeune âge : elle voulait alors avoir le pied fin et étroit, mais les cors, les oignons et les durillons qui *ornent* ses pieds lui font regretter amèrement aujourd'hui sa sottise.

Les chaussures doivent unir aux conditions de solidité un certain degré de souplesse qui leur permette de se ployer aux diverses courbures du pied, sans toutefois le blesser.

Le père d'Augustine est un fonctionnaire public ; il va dans le monde, reçoit souvent chez lui et donne des fêtes et des bals. Augustine, qui a dix-huit ans, est obligée d'y paraître. Au dernier bal du mois de décembre, elle portait une robe décolletée et avait le cou et les épaules découvertes ; elle eut froid, et, en rentrant dans sa chambre, se sentit fort mal à l'aise. Bientôt une bronchite se déclara, et, pendant une quinzaine de jours, sa vie fut en danger.

Outre qu'elle n'est pas convenable et qu'elle est contraire à la modestie qui sied si bien à une jeune fille, l'habitude de se décolleter est très dangereuse. Les médecins ne craignent pas d'affirmer qu'elle engendre, chez la femme, plus d'angines, de laryngites, de bronchites, de pleurésies et de pneumonies que toutes les autres causes réunies. C'est ici qu'on peut dire avec le poète :

Hélas ! que j'en ai vu mourir de jeunes filles !

Sujet de rédaction. — Nous avons relaté, dans ces trois derniers articles, un assez grand nombre d'imprudences, que l'on commet journellement, et qui peuvent occasionner de graves maladies, même la mort. Énumérez ces diverses imprudences.

138. — La Jeune Fille au bal.

Hélas! que j'en ai vu mourir de jeunes filles!
C'est le destin. Il faut une proie au trépas.
Il faut que l'herbe tombe au tranchant des faucilles;
Il faut que dans le bal les folâtres quadrilles
Foulent les roses sous leurs pas.

Que j'en ai vu mourir! — L'une était rose et blanche,
L'autre semblait ouïr de célestes accords;
L'autre, faible, appuyait d'un bras son front qui penche,
Et, comme en s'envolant l'oiseau courbe la branche,
Son âme avait brisé son corps.

Elle aimait trop le bal. — Quand venait une fête,
Elle y pensait trois jours, trois nuits elle en rêvait,
Et femmes, musiciens, danseurs que rien n'arrête,
Venaient, dans son sommeil, troublant sa jeune tête,
Rire et bruire à son chevet.

Puis c'étaient des bijoux, des colliers, des merveilles!
Des ceintures de moire aux ondoyants reflets;
Des tissus plus légers que des ailes d'abeilles;
Des festons, des rubans, à remplir des corbeilles;
Des fleurs, à payer un palais!

C'était plaisir de voir danser la jeune fille!
Sa basquine agitait ses paillettes d'azur;
Ses grands yeux noirs brillaient sous la noire mantille,
Telle une double étoile au front des nuits scintille
Sous les plis d'un nuage obscur.

Mais, hélas! il fallait, quand l'aube était venue,
Partir, attendre au seuil le manteau de satin,
C'est alors que souvent la danseuse ingénue

Sentit en frissonnant sur son épaule nue
Glisser le souffle du matin.

Quels tristes lendemains laisse le bal folâtre!
Adieu, parure, et danse, et rires enfantins!
Aux chansons succédait la toux opiniâtre,
Au plaisir rose et frais la fièvre au teint bleuâtre,
Aux yeux brillants les yeux éteints.

Elle est morte. — A quinze ans, belle, heureuse, adorée!
Morte au sortir d'un bal qui nous mit tous en deuil,
Morte, hélas! et des bras d'une mère égarée,
La mort aux froides mains la prit toute parée,
Pour l'endormir dans le cercueil.

V. Hugo.

139. — Prophylaxie[1] des maladies contagieuses.

Le Conseil d'hygiène et de salubrité de Paris a publié en 1892 des instructions sur les principales mesures à prendre contre les maladies contagieuses et épidémiques. Nous croyons utile de faire connaître un résumé de ces instructions à nos lectrices; elles en tireront le plus grand profit.

Fièvre typhoïde. Le germe de la fièvre typhoïde se trouve dans les déjections des malades.

La contagion se fait à l'aide de l'eau contaminée par ces déjections ou par tout objet souillé par elles.

En temps d'épidémie de fièvre typhoïde, l'eau potable doit être l'objet d'une attention toute particulière : l'eau récemment bouillie donne une sécurité absolue. Cette eau doit servir à la fabrication du pain et au lavage des légumes.

1. (Du grec : *pro*, avant ; *phulassô*, je garde.) Partie de la médecine qui a pour objet les précautions propres à conserver la santé.

Diphtérie. La diphtérie est une affection éminemment contagieuse. Le germe de la diphtérie est contenu dans les fausses membranes et les crachats. Il se transmet surtout à l'aide des objets souillés par les produits de l'expectoration. Ces objets, quand ils n'ont pas été désinfectés, conservent pendant des années leur pouvoir infectieux.

Variole. La variole est aussi une maladie très contagieuse. La vaccination et la revaccination sont les seuls moyens de prévenir ou d'arrêter les épidémies de variole.

Scarlatine. La scarlatine, autre maladie contagieuse, exige toujours de grands soins. Elle est surtout redoutable par les complications qui peuvent survenir même après la disparition de l'éruption.

Diarrhée cholériforme. — Le germe de la diarrhée cholériforme est contenu dans les déjections des malades (matières fécales et vomissements). Il se transmet surtout par l'eau, les linges et les vêtements. Il ne se transmet pas par l'air. L'eau potable, comme dans la fièvre typhoïde, doit être l'objet d'une attention toute particulière. On ne doit se servir et boire que de l'eau bouillie ou filtrée.

Phtisie. Les crachats étant les agents les plus certains de transmission des maladies des voies respiratoires, il y a danger de les répandre sur le sol, les tapis, les serviettes et les mouchoirs. L'usage des crachoirs est indispensable. Les crachoirs doivent être vidés dans le feu et nettoyés à l'eau bouillante. Jamais ils ne doivent être vidés sur les fumiers, ni dans les jardins ou dans les latrines.

Nota. — Les enfants atteints de maladies transmissibles ne peuvent rentrer en classe qu'après un laps de temps plus ou moins long :

Variole, scarlatine, dipthérie.......	40	jours.
Rougeole, varicelle, oreillons.......	25	—
Coqueluche........................	30	—

140. — Les Attitudes défectueuses du corps, surtout dans les écoles.

Nous trouvons dans une brochure intitulée : *Hygiène et éducation physique de la deuxième enfance*, des conseils qui pourront être utiles à nos lectrices.

Une des grandes terreurs des parents qui voient grandir leurs enfants est la déformation que peut subir leur taille : plus fréquente chez les jeunes filles que chez les jeunes garçons, elle peut être héréditaire ou se développer sous l'action d'attitudes défecteuses, de certains travaux surtout chez les enfants délicats. Elle dépend de déviations de la colonne vertébrale; nous appelons l'attention sur les moyens de les prévenir dans bien des cas.

La position la plus naturelle, pour un enfant, de se tenir debout, sera d'avoir les pieds légèrement écartés l'un en avant de l'autre, et les bras pendants. On évitera de leur faire croiser les bras sur la poitrine, ce qui gêne la respiration. Quand l'enfant lira, on veillera à ce qu'il ait le corps droit, le livre appuyé sur un pupitre légèrement incliné, placé devant lui, évitant de se courber en deux, ou de se coucher appuyé sur ses coudes. Quand l'enfant écrira, on l'habituera à garder le corps droit, sans tenir une épaule plus haute que l'autre. Le papier doit obéir au corps et non le corps au papier; l'élève doit être devant la table à écrire comme devant la table à manger, et éviter de s'incliner exclusivement d'un côté. Il sera important, au commencement surtout, de ne donner que des leçons de courte durée. Nous appliquerons au dessin ce que nous avons dit à l'occasion de la lecture et de l'écriture.

Pour les *couturières*, elles rapprocheront leur ouvrage du corps, et éviteront de rapprocher le corps de l'ouvrage en l'inclinant; assises, elles s'appuieront au dossier de la chaise; l'ouvrage sera retenu sur la table par une masse pesante, ce qui permettra de le tendre facilement.

Les mêmes observations s'adressent aux *brodeuses* pour la tenue du corps; nous ajouterons qu'elles ne doivent se servir que de métiers montés.

Les *repasseuses* sont souvent exposées à des déviations latérales de la taille; pour les prévenir, il faut veiller qu'elles n'aient pas de tables trop hautes et les habituer à repasser également des deux mains.

Trop souvent on fait porter des enfants de quatre ou cinq ans par de jeunes filles de huit à douze ans; une conséquence fréquente pour les *porteuses* est une déviation latérale de la taille, parce qu'elles portent l'enfant sur le même côté : il faudrait leur recommander de passer leur fardeau d'un bras à l'autre, et surtout ne confier cette occupation qu'à des jeunes filles suffisamment formées.

Il n'est pas jusqu'au piano dont l'étude ne puisse nuire au développement de la taille. La plupart du temps les *pianistes enfants* s'asseoient sur un tabouret, les pieds pendants, le corps penché en avant, les bras allongés de manière à faire rentrer la poitrine. Pour conjurer ce danger, il faudra employer un siège à dossier; on fera redresser le corps et on l'appuiera contre ce dossier, de manière que l'on fasse ressortir la poitrine et creuser les reins. Il sera utile de donner un escabeau pour reposer les pieds. Des exercices de gymnastique bien ordonnés seront d'un grand secours pour ces diverses déviations.

Sujet de rédaction. — Quelles précautions doit-on prendre pour conjurer la déformation de la taille chez les enfants?

141. — Anecdotes.

Le prince d'Orange, au désespoir d'avoir été battu dans plusieurs batailles, disait en parlant du maréchal de Luxembourg : — Est-il possible que je ne battrai jamais ce bossu-là ? Luxembourg l'ayant su, répondit : — Comment sait-il que je suis bossu? il ne m'a jamais vu par derrière!

LUXEMBOURG (François-Marie de Montmorency, duc de), maréchal de France, né à Paris en 1628, mort à Versailles en 1695.

Un bossu se promenait dans un jardin public; il entendit deux jeunes gens qui se disaient en le regardant : — Le bel Esope ! — Vous avez raison, messieurs, répliqua-t-il aussitôt, je fais parler les bêtes.

Mariette venait d'être malade; sa maîtresse lui dit : — Ma fille, le médecin m'a dit de vous distraire, je vais vous emmener au cirque. — Oh ! non, madame, je vous remercie, je ne veux pas. — Et pourquoi ? — Il paraît qu'à ce cirque il y a un cheval savant qui s'arrête devant la personne la plus bête de la société.

142. — Pensées de Mme Necker de Saussure[1].

1. On ne peut satisfaire son mauvais caractère qu'aux dépens de son bonheur.

2. Le mérite de la convenance est dans ce qu'on dit et dans ce qu'on ne dit pas.

3. La seule parole d'un honnête homme doit avoir toute l'autorité du serment.

4. Un bienfait est la plus sacrée de toutes les dettes.

5. La familiarité est toujours une maladresse : nos supérieurs nous en savent mauvais gré, et nos inférieurs ont moins de considération pour nous.

---

1. NECKER (Albertine-Adrienne DE SAUSSURE, dame), femme de lettres française, née et morte à Genève (1766-1841).

143. — Les Épidémies et les maladies contagieuses

Si une personne que nous aimons est atteinte d'une maladie contagieuse — qu'elle soit de notre famille ou simplement une amie — nous lui prodiguons les soins les plus affectueux, sans penser même qu'il peut y avoir un danger pour nous, danger du reste qu'il ne faut pas exagérer. Mais, tout en suivant l'élan de notre cœur, nous devons prendre certaines précautions.

Ainsi, il est de la plus haute importance que les déjections des malades (matières fécales et matières vomies) soient immédiatement désinfectées. A cet effet, on verse à chaque fois dans le vase qui les reçoit un demi-litre d'une solution de sulfate de cuivre ou au moins un bon verre. Cette solution renferme 50 grammes de sulfate de cuivre par litre d'eau, soit 25 grammes par demi-litre.

On lavera avec cette même solution les cabinets d'aisance et tout endroit où ces déjections auraient été jetées et répandues. Les cabinets eux-mêmes devront être désinfectés deux fois par jour avec le même liquide.

Les linges souillés seront trempés dans l'eau bouillante de dix à quinze minutes.

Aucun des linges, souillés ou non, ne doit être lavé dans un cours d'eau.

Les ustensiles qui servent au malade : cuillers, tasses, verres, etc., devront être aussi plongés dans l'eau bouillante.

Pendant le cours de la maladie, tous ceux qui soigneront le malade éviteront le plus possible de respirer son haleine et éloigneront de leur visage les linges sales ou les vases qu'ils transporteront.

Toutes les fois qu'ils auront touché le malade ou les linges souillés, ils se laveront les mains avec une solution de sulfate de cuivre faible (à 12 grammes par litre d'eau).

Les médecins, suivant les circonstances, recommandent encore quelques autres désinfectants, tels que : le chlore, le chlorure de chaux, l'acide phénique, le phénol, le chlorure de zinc et l'acide borique.

Les gardes-malades sortiront de temps en temps de la chambre du malade pour respirer un air plus pur, ne serait-ce que quelques minutes. Le matin, ils n'y entreront pas sans avoir pris quelque nourriture, ou au moins sans s'être gargarisés avec de l'eau acidulée. Ils ne mangeront pas dans la chambre du malade et ne boiront pas d'eau qui y a séjourné; ils pourront prendre une ou deux tasses de café noir dans la journée.

Nous engageons les mères, malgré tout ce que cette recommandation a de pénible et de cruel, à ne point embrasser leurs enfants atteints du croup. Nous avons connu deux jeunes femmes qui, n'ayant pu résister à leur élan maternel dans cette circonstance, sont mortes victimes de leur magnanime imprudence, et ont jeté leur famille dans le désespoir.

Dans un temps d'épidémie, il est bon de ne rien changer dans ses habitudes ni dans son régime, s'ils sont bons et convenables; la modération en toutes choses est une des conditions essentielles pour échapper le plus sûrement aux atteintes de la maladie régnante. Les soins de propreté sont les premiers dont on doive s'occuper. Commencez donc par faire disparaître de vos habitations toutes les causes d'insalubrité, tels que les fumiers, les tas d'ordures; balayez et lavez vos cours, vos allées, vos ruisseaux, dans lesquels les immondices, séjournant, deviennent autant de foyers d'infection. Renouvelez l'air de vos chambres, arrosez-les trois fois par jour avec de l'eau acidulée, phéniquée ou chlorurée. Frictionnez-vous le corps matin et soir avec une flanelle imbibée d'eau de Cologne[1],

1. Cologne, capitale de la Prusse rhénane.

d'eau-de-vie ou d'alcool camphré. Matin et soir aussi, lavez-vous les mains avec de l'eau chlorurée.

Dans ces temps terribles où chacun tremble pour sa vie, il ne faut commettre aucun excès et se retremper le moral dans le courage naturel à l'homme et dans la pensée de la Providence. Pour cela, il faut voir la maladie de près et se familiariser en quelque sorte avec elle ; s'occuper par le travail, par la lecture; enfin, remplir son temps de telle manière que l'image de l'épidémie et de la mort ne soit pas à chaque instant présente à l'imagination. On n'ignore pas que la peur est une prédisposition, même physique, à la maladie. On sait qu'elle affaiblit, qu'elle énerve; que, poussée loin, elle donne même lieu à des symptômes morbides, et que, par conséquent, avoir peur, c'est vouloir être malade. On meurt rarement de peur; mais la peur prédispose à des maladies mortelles.

Sujet de rédaction. — Nommez les précautions utiles à prendre lorsqu'on est en présence de maladies contagieuses ou d'épidémies.

144. — La Visite des malades et des pauvres.

La maladie permet à une femme bonne et charitable d'entrer dans les familles pauvres et nécessiteuses qui l'entourent; elle lui donne un accès facile, et par là le moyen de rendre d'immenses services. Les malades ne restent jamais insensibles aux attentions qu'on a pour eux et ils en témoignent aussitôt une vive reconnaissance. Il faut en profiter pour leur venir en aide avec délicatesse. Dans nos bienfaits, mettons-nous à la place de celui qui reçoit, et n'oublions pas qu'il est plus doux de donner que de recevoir. Voici, sur le sujet qui nous occupe, une page délicieuse de notre grand poète Lamartine :

« En rentrant de nos promenades à la campagne, notre mère nous faisait presque toujours passer devant les pauvres maisons des malades ou des indigents du village.

Elle s'approchait de leurs lits; elle leur donnait quelques conseils et quelques remèdes. Elle faisait de la médecine son étude assidue pour l'appliquer aux indigents; elle avait des vrais médecins le génie instinctif, le coup d'œil prompt, la main heureuse. Nous l'aidions dans ses visites quotidiennes. L'un de nous portait la charpie et l'huile aromatique pour les blessés; l'autre, les bandes de linge pour les compresses. Nous apprenions ainsi à n'avoir aucune de ces répugnances qui rendent plus tard l'homme faible devant la maladie, inutile à ceux qui souffrent, timide devant la mort. Elle ne nous écartait pas des plus affreux spectacles de la misère, de la douleur et même de l'agonie. Je l'ai vue souvent debout, assise ou à genoux au chevet des grabats, essuyer de ses mains la sueur froide des pauvres mourants, les retourner sous leurs couvertures, leur réciter les prières du dernier moment, et attendre patiemment des heures entières que leur âme eût passé à Dieu, au son de sa douce voix.

« Elle faisait de nous aussi les ministres de ses aumônes. Nous étions sans cesse occupés, moi surtout comme le plus grand, à porter au loin, dans les maisons isolées de la montagne, tantôt un peu de pain blanc, tantôt une bouteille de vin vieux ou du bouillon fortifiant pour les vieillards épuisés faute de nourriture. Ces petits messages étaient pour nous des plaisirs et des récompenses. Les paysans nous connaissaient à deux ou trois lieues à la ronde; ils ne nous voyaient jamais passer sans nous appeler par nos noms d'enfant qui leur étaient familiers, sans

nous prier d'entrer chez eux, d'y accepter un morceau de pain, de lard ou de fromage. Nous étions pour tout le canton les fils de *la dame*, les envoyés de bonnes nouvelles, les anges de secours pour toutes les misères abandonnées des gens de la campagne. Là où nous entrions entrait une providence, une espérance, un rayon de joie et de charité. Ces douces habitudes d'intimité avec tous les malheureux et d'entrées familières dans toutes les demeures des habitants du pays, avaient fait pour nous une véritable famille de tout ce peuple des champs. Depuis les vieillards jusqu'aux petits enfants, nous connaissions tout ce petit monde par son nom. Le matin, les marches de pierre de la porte d'entrée de notre demeure et le corridor étaient toujours assiégés de malades ou de parents des malades qui venaient chercher des consultations auprès de notre mère. Après nous, c'était à cela qu'elle consacrait ses matinées. Elle était toujours occupée à faire quelques préparations médicinales pour les pauvres, à piler des herbes, à faire des tisanes, à peser des drogues dans de petites balances, souvent même à panser les blessures ou les plaies les plus dégoûtantes. Elle nous employait, nous l'aidions selon nos forces à tout cela. D'autres cherchent l'or dans ces alambics : notre mère n'y cherchait que le soulagement des infirmités des misérables, et plaçait ainsi bien plus haut et bien plus sûrement dans le ciel l'unique trésor qu'elle ait jamais désiré ici-bas, les bénédictions des pauvres et la volonté de Dieu. »

Quand pour l'humanité le jour n'est pas perdu,
Le sommeil est plus doux, la nuit est une fête :
La nuit dépend du jour ; un service rendu
Est un doux oreiller pour reposer sa tête.

Sujet de rédaction. — Racontez les services qu'on peut rendre aux pauvres malades, et le bien qu'on leur fait quand on va les visiter et qu'on leur montre de la sympathie.

145. — La Mère de famille garde-malade.

C'est à la femme qu'incombe, dans les familles, la belle et importante mission du soin des malades. Sa main délicate, son adresse, son cœur compatissant et bon lui donnent accès naturellement près de tous ceux qui souffrent. Son dévouement est à toute épreuve. Debout auprès du lit de son cher patient, elle épie ses moindres paroles, devine ses besoins, va au-devant de ses désirs et passe les nuits sans se plaindre, on dirait sans se fatiguer, tant elle y met de persévérance. L'homme malade voit ses forces s'en aller, ses facultés se troubler ou s'affaiblir, et, sous l'empreinte de la souffrance, son caractère devient susceptible, irritable. Combien il est heureux alors d'avoir près de lui sa femme, qui devient sa garde, et qui, à côté des soins matériels qu'elle lui prodigue, relève son moral abattu, l'encourage et le fortifie !

Ah ! chères enfants, ne reculez jamais devant cette fonction de gardes-malades, puisque toutes les femmes à une époque de leur vie sont appelées à la remplir, soit comme épouses, soit comme mères ou comme filles.

Lorsqu'on donne ses soins à une personne aimée, le cœur suggère vite ce qu'il y a de mieux à faire ; cependant l'art de soigner les malades ne peut s'improviser complètement, il y a un savoir-faire à acquérir.

Une jeune dame disait un jour : « Moi, j'ai le malheur d'être trop sensible, il m'est impossible d'aller visiter une personne dangereusement malade et surtout de voir un mort. » On lui répondit : « C'est vrai, madame, c'est un spectacle douloureux que d'être près d'un mourant ou d'un mort ; mais il est des devoirs avec lesquels on ne doit pas transiger, quoi qu'il en coûte ; il faut aguerrir son cœur contre une sensibilité exagérée, et, dans ces heures pénibles pour le cœur, la raison doit dominer les impressions. Quoi de plus ridicule qu'une personne qui n'ose toucher à une sangsue, qui s'évanouit en assistant à une saignée, qui se plaint de maux de cœur en voyant une plaie ; ce n'est pas là de la sensibilité, c'est de la faiblesse et de l'enfantillage. »

Terminons par quelques conseils pratiques :

La douceur est une qualité essentielle près des malades. Douceur dans le *ton de la voix* et dans les *paroles :* il ne faudrait parler aux malades que comme aux petits enfants délicats, avec une voix posée, calme, peu bruyante et qui ressemblât presque à un sourire. — Douceur dans les *manières :* une main légère qui touche sans appuyer, qui est active sans précipitation, qui va doucement, sans lambinerie, est une des qualités les plus précieuses. — Douceur dans le *caractère :* pour ne pas se fâcher d'une parole un peu vive, d'une injustice, ni de ce que le malade se plaint de vous, ni de ce qu'il préfère les soins d'un autre à vos soins à vous, ni de ce qu'il est trop exigeant.

Une garde bonne et dévouée trouve dans son cœur des

ressources ingénieuses : elle a toujours des faits à raconter, des paroles aimables à dire; elle entre dans la manière de voir du malade, riant quand il sourit, le plaignant quand il se plaint, l'écoutant surtout avec un empressement marqué quand il parle de lui, et cela d'une manière naturelle, paisible, affectueuse, qui a la puissance souvent de faire oublier au malade ses souffrances.

Lorsqu'une personne est sérieusement malade, la porte de sa chambre doit être soigneusement fermée à tous les visiteurs; ils peuvent être reçus dans une pièce à côté. Le moindre bruit, les allées et venues fatiguent le patient. Il faut aussi que les membres de la famille qui l'approchent ne laissent voir ni les craintes qu'ils ont, ni la douleur qu'ils éprouvent ; leur visage doit refléter une sérénité qu'ils n'ont pas au fond du cœur. Les yeux des malades sont très perspicaces, ils cherchent à lire sur votre physionomie ce que vous pensez de leur état. Faites en sorte qu'ils n'entendent jamais, sans une nécessité suprême, un mot qui puisse les faire croire à leur fin prochaine. Ah! laissons à nos chers malades, laissons-leur du moins l'espérance, la plus consolante des vertus et celle qui reste la dernière!

Sujet de rédaction. — Quelles sont les qualités nécessaires à une bonne garde-malade?

146. — La Chambre des malades.

C'est un préjugé de croire que l'air d'une chambre de malade ne doit pas être renouvelé; il faut, au contraire, que l'air soit aussi pur que possible. En couvrant comme il faut la tête du malade, en l'entourant de rideaux, en lui mettant au besoin quelques bouteilles d'eau chaude autour de lui, on peut aérer sa chambre sans le refroidir, et c'est là l'important.

On peut ouvrir la porte de temps à autre et entr'ouvrir

la fenêtre deux ou trois fois le jour, surtout quand le soleil luit. Un malade ne peut respirer librement dans une chambre dont l'air est vicié et dont l'atmosphère est trop chaude. La température doit être toujours égale. — Généralement on couvre trop les malades, et l'on peut dire qu'on les étouffe presque sous les couvertures.

Une cheminée allumée entretient le courant d'air, et le bois, dans ce cas, est préférable au coke. En été, pour entretenir la fraicheur, on peut déposer quelques branchages d'arbres feuillés sans odeur, et qu'on arrose de temps à autre avec de l'eau froide et acidulée.

Le malade doit être tenu très proprement ; on profite, pour faire sa *toilette*, du moment où il n'a pas la fièvre et n'est point en sueur. On peut se servir d'eau tiède dans laquelle on a versé quelques gouttes d'eau de Cologne. Autant que possible, il ne faut pas lui laisser de chemise mouillée par la sueur.

Sujet de rédaction. — Dites toutes les précautions à prendre dans la chambre des malades.

147. — La Convalescence et ses charmes.

Visitant un jour une dame de mes amies qui avait été gravement malade, je la trouvai assise dans son jardin. Je la félicitai du mieux qu'elle éprouvait, tout en la plaignant de la lenteur de son rétablissement ; je l'encourageai à la patience; alors elle me répondit en souriant : — Oh ! ne me plaignez pas, car en ce moment je sens tout le *charme* de la convalescence. — Que voulez-vous dire ? lui demandai-je étonnée, en quoi la convalescence peut-elle avoir du charme ? — On voit bien, me dit-elle, que vous n'avez jamais été aux portes du tombeau : vous ne pouvez comprendre le bonheur de ceux qui reviennent à la vie. Aujourd'hui, tout m'enchante dans la nature, je trouve les arbres plus verts, les fleurs plus belles, le ciel plus bleu! Mon habitation me parait charmante, mon jardin admirable. Et s'il faut parler des joies si douces du cœur, combien cet état dans lequel je suis ne m'en fait-il pas éprouver! N'est-ce rien de voir les figures qui m'entourent si sereines et si rayonnantes, quand, il y a peu de temps, elles étaient si tristes et si préoccupées? C'est à qui me prouvera le mieux son affection; on m'accable de prévenances, on semble me dire : — Demandez tout ce que vous voudrez, ne craignez pas pour nous la fatigue, vous vivez... c'est assez! — Non, celui qui n'a pas eu sa vie en danger ne peut savoir combien il est aimé. Je me rendis à ces raisons, auxquelles je n'avais jamais pensé, et je bénis intérieurement la Providence qui sait toujours nous offrir des compensations et nous fait souvent retirer le plaisir de la peine.

La convalescence est un état intermédiaire entre la maladie et la santé. Ce n'est plus la maladie, mais ce n'est pas encore la santé. L'hygiène exerce une influence puissante sur la convalescence, et c'est un des états où cette science montre le mieux son pouvoir. Voici les principes qu'on ne doit pas perdre de vue en pareil cas :

Le convalescent doit être soustrait avec le plus grand soin aux variations de température, à l'action de l'air froid et humide.

L'emploi de vêtements chauds, plus chauds même que ne le comporte la saison dans laquelle on se trouve, est chose indispensable : le froid est le plus grand ennemi des convalescents.

Le régime alimentaire sera surveillé avec le plus grand soin. Il consiste dans ces précautions :

Proportionner la nourriture non à la faim des convalescents, mais à la faculté digestive de l'estomac.

Manger peu et souvent. Une indigestion, au milieu de la convalescence, peut amener une rechute; et le plus souvent, une rechute dans ces conditions est mortelle.

Soumettre longtemps les aliments à la mastication, choisir ceux qui sont le plus en rapport avec la tolérance gastrique. Ainsi, la viande devra être plutôt rôtie que bouillie ; le pain, de la veille plutôt que du jour ; les fruits, en général, plutôt cuits que crus.

Les sueurs trop copieuses seront diminuées ; l'usage d'un peu de quinquina conduit parfaitement à ce résultat.

Les premières promenades doivent être prudemment dirigées et faites en voiture, s'il se peut. On prendra de grandes précautions, afin de mettre le convalescent à l'abri des influences atmosphériques.

Enfin il faut empêcher qu'aucune émotion vive ne vienne frapper le moral du malade. On lui interdira toute préoccupation fâcheuse, toute fatigue intellectuelle, tout travail au-dessus de ses forces. L'ouvrier ne doit retourner à son atelier, la femme aux travaux de son ménage, que quand la dernière trace des ravages causés par la maladie a complètement disparu.

Sujet de rédaction. — Énumérez tous les soins qu'il faut donner à un malade entré en convalescence.

148. — Changement de linge des malades.

Ce n'est pas une chose facile que de changer un malade de linge, car il faut éviter avant tout de le refroidir et de le fatiguer. Pour ôter une chemise, on dégage les boutons ou les coulisses, on fait lever en l'air les deux bras au malade, on tire par le haut et la chemise vient assez facilement. Pour passer une chemise blanche, on s'y prend de la même manière. Si l'on préfère, on laisse les bras étendus sur le lit, et, après avoir roulé la chemise de bas en haut jusqu'aux manches, on fait passer les bras dans les manches, puis on soulève un peu la tête du malade, on rabat la partie inférieure de la chemise et on la fait glisser sous lui. Ce serait une excellente habitude d'avoir, dans les familles, en cas de maladie, de grands et larges peignoirs ressemblant à ceux dont on se sert dans les établissements de bains ; on les fixe au cou par un cordon passé dans une coulisse, et si des vésicatoires doivent être appliqués, l'opération devient bien plus commode.

Toutes les fois qu'une maladie devient sérieuse, c'est une bonne précaution de mettre une toile cirée entre le drap et le matelas ou le lit de plume, afin de les préserver. Il faut, en outre, mettre sous le malade un linge de rechange, par exemple, un petit drap plié en quatre.

Tout linge de rechange doit être chauffé à l'avance. On l'approche d'un feu ayant une flamme vive et claire, ou l'on promène dessus une bassinoire bien garnie de feu.

Pour chauffer une chemise, on allume par terre, à proximité de la chambre du malade, plusieurs feuilles de papier; sur ces feuilles qui flambent, on présente la chemise les manches en dedans, on la tient par le col et on la fait tourner de manière à laisser monter à l'intérieur la flamme et la fumée; la chemise se gonfle en tournant et se chauffe en quelques secondes.

On doit lessiver à part le linge qui a servi à un malade, et quand la maladie est contagieuse, il est prudent, avant de le mettre à la lessive, de le passer au soufre. Pour ce faire, mettez dans un local quelconque une chaufferette garnie de charbons allumés, établissez au-dessus des barres de bois appuyées sur de petits tréteaux ou sur des chaises renversées, posez dessus le linge à désinfecter, couvrez-le d'une vieille couverture retombant jusqu'à terre, soulevez un coin de la couverture, jetez sur le feu une poignée de soufre en poudre, laissez la fumée faire son effet durant un quart d'heure, retournez le linge et recommencez une seconde fois l'opération.

Lorsqu'on veut changer un malade de lit, on prépare un lit nouveau à côté de celui du malade, on le bassine à l'avance, et une personne *adroite* et *forte* passe un bras sous les jarrets du malade, l'autre sous les deux bras et le transporte. La tête du malade doit reposer sur l'épaule du porteur et ses deux bras doivent être passés autour de son cou.

A défaut d'une personne assez robuste, on en emploie quatre. On passe une serviette solide, pliée en trois doubles, au-dessus des jarrets, on en passe une autre pliée de même, en long, sous les épaules; les quatre porteurs soulèvent alors le malade, lui soutiennent la tête et les jambes, et le font glisser doucement dans l'autre lit.

Sujet de rédaction. — Comment doit-on s'y prendre pour changer de linge les malades, et aussi pour les changer de lit?

149. — Ustensiles nécessaires. Linge à pansement.

La maladie est un hôte qui vient souvent s'asseoir à nos foyers, et pourtant elle nous prend toujours à l'improviste; nous ne nous préparons pas à sa triste et douloureuse visite; c'est un tort. Qui n'a été témoin de l'effarement d'une maîtresse de maison quand un membre de la famille tombe malade? Il faut courir chez des voisins pour se procurer le moindre ustensile, on ne sait où prendre le linge néces-

saire à un pansement ; pendant ce temps, le patient souffre et ne peut être soulagé.

Chaque famille devrait posséder : une veilleuse, une lampe à esprit-de-vin, une baignoire, une bassinoire, une bouillote, un compte-gouttes, une théière pour les tisanes ; et, dans un tiroir de commode, un paquet de linge plus ou moins usé, préparé à l'avance, où se trouvent de la charpie, des bandes pour pansements, des compresses fenestrées, c'est-à-dire percées de trous, pour les plaies à suppuration. Ne pas oublier quelques morceaux de mousseline claire, qui servent à recouvrir les cataplasmes et qui n'en amoindrissent pas l'effet.

On ne saurait trop encore recommander aux ménagères d'avoir toujours à l'avance assez de linge blanc et repassé pour faire face à tous les besoins. Un malade salit vite et il doit être tenu dans une rigoureuse propreté.

Sujet de rédaction. — Quels sont les ustensiles indispensables dans une maison pour le cas de maladie?

150. — L'A B C de la garde-malade.

Il est des médicaments qu'il faut savoir préparer avec adresse et célérité sans avoir recours au pharmacien. Nous allons parler ici de l'apprêt des plus simples et des plus usuels.

Bouillon aux herbes. — On prend des feuilles d'oseille, de laitue, de cerfeuil, de chacune une poignée. On les épluche, on les lave, on les coupe en morceaux et on les met dans une casserole ou un pot de terre avec un litre d'eau, un grosse pincée de sel de cuisine et une forte cuillerée de beurre. On laisse bouillir huit ou dix minutes et on passe le bouillon, qui doit être bu chaud. — Il s'ordonne avant et après les purgations.

Bouillon de poulet. — On prend une moitié ou un quart de poulet maigre, on le coupe en morceaux, on le fait bouillir dans un litre d'eau légèrement salée jusqu'à ce qu'il soit bien cuit, et on passe le bouillon quand il est froid. Pour lui donner du goût, on ajoute à l'eau un oignon blanc, un navet ou une carotte, une pincée de cerfeuil.

Bouillon de veau. — On prend un petit morceau de jarret ou de rouelle de veau, qu'on met au feu avec un litre d'eau froide, du sel, une carotte, quelques feuilles de laitue. On laisse bouillir le tout près de deux heures, puis on passe le bouillon au tamis. Ces deux derniers bouillons sont rafraîchissants et conviennent aux convalescents.

Lait de poule. — Pour préparer cette boisson adoucissante, on sépare du blanc le jaune d'un œuf bien frais, on met le jaune dans un bol avec du sucre en poudre, en quantité suffisante, on bat ce mélange avec une fourchette et on verse ensuite peu à peu de l'eau bouillante en continuant à agiter vivement le mélange. Pour rendre le lait de poule meilleur et plus digestif, on y ajoute une cuillerée d'eau de fleur d'oranger. On fait usage du lait de poule dans les rhumes et les enrouements. Il doit être pris au moment où l'on se couche.

Vin de quinquina. — On prend 50 ou 60 grammes de quinquina gris, que l'on concasse avant de l'introduire dans un vase de la contenance d'un litre. On verse dessus du bon vin rouge, et après quatre ou cinq jours de macération à froid, on passe le vin à travers un linge et on le remet en bouteille. Cette préparation, qui se prend par cuillerée une heure ou deux avant les repas, convient aux estomacs débilités. Lorsqu'on veut du vin de quinquina d'une qualité supérieure, on laisse macérer le quinquina, durant trois ou quatre jours, dans un verre de bonne eau-de-vie avant de mettre le vin. On peut employer aussi le vin de Madère ou de Malaga.

Quinquina.

Eau albumineuse. — Délayez quatre blancs d'œufs dans un litre d'eau froide, battez vivement le mélange avec une fourchette et sucrez à volonté. Administrez un verre de cette eau tous les quarts d'heure, dans le cas d'empoisonnement par un sel de cuivre. Quelquefois les médecins l'ordonnent dans les diarrhées, mais alors on la prend en plus petite quantité et moins souvent. Par exemple, on met deux blancs d'œufs dans trois verres d'eau fraîche édulcorée avec du sirop de gomme ou de coings; il faut boire une seule gorgée à la fois tous les quarts d'heure ou toutes les demi-heures.

Eau ferrée. — Cette eau, si utile dans l'appauvrissement du sang, est facile à préparer. On verse sur une poignée de clous rouillés un litre d'eau chaude et l'on mélange cette eau au vin que l'on prend à chaque repas. Quand l'eau est épuisée on en ajoute de nouvelle sur les mêmes clous.

Eau de gomme. — On met dans une carafe pleine d'eau bien pure, 40 ou 50 grammes de gomme en morceaux, et on agite la carafe au moment de s'en servir. A mesure qu'on l'emploie on la remplace, et quand la gomme est presque toute fondue, on en ajoute 15 ou 20 grammes de nouvelle.

Riz.

Eau d'orge, de riz, de gruau. — Pour faire de l'eau d'orge, on met, pour un litre d'eau, une bonne cuillerée d'orge perlé ou mondé, c'est-à-dire débarrassé de sa pellicule, et on laisse sur le feu jusqu'à ce que les grains soient crevés. Lorsqu'on mélange du chiendent à cette tisane, il faut avoir soin de le faire bouillir avant l'orge. L'eau de riz et l'eau de gruau se préparent de la même façon que l'eau d'orge.

Eau de goudron. — On met 50 ou 60 grammes de goudron dans un vase, on verse dessus un litre d'eau chaude et l'on jette cette première eau. On ajoute sur le résidu un litre d'eau froide, qu'on peut boire quelques jours après. On remplace l'eau à mesure de la consommation, jusqu'à ce que le liquide ait perdu de sa saveur. On peut étendre le goudron à l'intérieur du vase et tenir toujours ce dernier plein d'eau.

Tisane de riz gommée. — Cette tisane, recommandée dans les diarrhées et les cholérines, doit être prise aussi chaude que possible et en petite quantité à la fois. On fait bouillir dans un litre d'eau 30 grammes de riz; après l'ébullition on y ajoute 30 grammes de gomme et on sucre au fur et à mesure.

Eau miellée. — Cette boisson rafraichissante s'obtient en faisant dissoudre du miel pur dans de l'eau chaude; elle est excellente... et peu compliquée.

Eau panée. — L'eau panée est agréable à certains malades et rend service dans les maladies inflammatoires. On met au feu de l'eau dans un pot de terre et, quand elle commence à bouillir, on y jette quelques croûtes de pain qu'on peut faire griller à l'avance. On laisse bouillir huit à dix minutes, puis on passe l'eau et on l'édulcore avec du sucre ou bien encore avec une ou deux cuillerées de miel si le malade le désire.

Limonade froide. — On prend un demi-litre d'eau froide dans laquelle on jette un citron coupé en tranches, et on sucre le tout avec 30 grammes de sucre.

Eau sédative. — Pour préparer l'eau sédative ordinaire, on met, dans un litre d'eau, 60 grammes d'ammoniaque liquide, 10 grammes d'alcool camphré, et 60 grammes de sel gris.

Eau-de-vie camphrée. — On verse, dans un demi-litre d'eau-de-vie ordinaire, 15 ou 20 grammes de camphre pulvérisé.

Alcool camphré. — On verse 50 grammes de camphre dans un demi-litre d'esprit-de-vin.

Huile camphrée. — On mélange une partie de camphre sur huit d'huile à manger.

Cérat. — On met dans un vase bien propre, et sur un feu bien doux ou au bain-marie, 100 grammes d'huile d'olive ou d'amandes douces, et 25 grammes de cire blanche, appelée aussi cire vierge; on laisse sur le feu jusqu'à ce que la cire soit bien fondue, on mélange et on laisse refroidir.

Sujet de rédaction. — Comment se préparent un bouillon aux herbes, un lait de poule, du vin de quinquina, de l'eau albumineuse, de l'eau de goudron et du cérat?

151. — Les Ordonnances du médecin.

Non seulement messieurs les médecins écrivent presque toujours d'une manière illisible, mais encore leurs ordonnances contiennent des abréviations composées de deux ou trois lettres qui forment des espèces d'hiéroglyphes pour le commun des mortels. Voici la clef qui vous permettra de lire le grimoire, si toutefois le reste de l'écriture est écrit lisiblement.

ãa. signifie.	de chaque.
b. m.	bain-marie.
f. s. a.	faites selon l'art.
f. s. l.	faites selon l'ordonnance.
m.	mêlez.
n°.	nombre d'objets.
pr.	prenez.
q. s.	quantité suffisante.
T.	transcrivez.

Sujet de rédaction. — Donnez la signification des abréviations employées par les médecins dans leurs ordonnances.

152. — Mesures et poids des médicaments.

Quelques vieux docteurs se servent encore, dans leurs ordonnances, du nom des anciens poids; c'est pourquoi nous allons donner ici leurs équivalents en poids nouveaux.

L'ancienne *livre* se composait de 16 *onces*, l'once se composait de 8 *gros*, le gros de 3 *scrupules*, le scrupule de 24 *grains*, et le grain était supposé égal au poids d'un grain d'orge.

Le grain correspond au poids de 5 centigrammes; par conséquent, un cinquième de grain vaut 1 centigramme. Un scrupule correspond à 1 gramme 20 centigrammes, un gros à 4 grammes; une once à 32 grammes; une livre à 500 grammes; deux livres à 1 kilogramme.

Certains médicaments demandent à être rigoureusement mesurés ou pesés; pour d'autres, au contraire, on peut se contenter de l'à peu près. Dans la pratique, une cuillerée à café équivaut à environ 5 grammes; une cuillerée ordinaire vaut 4 cuillerées à café; un verre vaut 8 cuillerées ordinaires; une pincée de fleurs correspond au poids variant entre 4 ou 5 grammes, et une poignée au poids de 25 à 30 grammes. Une poignée de grains peut peser jusqu'à 100 grammes.

Lorsqu'on n'a pas de *compte-gouttes*, on prend une plume d'oie, qu'on taille en biais, et on la trempe dans le liquide; en la sortant, une goutte se forme à l'extrémité et on la laisse tomber où besoin est.

La plupart des médicaments se prennent à petite dose, et quand on n'a pas de petits poids sous la main, on peut se servir de monnaies de cuivre ou d'argent; plus les pièces de monnaie sont neuves, plus elles sont exactes. Ainsi, cinq francs pèsent 25 grammes; deux francs, 10 grammes; un franc, 5 grammes; un demi-franc, 2 grammes 50 centigrammes; vingt centimes, 1 gramme.

Rhubarbe.

Dix centimes en cuivre (ou la pièce de deux sous) pèsent 10 grammes; cinq centimes ou un sou, 5 grammes; deux centimes, 2 grammes; un centime, 1 gramme. Ainsi, avec cent pièces de deux sous, ou deux cents pièces de un sou on peut former 1 kilogramme. Il en serait de même avec 40 pièces de cinq francs ou 200 pièces de un franc, etc.

Sujet de rédaction. — Comparez les nouveaux poids aux anciens, et donnez le moyen de ce procurer facilement de petits poids.

153. — La Petite Pharmacie.

Voici la liste des médicaments qu'une famille, surtout si elle habite la campagne, devrait avoir à sa disposition :

Alcool camphré.
Alun en poudre.
Ammoniaque ou alcali volatil.
Baume du Commandeur.
Baume opodeldoch.
Baume tranquille.
Bicarbonate de soude.
Bismuth (sous-nitrate de).
Camphre.
Cérat.
Eau de fleur d'oranger.
Eau de mélisse des Carmes.
Eau sédative.
Émétique.
Éther sulfurique.
Extrait de menthe.
Extrait de Saturne.
Gomme arabique.
Graine et farine de lin.
Graine et farine de moutarde.
Huile d'olive.
Huile d'amandes douces.
Ipécacuahna.
Laudanum de Sydenham.
Manne.
Magnésie calcinée.
Miel.
Orge mondé.
Papiers chimiques : Fayard, Lardy, Wlinsi.
Papier à vésicatoire.
Pierre infernale.
Quinquina en poudre et en écorce.
Rhubarbe en poudre.
Sel de nitre.
Sinapismes Rigollot.
Sparadrap ou diachylon.
Sulfate de quinine.
Taffetas d'Angleterre.
Teinture d'arnica.
Thé.

Sujet de rédaction. — Nommez les médicaments qu'il est bon d'avoir chez soi, lorsqu'on habite la campagne.

154. — Les Termes employés en médecine.

Il y a quelques années, une jeune fille apportait à sa mère malade deux petites fioles qu'elle avait été chercher chez le pharmacien. Sur l'une il y avait : Médicament pour l'usage *externe*, et sur l'autre : Usage *interne*. Le premier était destiné à des frictions et le second devait être pris en boisson. La mère, ne comprenant pas la signification des mots interne et externe, but ce qui devait servir à frictionner et mourut le soir même des suites de son ignorance. Que de fois de semblables malheurs sont arrivés dans les campagnes ! Ils montrent la nécessité de se rendre compte de la signification des mots et des termes employés fréquemment par les médecins et les pharmaciens. Nous allons faire connaître ici ceux dont il n'est pas permis d'ignorer le sens.

On confond souvent les mots infusion et décoction.

L'*infusion* consiste à jeter une certaine quantité de fleurs, de feuilles ou de racines de plantes dans l'eau bouillante. On retire l'eau du feu aussitôt et on y laisse séjourner la plante peu de temps; les infusions prolongées sont moins salutaires. On fait des infusions de thé, de tilleul, etc. Pour certaines infusions, on fait passer seulement l'eau bouillante sur les feuilles ou les fleurs posées dans une passoire.

La *décoction* diffère de l'infusion en ce qu'on laisse bouillir la plante plus ou moins longtemps dans la quantité d'eau nécessaire. L'eau de chiendent, l'eau d'orge s'obtiennent par décoction.

On appelle *macération* l'action de laisser tremper dans l'eau froide les substances médicamenteuses pendant un temps plus ou moins long. On n'y a recours que quand les substances contiennent des principes volatils qui se dissiperaient pendant la décoction ou pendant l'infusion. Le vin de quinquina s'obtient par macération.

Les *fomentations* ne sont autre chose que l'application de linges chauds et secs ou de compresses trempées dans une eau de décoction quelconque, et qu'on pose sur les parties douloureuses du corps qui ne pourraient supporter le poids d'un cataplasme.

Les fomentations doivent être renouvelées souvent.

Les *fumigations* consistent à exposer une partie du corps à la fumée produite par une substance en combustion ou à la vapeur qui s'échappe d'un liquide mis en ébullition. Ainsi, pour les fluxions de joue, on ordonne de mettre la tête au-dessus d'une infusion bouillante de fleurs de sureau.

Faire une *solution*, c'est faire fondre un corps solide dans un liquide, comme la gomme arabique dans de l'eau. Les solutions peuvent se faire à chaud ou à froid.

L'*émulsion* est une préparation liquide et laiteuse qui se fait souvent avec 25 ou 30 grammes d'amandes mondées et le double de sucre pour un demi-litre d'eau.

Faire une *lotion*, c'est laver quelque partie du corps pour l'adoucir, la rafraîchir.

155. — Les Termes employés en médecine (*suite*).

Frictionner, c'est frotter une partie du corps, soit avec la main nue, soit avec une brosse, un morceau de flanelle ou de drap grossier, afin d'y attirer le sang ou d'y faire pénétrer une substance médicamenteuse.

Edulcorer un médicament, c'est l'adoucir par du miel, du sucre, un sirop.

Décanter, c'est transvaser doucement un liquide qui a fait un dépôt, pour le tirer au clair.

Se *gargariser*, c'est faire parvenir un liquide sur les

parties malades de la gorge. Il faut l'y laisser quelques instants et le rejeter ensuite sans l'avaler.

Expectorer est le synonyme de cracher.

Un *collyre* est un médicament pour les yeux.

Un *pédiluve* est un bain de pieds.

Un *topique* est un médicament qu'on applique à l'extérieur, comme un cataplasme, sur le siège du mal.

Un *sinapisme* est un topique dont la graine de moutarde est la base.

On appelle *liniment* un médicament onctueux avec lequel on fait des frictions.

L'*injection* consiste à introduire un liquide dans une cavité du corps, au moyen d'un instrument. Ainsi, dans les maux d'oreille, le médecin ordonne souvent des injections.

Un *vésicatoire* est un médicament qui fait venir à la peau des vésicules ou petites vessies remplies de matière séreuse.

Une *ventouse* est un petit vase qui a ordinairement la forme d'une cloche; on l'applique sur la peau pour y produire une irritation locale et y attirer le sang. On distingue les ventouses *sèches*, qui n'ont pour but que de rubéfier c'est à dire rougir la peau, et les ventouses *scarifiées*, après lesquelles le médecin incise la peau et tire du sang. Rien n'est plus facile que de poser une ventouse *sèche*. On met du papier enflammé dans le verre, ou mieux encore on y met une très petite éponge imbibée d'alcool, enflammée à la lumière d'une bougie, et l'on applique rapidement le verre sur la peau. Après quelques minutes, on pose l'ongle entre le bord du verre et la peau, de manière à introduire un peu d'air et le verre se détache facilement.

La *tisane* est le nom donné à tous les liquides dans lesquels on fait bouillir ou infuser quelques plantes médicamenteuses.

Une *potion* est un remède liquide qui s'administre à petites doses, par cuillerées.

Un *looch* est une potion pectorale, adoucissante.

D'après les propriétés des médicaments, on les divise en *adoucissants*, *émollients*, qui contiennent un suc mucilagineux ou rafraîchissant; *astringents*, qui resserrent les tissus; *fébrifuges*, qui combattent la fièvre; *vermifuges*, qui tuent les vers; *sudorifiques*, qui provoquent la sueur; *diurétiques*, qui agissent sur la sécrétion urinaire; *narcotiques* et *soporifiques*, qui calment, endorment; *apéritifs*, qui ouvrent l'appétit; *stimulants*, qui excitent le système nerveux; *antinerveux*, qui calment les nerfs; *dépuratifs*, qui purifient la masse des humeurs; *anesthésiques*, comme le chloroforme, qui suspendent la sensibilité; *toniques*, qui fortifient les organes.

Sujet de rédaction. — Prenez les principaux termes dont il est question dans ces deux derniers articles et donnez-en de mémoire la signification.

156. — Quelques mots pour faire connaissance avec les médicaments.

L'*alun* est un astringent énergique; on l'emploie pour les aphtes de la bouche, les hémorragies, et en gargarisme pour les maux de gorge.

L'*ammoniaque* ou *alcali volatil* sert à cautériser les morsures, les piqûres envenimées d'abeilles, de vipères; on le fait respirer dans l'asphyxie et la syncope. Il s'emploie contre l'ivresse, à la dose de 5 à 10 gouttes dans un verre d'eau.

Le *baume du Commandeur* est un bon topique; on en verse quelques gouttes sur les coupures et les écorchures.

Le *baume opodeldoch* et le *baume tranquille* s'emploient en frictions dans les douleurs rhumatismales et névralgiques.

Le *bismuth* est efficace dans certaines maladies nerveuses de l'estomac, dans les diarrhées et dans les mauvaises digestions.

L'*eau de fleur d'oranger* est un antispasmodique doux. On l'emploie dans les syncopes, les crises nerveuses et les mauvaises digestions.

L'*eau de mélisse des Carmes* s'emploie souvent dans les digestions pénibles; on en met une cuillerée à bouche dans un verre d'eau sucrée.

Arnica.

L'*émétique* et l'*ipécacuanha* sont deux vomitifs; il faut les employer avec circonspection. Le sirop d'ipéca est le meilleur vomitif pour les enfants.

L'*éther* est un antispasmodique; on en verse quelques gouttes sur un morceau de sucre ou dans un quart de verre d'eau, sucrée ou froide, lorsqu'on est sous le coup d'une surexcitation nerveuse : spasmes, crampes d'estomac.

Une goutte d'*extrait de menthe* dans un verre d'eau chaude et sucrée produit le meilleur effet dans les digestions pénibles et les coliques d'estomac.

L'*extrait de Saturne* est un poison violent. On l'emploie en lotions pour les brûlures, les écorchures, les plaies que l'on veut sécher. Dans aucun cas on ne l'emploie pur, il faut toujours qu'il soit étendu.

La *teinture d'arnica* s'emploie, comme l'*eau vulnéraire*[1], dans les chutes, les peurs, les commotions. On peut mettre 8 à 10 gouttes d'arnica dans une infusion de fleur d'oranger, et deux cuillerées à bouche d'eau vulnéraire dans un verre d'eau sucrée.

Les principaux purgatifs sont : l'huile de ricin, l'eau de Sedlitz[2], la limonade Rogé, le sel de Glauber[3], le sulfate de magnésie, la manne, l'aloès, les eaux de Birmenstorf[4], de Pullna[5], d'Hunyadi jànos[6], etc.

Sujet de rédaction. — Dites dans quelles circonstances on emploie les médicaments dont on vient de parler.

1. *Vulnéraire*, qui est propre à guérir les blessures. — 2. *Sedlitz*, ville de Bohême (Autriche). — 3. *Glauber*, chimiste allemand (1603-1668). — 4. *Birmenstorf* ou *Birmensdorf*, village de Suisse. — 5. *Pullna*, village de Bohême (Autriche). — 6. *Hunyadi jànos* source de Hongrie.

157. — Les Remèdes les plus usuels.

Que de fois les prescriptions du médecin ne sont pas suivies ou le sont sans précaution, sans intelligence! De là des maladies aggravées, des rechutes dangereuses, des convalescences retardées. Souvent les remèdes ne produisent aucun effet parce qu'ils sont mal administrés. Ainsi, l'eau du bain de pieds n'est pas assez chaude, ou le malade y reste trop longtemps; le cataplasme est trop épais ou trop liquide; le vésicatoire a été mal posé; les sangsues n'ont pas assez saigné; la tisane est mal décantée; le lait de poule n'a pas été bien délayé, etc. Nous aimons à le répéter, c'est surtout dans les soins donnés aux malades qu'il ne faut pas craindre d'être minutieux; le moindre oubli, la moindre négligence peut avoir de graves inconvénients. Les remèdes les plus simples réclament dans leur apprêt du savoir-faire et une certaine adresse. Nous allons parler des remèdes les plus usuels et dire la manière de les apprêter.

Les Cataplasmes. — La dimension d'un cataplasme varie nécessairement suivant l'étendue de la partie qu'il doit couvrir; il faut éviter que par son poids il gêne le malade. On reconnaît qu'il a le degré de chaleur convenable quand on peut l'approcher de la joue sans se brûler ou quand on peut y appuyer le dos de la main.

Pour préparer un cataplasme de farine de lin, on met de cette farine dans une casserole, on verse dessus de l'eau bouillante en quantité suffisante pour faire une bouillie onctueuse, on remue vivement avec une cuillère de bois à mesure qu'on verse l'eau; quand la pâte est bien battue, qu'il n'y a plus de grumeaux, on l'étend sur le milieu du linge fin, sans couture, préparé à l'avance, — grosse mousseline ou mousseline gaze; — on l'égalise avec la cuillère et on replie le linge par-dessus; puis, prenant le cataplasme, on le pose et on le fixe avec un mouchoir plié en biais, une serviette ou des bandes.

Le cataplasme devenu froid doit être enlevé aussitôt et renouvelé si besoin est. La place qu'il occupait doit être essuyée doucement avec un linge fin et chaud.

Les Sinapismes. — Les sinapismes, qui ne sont que des cataplasmes irritants, à la farine de moutarde, se préparent en délayant cette farine avec de l'eau froide ou à peine tiède. On en forme une bouillie épaisse qu'on étend en une couche mince sur un linge ; on l'applique ensuite sur la peau et on le fixe avec une serviette ou un mouchoir. Le sinapisme doit être enlevé quand il devient insupportable ; on peut le promener de place en place, mais toujours de plus en plus bas. — Dans bien des circonstances on se contente de préparer un cataplasme à la farine de lin qu'on saupoudre de farine de moutarde. — Il est bon, quand le sinapisme est ôté, d'enlever les parcelles de moutarde qui seraient restées collées à la peau.

Les sinapismes Rigollot offrent un grand avantage sous le rapport de la commodité et de la propreté. Ils sont très précieux, surtout quand on veut obtenir immédiatement une révulsion[1] énergique. Mais comme ils ont, pour les femmes et les enfants, une trop violente efficacité, et que certains malades ne peuvent les supporter que quelques minutes, il est bon, avant de les poser, de les recouvrir d'un papier de soie ou d'une mousseline claire.

Pour appliquer un rigollot, il n'est besoin que de faire baigner la feuille dans une assiette d'eau pendant quelques secondes, de la poser toute mouillée sur la peau et de la fixer avec un mouchoir ou une bande de linge.

Les Bains de pieds. — Lorsque le sang doit être attiré vers les extrémités, les médecins ordonnent des *pédiluves* ou bains de pieds comme dérivatifs. Dans ce cas, on ajoute à l'eau chaude quelque substance irritante, comme de la cendre tamisée, deux ou trois pelletées ; de la farine

1. *Révulsion*, appel de l'irritation ou des humeurs d'un point sur un autre.

de moutarde, 125 ou 150 grammes ; une ou deux poignées de sel, ou enfin un verre de vinaigre.

Lorsque les pieds sont dans cette eau modérément chaude d'abord, on élève graduellement sa température en y ajoutant lentement et par petit filet de l'eau presque bouillante qu'on a eu soin de préparer à l'avance. Le bain peut être réchauffé ainsi quatre ou cinq fois de suite et porté à une température élevée. Les pieds ne doivent tremper que jusqu'à la cheville, et dix minutes suffisent pour y attirer le sang et les rendre très rouges.

Les Vésicatoires. — Lorsqu'on s'est procuré un vésicatoire de la forme et de la dimension prescrites par le médecin, on le saupoudre de camphre, on le présente un instant au feu et on l'applique sur la partie du corps voulue; puis on le presse un peu avec la main, on le recouvre ensuite avec une légère compresse de linge fin et on fixe le tout avec des bandes ou une serviette.

Le pharmacien fournit quelquefois avec le vésicatoire des bandes de diachylon[1] ; on les fait croiser sur le vésicatoire, et la partie qui le dépasse s'attache à la peau et le maintient.

Lorsque le vésicatoire a produit son effet, que la peau est gonflée, on détache la serviette avec soin, on enlève l'emplâtre doucement, en commençant par un coin, et on met l'ampoule à découvert. On la perce alors avec des ciseaux à la partie la plus basse et on laisse écouler la matière.

Si le vésicatoire ne doit pas être entretenu, on panse la plaie avec du cérat, du beurre frais mis en couche mince sur du linge fin, du papier brouillard ou des feuilles de poirée tendres et fraîches dont on a aplati les côtes. Pour le

1. *Diachylon*, sorte d'emplâtre.

sécher, on met sur la plaie de la poudre d'amidon ou de la fécule de pomme de terre.

Si la suppuration de la plaie est nécessaire, on fait usage du papier épispastique[1] qu'on trouve chez les pharmaciens, le taffetas Leperdriel, par exemple. Quand la plaie est enflammée, irritée, on combat cette irritation douloureuse par un cataplasme de farine de lin. A chaque pansement il est utile de nettoyer la plaie avec un linge fin de toile; il faut le tendre, l'appuyer doucement et non frotter. Quand, par hasard, le linge qui recouvre la plaie y est attaché, on l'humecte avec de l'eau tiède avant de le retirer.

Un vésicatoire peut rester en place cinq ou six heures chez un enfant, douze heures et plus chez les adultes.

Les Sangsues. — Un grand nombre de femmes et presque toutes les jeunes filles ont une peur affreuse des sangsues, et c'est un désespoir pour elles quand elles sont obligées d'y toucher. Il est bon de se familiariser avec ces *petites bêtes* et de vaincre la répugnance qu'elles inspirent, puisqu'elles ont pour nous une grande utilité.

Sangsue.

Avant d'appliquer les sangsues, on les sort de l'eau durant quelques heures pour les affamer, puis on les met dans un petit verre et on les applique sur la peau qu'on a préalablement frottée avec de l'eau sucrée ou du lait; on les maintient jusqu'à ce qu'elles aient toutes pris. Quand une sangsue reste trop longtemps, alors que les autres sont détachées, on pose sur elle un grain de sel. Si, d'après l'avis du médecin, le sang doit couler longtemps, on lave les plaies doucement avec une éponge,

1. *Epispastique*, se dit des substances qui attirent les humeurs à la surface du corps.

imbibée d'eau chaude et on les recouvre ensuite d'un cataplasme tiède et mou de farine de lin.

Si le sang coule trop abondamment, on met sur chaque plaie un peu d'amadou ou de linge brûlé qu'on fixe avec une bande. Si l'hémorragie continue, on applique soit de l'alun en poudre, soit de la colophane qu'on recouvre de charpie et qu'on tient appuyée avec les doigts. Comme dernière ressource, on passe quelquefois la pierre infernale sur chaque petite plaie.

Pour conserver des sangsues, on les met dégorger quelques minutes dans un peu de cendre ou de son, ou bien on appuie sur elles assez fortement, en allant de la queue à la tête, afin qu'elles puissent rejeter le sang absorbé. On les met ensuite dans un vase de grès ou dans un bocal à moitié rempli d'eau de rivière ou de pluie et contenant au fond un peu de terre glaise. On recouvre le vase d'un papier piqué avec des épingles et on l'expose au jour.

Sujet de rédaction. — Expliquez comment il faut s'y prendre pour préparer des cataplasmes et des sinapismes; pour appliquer des vésicatoires et poser des sangsues.

158. — Les Plantes médicinales.

Tout n'est pas rose dans les occupations d'une ménagère, et parfois elle est obligée de se faire violence, de faire appel à sa raison pour remplir convenablement son devoir et supporter les ennuis de la tâche qui lui incombe. Mais s'il y a des occupations ennuyeuses ou pénibles, il en est aussi d'agréables; par exemple, la cueillette de ces plantes appelées *simples*, qui rendent tant de services en cas de maladie. Ici, l'utile se joint à l'agréable.

Une jeune fille doit surveiller la floraison des plantes médicinales, afin de ne pas être prise au dépourvu; les provisions, autant que possible, doivent être renouvelées chaque année. On doit cueillir les fleurs par un beau jour et lorsqu'il n'y a plus de rosée; on enlève la queue et on les débarrasse de toutes les parties étrangères qui les accompagnent. Les fleurs doivent sécher à l'ombre et non au soleil; on les dépose sur une claie dans un endroit sec et aéré, un grenier, par exemple; on les visite de temps à autre et on les retourne jusqu'à leur complète dessiccation. Il ne reste plus alors qu'à les mettre dans des sacs de papier préparés à l'avance et étiquetés, ou mieux encore dans des boîtes de fer-blanc. Survienne une maladie dans la famille, on a sous la main de quoi composer à l'instant les tisanes ordonnées par le médecin.

Bourrache.

Voici la liste des principales plantes médicinales :

Bouillon-blanc.

Le *bouillon-blanc* donne une tisane adoucissante employée assez fréquemment dans les rhumes, les irritations de poitrine et les inflammations de la gorge.

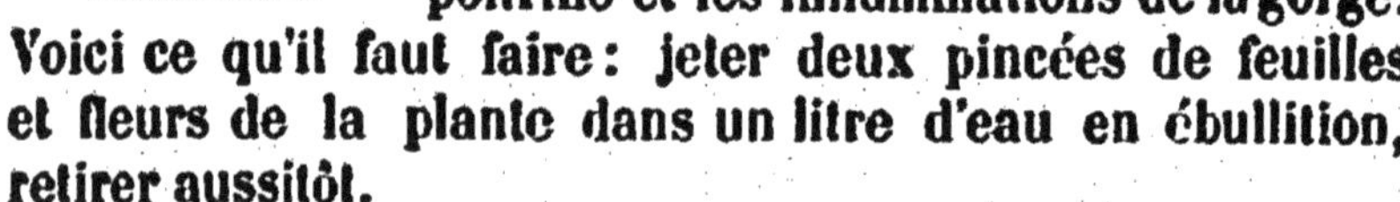

Voici ce qu'il faut faire : jeter deux pincées de feuilles et fleurs de la plante dans un litre d'eau en ébullition, retirer aussitôt.

La *bourrache* est une plante rafraîchissante et sudorifique; elle est utilisée tout entière dans les maladies inflammatoires, comme la rougeole. Avec quelques pincées de ses fleurs, 12 ou 15 grammes, pour un litre d'eau, on prépare des infusions qui doivent être passées et sucrées. Avec la même quantité de feuilles, on fait de bonnes décoctions.

Les fleurs de la *camomille*, prises en infusions légères, sont bonnes pour combattre les spasmes nerveux et les faiblesses d'estomac. Employées en macération, quinze ou vingt fleurs suffisent pour un litre d'eau.

La petite *centaurée* est une plante tonique et un très bon fébrifuge. Il faut, quand elle est récoltée et séchée, la mettre dans des sacs de papier, de manière à conserver, autant que possible, la couleur de ses fleurs; 25 ou 30 grammes suffisent pour un litre d'eau.

Gentiane.

Centaurée.

Les racines de la *gentiane* s'emploient surtout en décoction, de 15 à 30 grammes pour un litre d'eau. La gentiane est prescrite pour combattre les mauvaises digestions, la jaunisse, les affections scrofuleuses ou vermineuses.

La *guimauve* est la plante adoucissante par excellence; on emploie fréquemment non seulement ses fleurs, mais aussi sa racine. Pour une infusion on peut mettre trois ou quatre pincées de fleurs dans un litre d'eau, et pour une décoction, 40 ou 50 grammes de racine.

Lierre terrestre.

Guimauve.

Les infusions de *lierre terrestre*, feuilles et fleurs, sont recommandées dans les catarrhes pulmonaires.

Les fleurs de *sureau* provoquent la sueur et favorisent l'expectoration. En infusion, 4 grammes pour un litre d'eau.

Tilleul.

Sureau.

Ces fleurs sont bonnes aussi contre les inflammations récentes; on les emploie pour bains locaux et généraux.

Les fleurs de *tilleul* données en infusion, 3 ou 4 grammes dans un litre d'eau, sont excellentes dans les maladies nerveuses, les maux de tête, les digestions pénibles. Les fleurs des vieux tilleuls sont plus aromatiques que celles des jeunes arbres.

La *mauve* s'emploie en décoctions, tisanes, injections, etc., contre les inflammations de toute sorte.

Mauve.

Violette.

La *violette* est employée en infusion et compose une bonne tisane pectorale. On la mélange souvent avec les fleurs de guimauve, de bouillon-blanc et de tussilage.

Le *tussilage* ou *pas d'âne* est l'une des *quatre fleurs*, si connues en pharmacie. Une infusion légère de ses fleurs et même de ses feuilles est très bonne dans les rhumes, les catarrhes et les affections de poitrine. Deux ou trois pincées pour un litre d'eau.

Le *thé* est l'infusion des feuilles d'un arbrisseau de la Chine et du Japon ; on distingue les thés verts et les thés noirs, qui se vendent généralement mélangés. La dose pour une infusion est d'une cuillerée à café pour une tasse.

Tussilage.

Réglisse.

A dose modérée, le thé active la circulation, accélère le pouls, stimule doucement les fonctions cérébrales[1] et favorise la digestion ; on le prend, en général, deux ou trois heures après le repas. On peut aussi le prendre à la fin des repas et l'associer au lait, comme on le fait pour le café. S'il est pris très chaud et immédiatement avant de se mettre au lit, il agit comme sudorifique.

Il faut s'approvisionner en temps convenable de *fleurs*

1. *Cérébral*, qui a rapport au cerveau.

de lis, de millepertuis; de *feuilles* d'oranger, de feuilles de noyer; de *racines* de chiendent, de guimauve, de réglisse, de gentiane; de *bourgeons* de sapin; de *têtes* de pavot blanc, de *graines* de lin, de moutarde, d'anis; enfin

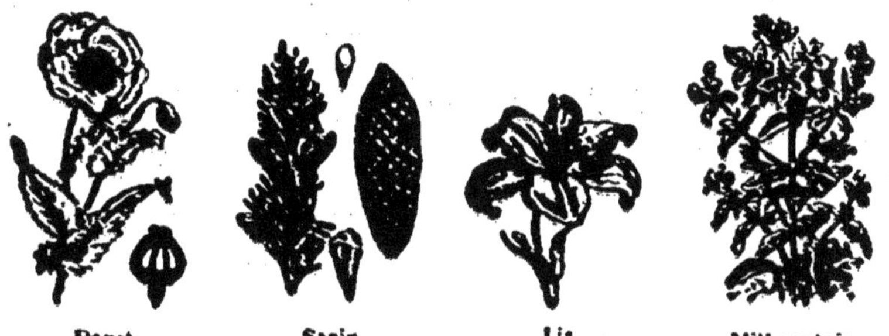

Pavot. Sapin. Lis. Millepertuis.

de *queues* de cerise et de *pépins* de coing. Ces pépins, macérés dans l'eau, donnent un mucilage excellent pour les gerçures, les plaies irritées, et, de plus, on peut en composer de la bandoline pour lisser les cheveux.

Noyer.

Oranger.

Les fleurs de lis et aussi celles de millepertuis, macérées dans l'huile d'olive ou d'amandes douces, sont excellentes pour les gerçures, coupures et écorchures. Les oignons de lis, cuits dans de l'eau ou dans du lait et appliqués sur les tumeurs inflammatoires, font un grand bien et en accélèrent la maturation.

Sujet de rédaction. — Nommez les principales plantes médicinales et leurs propriétés.

159. — Les Plantes dangereuses.

« Les apparences sont trompeuses », dit le proverbe, et il a bien raison. Souvent, sous des dehors séduisants, on trouve une réalité désagréable. Ainsi, bon nombre de fleurs qui éblouissent nos regards par leurs couleurs charmantes recèlent du poison.

Les enfants ont la mauvaise habitude de porter à leur bouche ce qui leur tombe sous la main. Si, dans un jardin, ils aperçoivent un arbuste ayant des graines ou des fruits, vite ils les cueillent et y mettent la dent ; à défaut de graines, ils mâchonnent même des feuilles et il peut en résulter de graves indispositions. Quand donc les enfants, petits et grands, comprendront-ils qu'il est bon de ne toucher les fleurs qu'avec... les yeux !

Ciguë.

A la tête des plantes dangereuses il faut citer la *ciguë*. Il y en a plusieurs espèces, mais toutes renferment du poison. La petite ciguë ressemble au persil et peut occasionner de douloureuses méprises ; voici ce qui distingue ces deux plantes et les fera reconnaître : le persil a une odeur agréable, la ciguë une odeur fétide et nauséabonde ; les feuilles de persil n'ont que deux folioles larges et arrondies, les feuilles de la ciguë ont trois folioles très aiguës.

Belladone.

La *belladone* est une des plantes vénéneuses les plus redoutables ; on la rencontre dans les bois ; sa tige herbacée a environ un mètre cinquante centimètres de hauteur. Ses baies, d'un rouge noirâtre, ont un peu l'aspect des cerises guignes ; les enfants sont toujours tentés de les cueillir, et s'ils les mangent, l'empoisonnement peut être mortel. Avec la belladone on prépare un médicament précieux qui engourdit la douleur.

L'*aconit* est une plante également fort dangereuse ; on la cultive dans les jardins à cause de ses jolies fleurs bleues en forme de casque ; elle est surtout employée dans la médecine homéopathique.

Les feuilles du *laurier-cerise*, nommé aussi *laurier-*

amande et *laurier à lait*, contiennent un acide regardé comme un poison très dangereux; on en met quelquefois deux ou trois pour un litre de lait afin de donner aux crèmes le goût d'amande; mais on ferait mieux de s'en abstenir.

Aconit.

Laurier.

Ce sont les feuilles du *laurier-sauce* ou laurier d'Apollon qui sont employées par les cuisinières pour certains ragoûts; un fragment de feuille suffit.

Les capsules ou têtes de *pavot blanc*, sans les graines, sont fréquemment employées en médecine; mais il faut en user avec beaucoup de prudence. Un jour, devant nous, dans une toux opiniâtre, une personne but une tasse d'une décoction beaucoup trop forte de têtes de pavot, et bientôt les accidents les plus graves se produisirent; heureusement des vomissements survinrent qui soulagèrent la pauvre malade.

Digitale.

Jusquiame.

Les feuilles de la *digitale*, vulgairement appelée *dé de bergère*, sont fort utilisées en médecine. Les préparations dans lesquelles entre la digitale, prises à une dose trop élevée, pourraient entraîner la mort.

Datura.

Sium.

La *jusquiame* ou *herbe aux engelures* est un poison narcotique fort dangereux. Ses jeunes pousses peuvent être facilement confondues avec le pissenlit, dont elles ne se distinguent que par leur odeur fétide.

Voici, sur les *champignons*, l'opinion d'un chimiste distingué; on ne saurait trop en tenir compte :

Coloquinte.

Ellébore.

« Les meilleurs champignons peuvent devenir vénéneux dans une circonstance donnée et qui échappe à notre clairvoyance; donc, si j'ai un conseil à donner, c'est de s'en abstenir ou de se contenter de champignons de couche, car l'empoisonnement par les champignons est presque toujours mortel. »

Il faut se méfier de la plante marécageuse appelée *sium* ou *berle ;* elle ressemble beaucoup au cresson.

Renoncule âcre.

Anémone.

La *stramoine* ou *datura*, connue autrefois sous le nom d'*herbe au diable, aux sorciers*, etc., est un poison violent. Les médecins l'emploient dans certaines maladies : l'asthme nerveux, les tumeurs, les ulcères. On l'appelait herbe aux sorciers parce que, administrée d'une certaine manière, elle provoque l'engourdissement et le sommeil.

Clématite.

Garou.

L'*ellébore* jouissait autrefois d'une grande réputation ; on l'employait contre la folie. La Fontaine, dans une de ses fables, fait dire à la tortue par le lapin : « Ma commère, il vous faut purger avec quatre grains[1] d'ellébore. » — La pulpe de la *coloquinte* est un purgatif énergique et d'une grande amertume. Ne confondez pas le concombre avec la coloquinte, qui y ressemble : l'un est bon à manger et l'autre est détestable.

Les feuilles de l'*anémone sylvie* ou *renoncule des bois*, broyées et appliquées sur la peau, produisent un effet analogue au sinapisme.

La *renoncule âcre* ou *bouton d'or* ou la *renoncule scélérate* ont des feuilles qui pourraient remplacer les vésicatoires. On prétend que des mendiants se font venir des ulcères aux jambes au moyen de ces feuilles et attirent ainsi la compassion du public.

L'écorce du *garou* ou *sain bois* est vésicante et rubéfiante. Les habitants du Midi l'appliquent sur la partie du corps où ils veulent établir un vésicatoire. Les feuilles de *clématite* sont aussi très vésicantes. Cette plante est nommée vulgairement *herbe aux gueux*, parce que les mendiants s'en servaient autrefois pour se faire des plaies artificielles.

Terminons ce chapitre en disant que l'*ergot de seigle* est un poison violent ; que le *safran*, prescrit comme médicament, doit être pris à petites doses, et que le poison appelé *nicotine* s'extrait des feuilles du *tabac*[1].

Chose étonnante ! la plupart des plantes vénéneuses fournissent de précieux médicaments, pourvu qu'ils soient employés avec prudence et modération ; n'est-ce pas le cas de dire ici, comme en toute chose : Usons, n'abusons pas !

Sujet de rédaction. — Nommez les plantes dangereuses dont il faut se méfier.

160. — En l'absence du médecin.

L'éducation des femmes de toute condition devrait comprendre les soins à donner aux malades, les secours urgents en cas d'accidents, et quelques saines notions de médecine domestique.

1. Le mot *Nicotine* vient de Nicot, qui importa le tabac en France, vers 1560.

On a dit avec raison qu'il fallait laisser la médecine aux médecins; mais si l'on doit bien se garder de traiter soi-même un malade atteint d'une affection grave, si l'on ne doit jamais lui administrer de remèdes recommandés par les empiriques et les commères, il est du moins utile à tous et surtout aux femmes de savoir ce qu'il faut faire dans un cas urgent, en attendant le médecin, et aussi quand on est témoin d'un accident.

Évanouissement, Syncope. — Lorsqu'une personne se trouve mal, c'est-à-dire quand soudain son visage pâlit et que la respiration est arrêtée, il faut l'étendre *horizontalement*, soit à terre, soit dans un lit, et avoir soin que la tête ne soit pas plus élevée que le tronc. On peut encore desserrer les vêtements, jeter de l'eau fraiche au visage, faire respirer du vinaigre, de l'eau de Cologne, de l'éther. Si la sensibilité tardait à revenir, on appliquerait des sinapismes aux jambes, des compresses d'eau sédative sur le front, les tempes, autour des poignets.

Coup de sang, Apoplexie. — Dans un coup de sang, la face est rouge et la respiration continue. En attendant le médecin, il faut poser le malade dans un lieu frais, la tête haute, les pieds très bas, desserrer les habits, réchauffer les pieds; promener des sinapismes sur les jambes et aux avant-bras; pratiquer des frictions vigoureuses sur la poitrine et les membres avec du vinaigre ou de l'alcool très chaud; placer sur les côtés du cou des compresses froides. Ne donner aucun liquide, ne faire respirer aucun spiritueux, pour ne pas provoquer l'éternuement.

Blessures. — On lave la plaie avec de l'eau tiède (de l'eau froide si la plaie saigne abondamment) et l'on s'assure qu'il n'y reste aucun corps étranger. Une fois la plaie nettoyée et le sang arrêté, on l'essuie avec un linge fin; on rapproche les lèvres de la plaie et on les tient serrées avec une bande de sparadrap, de taffetas anglais ou de diachylon, ayant soin d'embrasser un espace beaucoup plus étendu que la plaie. En cas d'urgence, on maintient les parties par un simple bandage, et, s'il y a hémorragie, on tamponne la plaie avec un mouchoir de poche. On fait respirer au blessé un peu d'éther, d'eau de Cologne ou de vinaigre; s'il est pâle, inanimé, on peut lui donner une boisson chaude et stimulante. Quand, plus tard, une plaie s'enflamme, on applique des cataplasmes émollients; si elle devient blafarde, on la saupoudre d'alun.

Brûlures. — Le traitement des brûlures consiste à calmer l'inflammation par des corps frais et à préserver la plaie du contact de l'air. Lorsque la brûlure est légère, on peut se contenter pendant quelques heures de rafraîchir la partie brûlée avec des compresses d'eau froide, qu'on remplace à mesure que l'eau s'échauffe; puis on couvre la partie malade avec de l'ouate.

Si la brûlure forme des ampoules, il faut les percer avec une épingle pour en faire sortir l'eau, mais on n'enlève pas l'épiderme, on l'applique avec soin sur la peau; on calme l'inflammation avec des compresses d'eau froide, et on applique de l'ouate. Quelques médecins conseillent de panser les brûlures avec un mélange, en parties égales, d'eau de chaux et d'huile d'olive. D'autres font appliquer sur la plaie de la gelée de groseilles, de la fécule de riz ou de pomme de terre.

Empoisonnement. — Dans tous les cas d'empoisonnement il faut provoquer le vomissement le plus rapide et le plus abondant. Ainsi, à l'instant où une personne croit avoir du poison dans l'estomac, il faut qu'elle s'empresse d'avaler de l'eau *telle qu'elle se trouve*, en quantité énorme. L'eau tiède est préférable, mais il ne faut pas attendre. Aussitôt que l'estomac est rempli, elle s'introduit les doigts dans le fond de la gorge de manière à se faire lever le cœur; elle recommence jusqu'à ce que des vomissements aient lieu. Elle boit de nouveau et elle réitère l'opération trois fois, quatre fois, enfin jusqu'au moment où l'estomac envoie le liquide tel qu il l'a reçu.

Pour provoquer les vomissements on peut tremper dans l'huile les barbes d'une plume et les enfoncer le plus avant possible dans le gosier du malade, ou encore boire de l'eau dans laquelle on aura mis un peu d'huile.

Quand l'estomac est débarrassé, on administre des antidotes ou contrepoisons. Ainsi, pour le *vert-de-gris* on donne des blancs d'œufs délayés dans de l'eau, ce qui s'appelle eau albumineuse. Mettre cinq ou six blancs d'œufs dans un litre d'eau, en boire une petite tasse toutes les minutes ou un verre tous les quarts d'heure. Si l'on n'avait pas d'œufs, prendre du lait coupé avec de l'eau, ou mettre dissoudre un peu de farine dans un litre d'eau.

Pour le *phosphore*, on peut donner tout de suite le liquide suivant : délayer des blancs d'œufs dans de l'eau et mêler à cette eau de la magnésie en grande quantité. Le malade peut boire plusieurs litres de cette préparation.

Pour les *champignons*, eau fortement acidulée avec du vinaigre ou du jus de citron, ou simplement avec de l'eau salée. Mettre environ 50 grammes de sel dans un litre d'eau. Après vomissement, café noir.

Pour les *narcotiques* et *poisons végétaux* tels que opium, laudanum, morphine, belladone, ciguë, après rejet et eau salée en boisson, café noir fort et en grande quantité. Frictions énergiques sur tous les membres; empêcher le malade de dormir.

Pour l'*arsenic*, donner du lait en abondance, de la magnésie dans de l'eau, manger du sucre le plus possible.

Pour les viandes et les poissons corrompus, moules, crevettes, etc., donner après rejet, eau légèrement acidulée en boisson ou mieux, une cuillerée à café d'éther sulfurique par quart de verre d'eau sucrée, répétée à vingt minutes d'intervalle. Ce remède est souverain. Infusion de thé, tilleul.

Sujet de rédaction. — Dites ce qu'il convient de faire, en attendant le médecin, dans l'évanouissement, l'apoplexie, les blessures, les brûlures et les empoisonnements.

161. — Anecdotes.

Un médecin et un vétérinaire comparaissent comme témoins devant un juge de paix. Le médecin fait avec clarté sa déposition; on entend ensuite le vétérinaire, qui dit en terminant : — Je crois que telle est l'opinion de mon collègue. A ces mots, le médecin se hâte d'ajouter : — De grâce, monsieur, respectez mes malades.

On vient prévenir Calino que son oncle est à toute extrémité. Il court précipitamment au chevet du cher homme. En route, il passe devant son chapelier. — Tiens! se dit-il, je vais toujours faire mettre un crêpe à mon chapeau : comme cela mon oncle verra que j'ai pensé à lui.

162. — En l'absence du médecin (*suite et fin*).

Asphyxies. — L'asphyxie est la suspension de la respiration, du sentiment et du mouvement; elle a diverses causes : de là plusieurs sortes d'asphyxies.

Asphyxie par submersion. — Faire transporter le noyé dans la maison la plus proche; mais, en tout cas, enlever rapidement ses vêtements en les coupant et l'envelopper dans une chemise de laine ou une couverture chaude; le coucher sur le dos, le pencher sur le côté droit; débarrasser la bouche des mucosités qui peuvent s'y trouver; pencher un peu la tête et le tronc pendant quelques secondes pour favoriser l'expulsion ou la sortie de l'eau contenue dans les voies aériennes. Réchauffer peu à peu et par degrés toutes les parties du corps avec une bassinoire ou avec des fers à repasser chargés d'une douce température. A défaut de fers, mettre des briques ou des bouteilles d'eau chaude aux pieds et sur les côtés du noyé. Frictionner légèrement les jambes, les cuisses, les bras et les côtés du tronc avec des flanelles enduites d'eau-de-vie, ou d'eau-de-vie camphrée. Le liniment composé de 60 grammes d'huile d'olive et de 8 grammes d'ammoniaque serait préférable. Si la peau reste froide et marbrée après quelques minutes de frictions, porter le noyé dans un bain d'eau chauffée à 32 degrés; mais seulement après qu'il a commencé à respirer. Il est bon alors d'appliquer une éponge mouillée d'eau tiède sur la tête pour prévenir la congestion cérébrale.

A défaut de bain, presser alternativement les dernières côtes pour imiter autant que possible les mouvements d'élévation et d'abaissement que ces os exécutent quand les individus respirent naturellement.

Introduire les barbes d'une plume dans le fond de la gorge pour déterminer les vomissements et dans les narines afin d'obtenir quelques éternuements. Passer sous le nez de l'alcali volatil, de l'eau de Cologne, du vinaigre, etc.

A son arrivée, le médecin insuffle de l'air dans les poumons : il introduit assez avant un tube sur la langue et, à l'aide de la bouche ou d'un soufflet, il pousse l'air lentement et avec beaucoup de ménagement.

D'après une expérience récente, il est très bon d'opérer sur la langue du noyé des tractions réitérées, de la tirer avec les doigts, de l'abaisser.

Il faut quelquefois plusieurs heures d'efforts persévérants pour rappeler un noyé à la vie. Aussitôt qu'il donne quelques signes de sensibilité, on le couche dans un lit bassiné et on lui donne quelques cuillerées de vin chaud sucré ou d'eau-de-vie. Mais si la face est rouge, congestionnée, on fait boire de la limonade et non des spiritueux, et l'on applique des sinapismes aux jambes.

Asphyxie par le charbon. — Exposer le malade au grand air, puis le placer sur son lit, la tête élevée.

Asperger le visage d'eau vinaigrée et faire des frictions, surtout sur la poitrine, avec une flanelle imbibée d'eau-de-vie ou d'eau de Cologne; approcher des narines un peu d'ammoniaque étendue d'eau, du vinaigre ou une allumette soufrée allumée; irriter les narines avec les barbes d'une plume et imiter les mouvements de la respiration. Enfin, quand le cas est très grave, pratiquer l'insufflation telle que nous l'avons décrite pour les noyés. Ne pas se lasser de frictionner longtemps, car certaines personnes ne sont revenues à la vie qu'après quatre heures de soins continuels.

L'asphyxie *par le vin en fermentation* se traite comme l'asphyxie par le charbon. — Dans l'asphyxie *par les gaz de fosses d'aisances*, outre les mêmes soins à donner, on fait respirer immédiatement au malade du chlore ou de l'eau chlorurée. Il est bon aussi d'administrer un lavement à l'eau de savon : 8 grammes de savon de Marseille dans un litre d'eau. — Dans l'asphyxie *par la foudre*, le malade doit être transporté dans un lieu aéré, être débarrassé des vêtements qui peuvent le gêner et être assis sur un siége la tête exactement droite. Le reste, comme dans les autres cas.

Asphyxie par la chaleur. — Quand un ouvrier, un moissonneur, par exemple, est frappé d'asphyxie par la chaleur, il faut le transporter dans un lieu frais et abrité contre le soleil; enlever tous les vêtements qui peuvent serrer une partie quelconque de son corps.

Donner immédiatement un bain de pieds très chaud aiguisé avec une poignée de sel de cuisine ou un verre de vinaigre; y faire rester l'asphyxié pendant un quart d'heure. Appliquer sur la tête, le front et les tempes des compresses épaisses de linge, trempées dans de l'eau froide. Nettoyer le visage avec de l'eau fraîche, particulièrement les yeux. Donner au malade, pour boisson, de l'eau froide vinaigrée, c'est-à-dire un quart de litre d'eau dans laquelle on ajoutera 16 grammes de vinaigre. Cette boisson sera donnée souvent et en petite quantité à la fois. Si le médecin tarde à arriver, appliquer au malade cinq sangsues derrière chaque oreille. S'abstenir de lui donner, pour le ranimer, du vin ou des liqueurs.

Pour éviter l'asphyxie, les ouvriers des champs devraient, en été, s'abriter la tête par un large chapeau de paille et faire usage d'une boisson composée d'eau sucrée et de miel et aiguisée d'un peu de vinaigre ; ils devraient aussi s'abstenir d'aliments excitants et de boissons spiritueuses.

Asphyxie par le froid. — Transporter le malade dans une chambre sans feu. Si ses membres sont encore souples, on le déshabillera et son corps sera couvert de linges trempés dans de l'eau refroidie par un peu de glace. Dans le cas où les membres auraient perdu leur souplesse, on mettrait le patient dans un bain aussi froid que possible, que l'on réchaufferait peu à peu tous les quarts d'heure. Dans les deux cas, quand les membres commenceront à s'assouplir, on fera des frictions sur les membres, d'abord avec de la neige, s'il y en a, ou avec des linges trempés dans de l'eau froide que l'on chauffera peu à peu pendant que l'on cherchera sur les côtes à imiter le mouvement de la respiration. Quand la respiration, la circulation et la chaleur se seront un peu rétablies, on transportera le malade dans un autre lit d'une température semblable à celle du corps. On le couvrira de couvertures légères et l'on s'abstiendra toujours de faire du feu dans la chambre. Si le malade peut avaler, on lui donne quelques cuillerées d'eau froide contenant quelques gouttes de mélisse, d'eau-de-vie ou d'eau de Cologne.

Ivresse. — Dans un cas d'ivresse qui présente de la gravité, on peut faire vomir et donner ensuite de *5 à 10 gouttes* d'ammoniaque liquide dans un verre d'eau sucrée ou dans une tasse de thé.

Sujet de rédaction. — Nommez les sortes d'asphyxies et expliquez ce que l'on doit faire quand on est en présence de gens asphyxiés.

163. — En attendant le médecin.

Croup et Convulsions. — Un écrivain très connu par son encyclopédie populaire de la santé, le docteur Jules Massé, a dit dans un de ses excellents ouvrages : « Une mère! chères lectrices, une mère!... Oh! regardez la vôtre, si vous l'avez près de vous ; rappelez-vous ses soins et sa sollicitude, si vous en êtes séparées. »

Il n'est rien ici-bas de plus admirable, de plus méritoire, de plus attentif, de plus désintéressé, de plus précautionneux, de plus aimable, que ce qu'on appelle une bonne mère.

Votre mère ne pense qu'à vous. Depuis qu'elle a des enfants, elle ne vit plus que pour eux, elle ne voit plus que par eux ; elle n'a d'autre ambition que leur santé, leur réussite et leur bonheur. Rappelez-vous vos premières années, songez à ces soins de toute nature, à ces attentions de tous les jours... Au moindre bobo, que d'inquiétudes, que de minutieuses questions, que de prévenances!

Mme de Sévigné écrivait à Mme de Grignan : « J'ai mal à votre poitrine, ma fille. » Toutes les mères ne formulent point aussi littérairement leurs sensations, mais soyez persuadées, mesdemoiselles, que toutes les fois que vous avez été malades, votre mère a été deux fois plus souffrante, plus impressionnée, plus malade que vous. Elle a ressenti votre fièvre, elle a souffert de toutes vos migraines, elle aurait voulu prendre votre mal... Vous l'aimez bien, n'est-ce pas? Mais vous ne l'aimerez jamais autant qu'elle le mérite.

Les mères de famille aiment leurs enfants plus qu'elles-mêmes, et elles jugent parfaitement la situation des malades qui les entourent. Mon avis formel est que, si au lieu du sempiternel piano, à la place de je ne sais quelle creuse littérature, au lieu de certains tours de force à l'aiguille, en remplacement de mille inutilités, on apprenait aux jeunes personnes un peu d'hygiène, un peu de médecine, on trouverait dans la grande classe des mamans, des praticiens à succès et de véritables victoires médicales.

Prenons le docteur pour guide dans ce chapitre important.

Parmi les maladies les plus redoutables pour les enfants et qui sont à juste titre l'effroi des mères, on peut nommer le croup et les convulsions.

Quand les symptômes du croup se déclarent : mal de gorge, toux rauque et bizarre, fièvre générale, il faut, de la part de la mère, beaucoup de sang-froid, pas de trouble, pas d'effroi intempestif. Pas de pleurs non plus et d'anxiétés sur le visage: l'enfant, plus clairvoyant qu'on ne croit, s'effrayerait, et la frayeur complique toutes les maladies.

Avant tout, il est utile de faire vomir le petit malade avec un paquet d'émétique pesant 5 centigrammes, délayé dans un verre d'eau pure. On en donne une cuillerée à bouche jusqu'à ce que le malade vomisse franchement; on peut aider les vomissements par un ou deux verres d'eau tiède.

Après avoir laissé reposer le malade huit ou dix minutes, on continue à donner une cuillerée toutes les dix ou douze minutes, puis tous les quarts d'heure et enfin toutes les demi-heures. Si l'enfant, au lieu d'être tout petit, avait sept ou huit ans, on ferait dissoudre 10 centigrammes d'émétique au lieu de 5 dans le verre d'eau.

Comme vomitif, on peut donner du sirop d'ipécacuana par cuillerée à café jusqu'à vomissement. Les maîtresses de maison prudentes ont toujours en réserve des paquets tout préparés d'émétique pesant 5 centigrammes chacun, et du sirop d'ipéca.

Valériane.

Il est bon aussi d'appliquer aux membres inférieurs de l'enfant des cataplasmes de farine de lin bien chauds saupoudrés de farine de graine de moutarde. On peut lui administrer encore un lavement légèrement purgatif, par exemple du lait dans lequel on fait entrer deux ou trois cuillerées d'huile de ricin; ou bien encore une décoction de 4 grammes de follicules de séné mondé dans laquelle on fait dissoudre une cuillerée de gros miel.

On fait boire aussi le malade le plus possible pour laver sa pauvre gorge, on lui donne une infusion de fleurs de violette, de mauve ou simplement de l'eau chaude sucrée avec un sirop acidulé.

Séné.

Parlons maintenant avec quelques détails d'une autre maladie bien faite aussi pour épouvanter les mères.

Ipécacuana.

Lorsqu'un enfant a les yeux brillants et fixes avec secousses rapides, qu'il a l'écume à la bouche, la mâchoire agitée, la tête portée en arrière ou sur les côtés, la respiration entrecoupée de cris, le visage contracté avec une teinte pâle, bleuâtre, livide, il est atteint de convulsions.

Il faut aussitôt déshabiller l'enfant pour qu'il ait sa libre respiration, lui faire respirer de l'éther ou du vinaigre, poser des compresses d'eau fraîche sur le front, fréquemment renouvelées, car toute congestion part du cerveau, promener sur les jambes de petits sinapismes faits à froid, frictionner la poitrine et l'épine dorsale avec un morceau de flanelle ou avec la main. Administrer un lavement avec un peu de sel gris ou mieux avec une décoction de racines de valériane, un de nos meilleurs antinerveux. Donner quelques gorgées d'eau de fleurs d'oranger, d'eau de mélisse ou de menthe anglaise étendue avec de l'eau ordinaire.

Sujet de rédaction. — Quels sont les premiers soins à donner à des enfants atteints du croup ou ayant des convulsions?

164. — Premiers soins. — Morsures. Ouvertures d'artères.

J'hésitais à vous parler, mesdemoiselles, de plusieurs accidents terribles dont le nom seul donne le frisson, et pourtant il faut bien aborder ce sujet, puisque toutes, dans le cours de notre vie, nous pouvons avoir de ces heures d'angoisses cruelles qui mettent nos jours en danger ou ceux des personnes qui nous sont chères. Dans ces circonstances redoutables, si l'on fait ce qui est nécessaire, si l'on agit sans perdre une minute, on peut conjurer d'horribles catastrophes.

Lorsqu'une personne a été mordue par un chien que l'on présume être enragé, il faut vite chercher à neutraliser et à prévenir l'absorption du virus rabique ou principe matériel de la rage. Pour cela, on doit aussitôt faire une ligature au-dessus de la blessure, — si celle-ci affecte un membre, — puis faire saigner la plaie et la presser pour favoriser l'écoulement du sang. Ensuite, il faut laver la plaie à grande eau, avec de l'eau quelconque : eau salée, eau courante, eau de savon, de lessive, etc. Et surtout, il est indispensable de recourir le plus vite possible au moyen le plus sûr et le plus efficace, sans préjudice de la méthode Pasteur, je veux dire à la cautérisation profonde des parties mordues, à l'aide d'un fer rougi à blanc. Plus le fer est chaud, moins la cautérisation est douloureuse.

Vipère.

La morsure d'un reptile venimeux offre aussi un danger très grand et souvent presque immédiat, si peu qu'on laisse au venin, plus ou moins subtil, le temps de se répandre dans l'économie. La première chose à faire pour s'opposer à cette expansion est une ligature très serrée au-dessus de la plaie, qu'on fait saigner abondamment; puis on procède à la cautérisation comme dans la morsure de chien enragé. Après la cautérisation, on met sur la plaie une compresse imbibée du mélange de deux cuillerées à bouche d'huile d'olive, avec une cuillerée d'alcali volatil, puis bon lit pour le malade, bouteilles d'eau chaude aux pieds, infusion de camomille ou de fleurs d'oranger. Dois-je ajouter que j'ai été témoin d'un fait bien touchant à propos de la morsure d'une vipère?

Une personne a sucé devant moi une plaie venimeuse à plusieurs reprises, et a guéri ainsi la malade. Si cette dévouée personne avait eu la plus petite écorchure aux lèvres ou dans l'intérieur de la bouche, elle s'exposait à une mort certaine.

Des ouvriers qui manient le verre, ceux qui se servent d'outils tranchants, des ménagères obligées d'employer des couteaux pointus et affilés, peuvent se faire de dangereuses blessures. Or, quand une blessure est suivie d'une hémorragie abondante, provenant de l'ouverture d'une artère, ce qui peut amener la mort très promptement, on doit arrêter le sang à tout prix, et, pour cela, sans perdre une minute, il faut poser le doigt fortement sur la blessure ou à l'endroit où l'on peut atteindre l'artère, et l'y maintenir ainsi jusqu'à l'arrivée du médecin, serait-il plusieurs heures à se faire attendre. Dans ce cas, plusieurs personnes peuvent se relayer auprès du patient.

On pourrait tamponner la plaie avec une quantité de linge formant pile, ou avec une petite pyramide d'amadou. On appuie fortement ce tampon sur le vaisseau ouvert, et on le maintient avec des bandes ou des serviettes très serrées. Mais rien ne vaut l'application du doigt en attendant le médecin.

J'oubliais de dire que quand la place de la blessure le permet, il faut faire, en outre, une ligature au-dessus de la plaie. Ce bandage a pour but de comprimer l'arrivée du sang, qui s'échappe de l'artère par jets saccadés.

Sujet de rédaction. — Que faut-il faire immédiatement dans les cas de morsures de chien enragé, de reptile venimeux, et aussi dans la coupure d'une artère?

165. — Les Petites Misères et leurs remèdes.

Les Crampes. — Lorsqu'une crampe vous saisit, liez fortement au-dessous du genou la jambe attaquée, et la crampe disparaîtra. On peut encore masser, c'est-à-dire presser, pétrir avec le pouce, la main, les muscles de la jambe, ou enfin appliquer le pied nu sur le plancher.

Le Hoquet. — Boire longtemps et lentement un verre d'eau, ou d'eau et de vin, sans reprendre haleine. Se faire éternuer avec une forte prise de tabac. Une émotion vive ou une surprise arrête quelquefois le hoquet : on peut donc essayer ou d'intriguer ou d'émouvoir le patient.

Saignement de nez. — Nous indiquons plusieurs moyens; si l'un ne réussissait pas, on emploierait l'autre.

Provoquer coup sur coup de profonds soupirs. Tenir le bras levé du côté opposé à la narine par où se fait l'écoulement. Renifler de l'eau très fraîche et additionnée au besoin d'un peu de vinaigre ou d'alun. Priser de l'alun en poudre ou de la colophane. Appliquer des compresses d'eau froide sur le front, les tempes et le nez. Prendre debout un bain de pieds sinapisé ou appliquer des sinapismes aux jambes.

Ampoules. — Lorsqu'en marchant il survient des ampoules aux pieds, il ne faut pas enlever l'épiderme, mais simplement traverser l'ampoule avec une aiguille garnie de fil de soie et laisser le fil au milieu; alors on peut continuer sa marche.

Coups de soleil ou insolation. — Mettre des compresses d'eau fraîche, d'eau vinaigrée ou d'eau sédative. Si le coup de soleil amène la soif, le mal de tête, il faut garder des compresses d'eau froide sur la tête, mettre des sinapismes aux pieds, jeûner un peu et prendre des boissons acidulées : groseille, citron, orange, vinaigre. Pour enlever la rougeur, enduire fortement la plaie de suif et mettre par-dessus une couche de poudre d'amidon.

Corps étrangers dans le gosier, le nez, les oreilles, les yeux. — Quand un corps est arrêté *dans le gosier*, il faut provoquer des vomissements en y introduisant le doigt ou un petit poireau pelé. Quelquefois, en avalant une bouchée de pain on force le corps à descendre.

Pour un corps entré *dans le nez*, il faut provoquer l'éternuement avec du tabac ou aspirer de l'huile en fermant la narine opposée.

Si un petit insecte s'introduit *dans l'oreille*, on y fait pénétrer de l'huile; et, quand l'huile est entrée, on penche la tête : en tombant, l'huile entraîne avec elle l'insecte asphyxié.

Lorsqu'un corps étranger s'est introduit *sous la paupière supérieure*, on tire cette paupière avec le pouce et l'index et on l'abaisse aussi bas que possible sur la paupière inférieure; on la maintient ainsi quelque temps, et on la lâche ensuite : un flot de larmes en sort entraînant le corps étranger.

Évanouissement. — Lorsque, en été, une personne s'évanouit par suite de l'élévation de la température, on peut, après les aspersions d'usage, lui donner un peu de café noir et froid; l'effet en est merveilleux.

166. — Les Petites Misères et leurs remèdes (*fin*).

Entorse. — Ce mot signifie qu'il y a *torsion* d'une articulation. Dans les entorses un peu fortes, il y a rupture des petits vaisseaux; l'entorse, même légère, peut amener des conséquences fâcheuses; il est donc utile de s'en occuper aussitôt.

Le remède le plus efficace consiste à plonger tout de suite le pied dans un seau ou mieux dans un baquet d'eau froide et de l'y maintenir le plus longtemps possible; sans cela, le bain froid déterminerait une réaction d'autant plus vive que la température de l'eau aurait été plus basse, absolument comme quand on s'est frotté les mains dans la neige : elles deviennent peu après rouges et brûlantes. On couvre ensuite le pied de compresses imbibées d'eau blanche et qu'on renouvelle à mesure qu'elles s'échauffent, afin de prévenir toute réaction.

S'il y a enflure, on se sert d'alcool camphré et on garde un repos complet, le pied tenu horizontalement. Quelques médecins emploient le massage dans les entorses légères :

immédiatement après l'accident, ils conseillent de pétrir l'articulation, c'est-à-dire la partie gonflée, de l'allonger, de la distendre, et de s'essayer ensuite à la marche. Le massage dure environ un quart d'heure, et on le renouvelle pendant deux ou trois jours.

Contusions. — Ecchymoses. — Les contusions sont produites par des corps de forme un peu arrondie qui ne peuvent ni couper ni percer. On entoure la partie blessée avec des compresses d'eau fraîche souvent renouvelées. Lorsqu'il y a ecchymose, c'est-à-dire une place irrégulière, bleuâtre, produite par du sang extravasé, on applique des compresses d'eau salée ou d'eau-de-vie camphrée, d'arnica ou autres liqueurs dites vulnéraires. S'il y a écorchure, on couvre avec du cérat camphré.

Cors aux pieds. — Il est très dangereux de couper les cors aux pieds, car une hémorragie peut se produire; mieux vaut les réduire avec une lime douce. Le meilleur palliatif consiste à prendre un bain de pied prolongé et à gratter, amincir et retrancher la matière cornée qui s'est gonflée et ramollie. A la suite de cette opération, on applique sur le cor un morceau de diachylon qui, en attendrissant le durillon, diminue la douleur.

Clous ou furoncles. — Au début, il est bon de les entourer d'une couche de collodion; mais s'ils sont déjà formés, on les couvre d'un cataplasme de farine de lin, ou de mie de pain de seigle, ou enfin d'une tranche épaisse de citron fréquemment renouvelée, puis on les perce quand la pression indique la formation du pus, et on fait sortir le *bourbillon*.

On peut quelquefois faire avorter les clous, lorsque, au début, on les ouvre avec une lancette ou lorsqu'on applique au centre une sangsue. Pour éviter l'apparition successive de furoncles, il faut prendre quelques purgatifs doux et quelques bains.

Engelures. — Quand l'engelure n'est point ulcérée, on y met une couche de collodion, qui forme un vernis protecteur. Lorsqu'il y a des ulcérations, que les engelures sont crevassées, on les panse avec de la glycérine pure. On peut aussi les toucher avec le crayon de nitrate d'argent, et les couvrir de collodion.

On prévient souvent les engelures en fortifiant la peau par des frictions aromatiques ou toniques : alcool camphré, eau alunée, eau de Cologne, etc. On peut encore tremper les mains plusieurs fois par jour dans du vin rouge tiède, ou dans de l'eau tiède dans laquelle on a fait infuser un peu de tanin.

Gerçures. — Appliquer dessus de la glycérine pure, de la pommade de concombre ou du cérat à l'huile d'amandes douces.

Verrues. — Il suffit de les mouiller et de les frotter plusieurs fois par jour avec la pierre infernale. On peut aussi les cautériser avec de l'eau forte (acide azotique) ou les humecter avec une goutte de solution concentrée de perchlorure de fer.

Piqûres d'abeilles, de guêpes, de cousins. — Extraire l'aiguillon et mettre sur la piqûre quelques gouttes d'ammoniaque liquide ou alcali volatil. A son défaut, appliquer de l'eau salée, de l'eau de chaux ou de lessive.

S'il y a inflammation vive au bout de quelques heures, remplacer par des cataplasmes à la mie de pain et au lait. Si l'on est en pleine campagne, mettre sur la piqûre un peu de terre délayée avec de la salive, ou de la boue humide de l'ornière.

Échardes. — Les retirer le plus promptement possible, et pour aider l'extraction, si elle offre des difficultés, mettre la main dans l'eau tiède durant une heure ou deux.

Piqûres d'épingles, d'aiguilles, épines. — Faire saigner la piqûre, la sucer au besoin. Prévenir l'inflammation par un bain local prolongé ou par l'application de cataplasmes.

Migraine. — De nos jours, les médecins recommandent avec succès l'antipyrine contre la migraine, ce mal si douloureux et si peu plaint.

Sujet de rédaction. — Nommez les remèdes à employer dans les petites misères se rapportant à notre santé, c'est-à-dire pour les *bobos* qui ordinairement n'offrent pas de danger.

167. — Anecdotes.

L'ordonnance du capitaine X... entre chez M..., pharmacien, et demande du laudanum.

— On ne donne pas du laudanum au premier venu, répond le pharmacien.

— Vous vous moquez de moi, je ne suis pas le premier venu, puisqu'il y avait cinq personnes quand je suis entré.

— Je ne puis donner du laudanum que contre une ordonnance de médecin.

— Qu'avez-vous donc contre les ordonnances? C'est moi qui suis celle du capitaine.

Trois princes de la science se sont réunis en consultation pour guérir quand même le général X...

Le général, anxieux de savoir ce qui a été décidé à son endroit, sonne son domestique...

— Eh bien, mon bon Joseph, tu as accompagné ces messieurs jusqu'à la porte, que disaient-ils?

— Dame, général, ils étaient tous d'un avis différent, et il y a le gros décoré, qui a l'air bon enfant, qui disait comme ça qu'il fallait encore un peu de patience, et qu'à l'autopsie on connaîtrait la cause de la maladie de mon général.

168. — Petits Maux et petits remèdes.

La poésie se prête à tout. Dans les conférences que le docteur Jules Massé faisait à des ouvriers, il terminait souvent ses leçons d'hygiène par des bouts-rimés qui avaient l'avantage de se graver mieux dans la mémoire de ses auditeurs, en voici quelques-uns.

YEUX.

Quand un corps étranger entre sous la paupière,
Il vous irrite l'œil d'une rude manière!
Pour le retirer, pour l'extraire,
Il faut rouler adroitement
Un morceau de papier qu'on passe promptement
Dans tout l'organe larmoyant.

OREILLES.

Quand, par hasard, un petit animal,
Un moucheron, ou bien quelque bête pareille,
Pénètre insolemment jusque dans votre oreille,
Versez deux gouttes d'huile au fond de ce canal,
Et l'insecte, étouffé, ne fera plus de mal.

NEZ.

Le saignement de nez, — accident fort commun, —
Modéré n'est pas redoutable,
Et quand il semble intarissable,
On l'arrête en prisant de la poudre d'alun.

GOSIER.

Une arête dans le gosier
Est vraiment une laide affaire;
On a bien du mal à l'extraire.
Puis, on l'enfonce encor dès que l'on veut crier.

— Mangez de la bouillie, ou beaucoup de pain frais
Avalez vite tout exprès,
Ou bien prenez un bâton de baleine,
Mettez un peu d'éponge au bout,
Et ce balai de nouveau goût
Pourra vous retirer de peine.

169. — La Ville et la campagne.

Enfant, ne rêve pas le séjour des villes, ne déserte point la ferme, ne te laisse point tromper par les apparences. Ne va pas où l'on étouffe, reste où l'on respire. Dieu t'a donné des joies pures, de douces espérances, des besoins modestes, ne les échange pas contre les joies factices, les espérances désordonnées et les besoins insatiables. La ville, sache-le bien, est une sorte de serre où l'air chaud remplace le soleil, où l'existence est trop rapide pour être bonne, où les parfums s'affaiblissent et où les meilleurs fruits perdent de leur saveur. On s'y étiole ; on y vit de la fièvre, non de la santé. Sois donc, jeune fille, la fleur de pleine terre, éclatante et robuste, poussant dans sa saison, à ciel découvert et à air libre. Vis doucement, modestement et heureusement.

Les rudes travaux n'ont pas été créés pour toi ; ils exigent trop de force, et la force a été donnée à l'homme ; c'est donc à lui de les exécuter. Tu te borneras à soigner l'intérieur de la ferme, la basse-cour et le potager ; tu t'occuperas aussi de l'intérieur du logis. Propreté n'est pas luxe ; tu veilleras donc à ce que les carreaux ou les dalles soient soigneusement balayés et lavés ; à ce que les meubles, le fer, la fonte et le cuivre reluisent ; à ce que la vaisselle de terre ou de faïence fasse miroir sur l'étagère. Tu ne permettras pas à l'araignée de filer en paix sa toile aux angles des poutres et des murs ; tu ne laisseras point la graisse des lampes égoutter et rancir sur le manteau de la cheminée. La propreté, c'est la santé ; ne l'oublie pas. C'est aussi, ne l'oublie pas davantage, l'aimant qui attache la famille à son intérieur. Quand chaque chose est à sa place et ne laisse rien à désirer, l'œil s'égaye, le cœur s'épanouit, et l'on se sent heureux, alors même qu'il y aurait un fond de misère, un revers de médaille sous ce bien-être extérieur. Les heures passent toujours vite quand l'esprit et le cœur ont leurs aises ; les jolis tableaux raccourcissent les longues distances, les intérieurs gracieux retiennent les gens au logis.

170. — Mesures à donner pour les commandes de costumes et confections de dames.

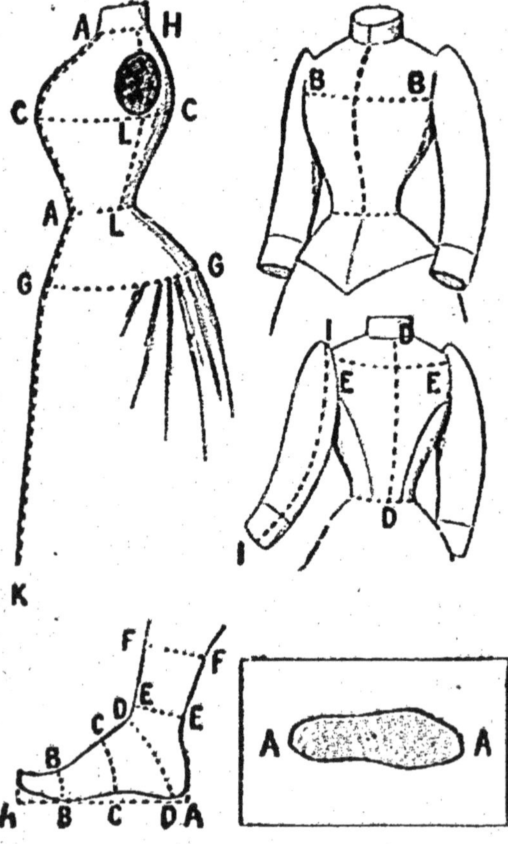

MESURES A DONNER

AA. Hauteur du devant (fig. 1).

BB. Largeur de poitrine (fig. 2).

CC. Contour du corps au plus fort de la poitrine en passant sous les bras (fig. 1).

DD. Hauteur du dos (fig. 3).

EE. Largeur du dos (fig. 3).

AF. Tour de taille (fig. 1).

GG. Contour des hanches (fig. 1).

AH. Encolure (fig. 1).

II. Longueur des manches (fig. 3).

AK. Longueur de jupe devant (fig. 1).

LL. Hauteur sous les bras (fig. 1).

CHAUSSURES

BB. Contour des doigts.

CC. Contour du cou-de-pied.

DD. Contour de l'entrée du pied.

FF. Contour du bas de la jambe.

EE. Contour de la cheville.

AA. Longueur du pied.

Mesure indispensable. — Envoyer le dessin du pied comme l'indique la figure ci-contre AA. A cet effet, poser le pied à plat sur une feuille de papier et en dessiner le contour avec un crayon tenu perpendiculairement.

171. — La Ménagère à la campagne.

Fermière, femme d'agriculteur. — Une jeune fille à laquelle on veut donner une éducation qui la rende apte à diriger l'économie domestique d'une exploitation agricole ne doit rien négliger de tout ce qui peut parer son esprit et lui faire acquérir des talents agréables. Ces talents, à la campagne, lui procureront le même plaisir et lui vaudront les mêmes succès qu'à la ville.

Quelques études sérieuses lui donneront de l'aplomb et lui permettront, après son mariage, de causer avec son mari d'une foule de choses qui intéressent les hommes. Comme elle doit charmer les loisirs communs, elle pourra, pour se livrer aux études qu'exige sa position, négliger la connaissance d'une multitude de petits travaux d'aiguille insignifiants, ainsi que les lectures frivoles, et apporter moins de recherche dans l'art de la toilette.

A la campagne, une femme a deux ménages à gouverner : celui de la famille et celui de la ferme. Ils ne peuvent être communs; elle doit leur consacrer les mêmes soins, la même surveillance. Si la direction n'est pas la même, l'ordre et l'économie doivent présider à tout dans les deux. Elle doit exercer une surveillance active sur ce qui se passe chez elle et dans la ferme; il faut qu'elle n'ignore rien de ce qui s'y fait, et, quand elle a donné des ordres, qu'elle s'assure qu'ils ont été exécutés. Pour faciliter ce travail, il convient que les ordres soient donnés, autant que possible, le soir pour le lendemain. Par sa présence inattendue la ménagère tiendra tout son monde en haleine : il vaut mieux prévenir le mal qu'avoir à le réprimer.

Chaque jour, sans exception, le matin ou le soir, une maîtresse de maison prendra un moment pour mettre en ordre ses comptes journaliers, compter avec les domestiques auxquels elle a confié de l'argent, et inscrire les journées des gens qu'elle a employés aux travaux placés sous sa direction. Cette règle doit être invariable.

Jardinage. — Le jardin est sous la dépendance de la maîtresse de maison, c'est elle qui doit diriger le jardinage; il faut donc qu'elle en connaisse tous les détails afin de pouvoir faire exécuter, par des journaliers ou des domestiques en général peu expérimentés, les travaux quotidiens qu'il exige. Elle emploiera beaucoup de temps à cette surveillance, mais chaque objet produit par ses soins acquerra un nouveau prix.

Une maîtresse de maison dont le mari est agriculteur doit aussi prévoir les besoins de la ferme et faire semer et cultiver dans les champs, en temps utile, tous les légumes qui sont nécessaires au nombreux personnel qui compose l'exploitation. Elle trouvera une immense économie à faire, pour ses domestiques, une ample provision de bons et nourrissants légumes, qui, après le pain, doivent former leur principal aliment, et il lui sera facile de faire cultiver ces légumes dans les champs, par des laboureurs et des femmes de la ferme, sans qu'un jardinier soit obligé de s'en occuper.

Récolte. — Pendant les grands travaux de l'été, la présence de la maîtresse de maison est souvent nécessaire dans les lieux où ils s'exécutent; car son mari ne peut être partout, et rien ne remplace l'œil du maître.

L'économie est la première source de la richesse, et surtout de la richesse agricole, et le bon emploi du temps des travailleurs est une des bases de l'économie.

L'opportunité de la rentrée des récoltes n'est pas moins importante. Dans cette saison, la ménagère négligera un peu certaines occupations intérieures pour prendre une plus grande part aux travaux des champs; elle regagnera ce temps dans la *morte saison.* Il faut donc qu'elle sache comment cette besogne doit être exécutée, et qu'elle soit familiarisée avec le langage approprié aux divers travaux; elle doit connaître ce qui constitue la perfection d'un labour, d'un binage, d'un sarclage; le degré de dessiccation nécessaire aux foins et aux blés; le point de maturité convenable et les meilleurs modes de conservation des légumes et des fruits.

Bestiaux. — C'est du choix des vaches et de la nourriture qu'on leur donne que dépendent les bons produits

qu'on en peut attendre. C'est à la maîtresse de maison à rappeler à son mari la culture des plantes qui conviennent à leur nourriture, et à lui signaler quelles sont celles à renouveler ou à garder, quels sont les élèves à faire. Il faut donc qu'elle soit au courant de leurs qualités et de leurs défauts, et qu'elle s'entende avec son mari pour les jeunes bêtes à conserver. La vacherie doit être dirigée par elle.

L'élève et l'engraissement des porcs sont aussi de son domaine. Si ces deux opérations sont bien conduites, elles peuvent donner des bénéfices importants et procurer une grande ressource au ménage.

Ruches. — Le soin des ruches lui appartient aussi ; et comme, dans une agriculture perfectionnée, on cultive une multitude de plantes très variées, qui fleurissent et fournissent aux abeilles des aliments appropriés à leur nature, les ruches bien dirigées peuvent donner un assez bon revenu.

172. — Renseignements précieux d'un grand-père.

Après avoir donné les recettes d'une grand'mère, nous donnons ici les renseignements précieux, nous allions dire indispensables, d'un grand-père. Nos chères lectrices nous sauront gré de les leur faire connaître, car, un jour ou l'autre, ils leur seront très utiles.

Placement d'argent. Titres perdus ou volés. — Placez votre argent dans des valeurs de tout repos : État, obligations de chemins de fer. Tenez moins aux revenus élevés qu'à la sûreté du capital.

Divisez vos placements, ou en d'autres termes, ne mettez pas tous vos œufs dans le même panier.

Si vous placez de l'argent sur l'État, celui-ci vous remettra des titres vous donnant droit à recevoir les intérêts tous les trois mois.

Il existe des titres *nominatifs*, qui portent le nom du titulaire; des titres au *porteur*, ne portant aucun nom, et enfin des titres *mixtes*, qui, tout en portant le nom, sont munis de coupons comme les titres au porteur. Ces titres sont peu connus et possèdent les avantages réunis des deux premiers.

Il est toujours loisible de faire transformer, et sans frais, les titres au porteur en titres nominatifs ou mixtes et réciproquement. Ayez la valeur, la série et le numéro de chaque titre que vous possédez : rentes sur l'État, obligations de chemins de fer, etc. Faites-en plusieurs listes et déposez-les en divers endroits; si l'une s'égare, l'autre reste.

Dès qu'un titre est volé, perdu ou brûlé, allez vite chez votre agent de change ou au siège de la Compagnie qui l'a émis; vous ferez certifier le fait par exploit d'huissier, et cet acte constituera une opposition au payement des intérêts et à la négociation des titres.

Si le titre perdu ou volé est nominatif, rendez-vous

aussitôt à la mairie, accompagné de deux témoins ; faites votre déclaration et portez-la ou envoyez-la au ministre des finances. Celui-ci, ayant constaté la régularité de la déclaration, fait ensuite établir une nouvelle inscription au Grand-Livre et vous en fait remettre un extrait pour remplacer l'ancien.

Si le titre perdu ou volé est au porteur, la difficulté est plus grande. Les formalités ayant été remplies aussitôt la perte du titre, le titulaire au bout de dix ans réclamera à qui de droit, sauf caution, la délivrance d'un duplicata du titre perdu. Ce nouveau titre remplacera l'ancien et aura la même valeur.

C'est toujours une sage précaution de conserver les écrits des agents de change relatant l'achat des titres.

En chemin de fer. — Simplifiez vos bagages autant que possible, ne prenez que le strict nécessaire. Arrivez à l'embarcadère au moins un quart d'heure avant le départ. Prenez tout de suite votre billet afin de faire enregistrer vos bagages. Enlevez de vos malles les anciennes étiquettes et assurez-vous que les nouvelles étiquettes collées portent le numéro correspondant à celui de votre bulletin.

Tout billet perdu doit être payé de nouveau. Si vous perdez votre bulletin de bagages, montrez votre billet portant au dos la lettre B, vous prouverez ainsi que vous aviez des bagages. La Compagnie répond des bagages inscrits, mais non des colis portés à la main. Chaque billet donne droit à un poids de 30 kilogrammes. Une demi-place a droit à 20 kilogrammes. Les enfants au-dessous de trois ans et posés sur les genoux ne payent pas; ceux qui ont de trois à sept ans payent demi-place.

Prenez toujours le numéro de votre wagon.

Si vous descendez, marquez votre place avec un objet quelconque, on n'a pas le droit de vous la prendre; mais on ne peut retenir que sa place. Ne montez pas dans une classe autre que celle marquée par votre billet, si vous ne voulez pas être passible d'une forte amende. Si à une station vous ne pouvez monter dans le train, faute de place, montez dans le suivant quel qu'il soit. Si, au moment de partir, un cas de force majeure survient et vous en empêche, faites-le constater au guichet et adressez une demande de remboursement à la Compagnie.

A la poste. — Vous avez besoin d'écrire à une personne dont vous connaissez imparfaitement l'adresse, et vous désirez qu'on ne sache pas ce que vous écrivez; mettez votre adresse sur un coin de l'enveloppe, envoi de... et si la lettre n'a pu être remise au destinataire elle vous sera retournée sans avoir été ouverte. Vous avez déposé une lettre à la poste et vous avez oublié d'y mettre le timbre ou d'ajouter une chose importante; retournez au bureau de poste, donnez la suscription exacte de la lettre (ou de l'objet déposé), faites constater votre identité, et si la lettre n'est pas partie, on devra vous la remettre. Si vous envoyez un journal, un livre, etc., reproduisez l'adresse autre part que sur la bande, sur l'objet envoyé; vous aurez deux sûretés au lieu d'une.

173. — Aimez les fleurs.

Si vous avez un jardin, ou tout au moins un petit parterre, semez des fleurs. La vue de ces charmantes petites créatures calme, adoucit, harmonise et pacifie; elle réjouit l'œil et fortifie le cœur, parce que tout ce qui est verdoyant, frais, plein de vie, exerce sur nous une influence heureuse.

Entre les fleurs et le cœur de l'homme il existe l'affinité la plus intime. Il n'est pas un sentiment qui ne les emploie pour symbole et pour interprète. Cette jeune enfant fait-elle des souhaits de fête à sa mère, ses vœux n'ont pas de prix, même à ses propres yeux, s'ils ne sont accompagnés de l'hommage de quelques fleurs. Allons-nous pleurer sur une tombe qui nous est chère, notre main respectueuse suspend une couronne d'immortelles à la croix funéraire ; nous semons des plantes de deuil autour du mausolée.

De même que les fleurs ont une langue pour exprimer nos douleurs, elles en ont une pour les consoler. Vous êtes prisonnier dans une tour solitaire, le geôlier vous permet d'avoir et d'arroser sur l'étroite fenêtre de votre cachot une tige de géranium ou de pensée; cette aimable société vous rend la captivité moins amère. — Les nécessités de votre position vous exilent sur des bords lointains : votre œil y rencontre une de ces fleurs que vous aimiez à cultiver sur le sol natal ; à l'instant même vous pleurez de bonheur, comme si, dans cette humble corolle, vous aviez retrouvé votre patrie elle-même.

La culture des fleurs exerce de douces influences sur le caractère et les mœurs de ceux qui s'en sont épris. Cette sollicitude, ces attentions minutieuses dont ils entourent ces jeunes plantes qui croissent, ces boutons précieux qui se forment, ces greffes et ces boutures bien-aimées qui poussent, font pénétrer insensiblement dans leur nature un principe de simplicité, de calme, de délicatesse, parfois même de grâce, qui souvent la rectifie et toujours l'embellit et l'honore.

Jeunes enfants, aimez les fleurs;
Les fleurs sont votre heureuse image :
La terre s'embellit de leurs fraîches couleurs,
Comme des grâces de votre âge;

Leurs parfums délicats, dont les douces vapeurs
Se promènent sur le rivage,
Sont et l'emblème et le présage
De l'innocence de vos cœurs.
Elles vous offrent l'espérance
De se changer en fruits pour vous;
Votre aimable et riante enfance
Nous promet des fruits bien plus doux.
Veillez donc sur ces fleurs charmantes,
Veillez sur elles chaque jour,
Arrosez leurs tiges croissantes,
Et protégez-les tour à tour
Contre les saisons inconstantes;
Mais, en les cultivant avec un tendre soin,
O mes enfants, songez sans cesse
Que vous avez aussi besoin
Qu'on veille sur votre jeunesse!

174. — Les Recommandations de ma tante Julie.

Une femme de beaucoup d'intelligence a dit ces paroles: « Il faut qu'un homme soit dans ce monde comme un bon livre dans une bibliothèque, qu'on puisse toujours le voir avec intérêt et plaisir, et qu'on puisse dire de lui : Il y a constamment à gagner dans son commerce »

Eh bien! j'ai le bonheur d'avoir une vieille tante qui remplit absolument ce programme; bonne, dévouée, modeste, intelligente, elle a toujours un sage conseil à donner, une parole d'encouragement à adresser à ceux qui souffrent ou sont abattus. On ne peut la prendre au dépourvu, n'importe dans quelle circonstance où elle se trouve. Chaque événement journalier la trouve prête; elle sait ce qu'il faut faire dans les maladies et dans la convalescence. Les occupations de la femme, de la ménagère, n'ont pas de secrets pour elle; elle passe du salon à la cuisine et n'est déplacée nulle part. Elle a un remède pour tous les maux, une consolation pour toutes les douleurs.

Elle connait des maximes, des proverbes, des dictons, qu'elle applique fort justement, et qui, répétés à propos, frappent l'esprit et produisent un excellent effet. Tante Julie est l'oracle de la famille; on l'écoute, on l'aime, on la consulte, et on se trouve à merveille de suivre ses avis.

Entrons dans les détails. Aujourd'hui, elle entend un de ses neveux parler beaucoup et sans réflexion, sans se rendre compte de la portée de ses paroles; elle lève la tête de sur son tricot et dit tranquillement :

> De parler au hasard ne va point t'aviser
> Parler sans réfléchir, c'est tirer sans viser.

Ou bien :

> Sois prompt et diligent dans tout ce que tu fais;
> Mais, lorsqu'il faut parler, ne te presse jamais.

Un jour, m'entendant énumérer la longue liste de ce que je désirais pour être heureuse, elle me dit en souriant :

> Sachez à vos devoirs immoler vos plaisirs,
> Et pour vous rendre heureux, modérez vos désirs.

A mon frère, qui recherche les louanges et aime à être flatté par ses amis, elle répète à l'occasion :

> Aimez qui vous reprend, et fuyez le flatteur :
> Il tend par ses discours à gâter votre cœur.

Si nous restons sans rien faire, gare à nous, les dictons pleuvent sur nos têtes :

> Aimes-tu le repos? travaille en ta jeunesse;
> C'est par là qu'on s'assure une douce vieillesse.

A ma sœur aînée, qui se plaignait de l'ingratitude d'une amie à qui elle avait rendu service, elle lui cita ces vers :

> Rappelez rarement un service rendu;
> Le bienfait qu'on reproche est un bienfait perdu.

Elle a aussi des anecdotes à raconter, de petites histoires qui viennent à l'appui de son dire. Un jour que mon frère aîné revenait découragé de la non-réussite d'un examen, elle le remonta et lui fit comprendre que la persévérance dans les projets était indispensable. Quel est l'homme à qui tout réussit selon son gré? Et elle lui raconta la petite histoire suivante.

Une souris vivante tombe dans une grande jatte de lait; dans ses efforts pour en sortir, elle nage, elle nage, mais en vain; toutefois, à force de battre le lait par ses mouvements, elle finit par le convertir en beurre, et alors la

souris peut sauter hors de la jatte et recouvrer sa liberté.

Lorsqu'elle nous voit chercher un objet, elle nous dit en souriant : Remettez chaque chose à sa place après vous en être servi; c'est le moyen de mettre la main dessus au premier besoin.

Lorsque nous partons en voyage, tante Julie nous prémunit contre certains dangers : Ne montez jamais dans une voiture, un tramway, un wagon de chemin de fer, sans que le véhicule soit complètement arrêté. Faites de même lorsque vous descendez. Que d'accidents terribles arrivent journellement parce qu'on ne sait pas contenir son impatience une minute! Ne descendez du chemin de fer que du côté réglementaire, côté gauche quand, assis, on a devant soi la machine. Obéissez strictement aux ordres des employés de chemins de fer; le règlement est fait dans l'intérêt des voyageurs. Ne vous appuyez pas sur la portière du wagon où vous êtes, elle peut être mal fermée. Sous aucun prétexte, n'avancez votre tête par la portière durant que le train est en marche, vous pourriez vous heurter contre un pont, un poteau, etc. Ne jetez absolument rien sur la voie sous prétexte de vous débarrasser. Si vous mangez, mettez vos débris sous la banquette, l'employé les enlèvera.

Si un chien court après vous, arrêtez-vous, parlez-lui avec douceur. Plus vous courrez, plus il aboiera et plus sa colère augmentera.

N'approchez pas un cheval et ne passez pas derrière lui sans lui parler. Effrayé et pris à l'improviste, il lance des ruades.

Si l'on fait un voyage en voiture, il faut prendre une lanterne, afin de ne pas s'exposer, lorsqu'on rentre tard, à entendre la voix d'un gendarme vous dresser procès-verbal pour contravention à l'éclairage des voitures. Lorsque l'on conduit soi-même et qu'on rencontre une autre voiture, il faut tirer les guides à droite; c'est une règle adoptée. En se rangeant vers la gauche, il pourrait arriver des accidents.

Un voiturier qui marche à pied se place toujours de manière à avoir le bras droit du côté du cheval.

Si l'on veut aller plus vite qu'une voiture que l'on a devant soi et qu'on désire la dépasser, on doit tirer les guides à gauche.

Elle a répété souvent devant moi à des mères de famille : Ne laissez jamais coucher les petits enfants avec leurs nourrices ni avec de grandes personnes, on pourrait les étouffer durant le sommeil ; ce malheur est arrivé maintes fois. Ne laissez jamais non plus les enfants seuls dans les endroits où il y a de l'eau et du feu. Veillez à ce que vos puits soient toujours bien fermés ; ne vous fiez pas à votre surveillance, qui peut être mise en défaut au moment où vous y penseriez le moins.

PAROLES
de
FR. BARRILLOT

175. — L'Alouette[1].

MUSIQUE
de
CLAUDE AUGÉ

L'alouette gentille
Dit dans son chant joli :
Lirli ! lirli ! relireli !
Allons, prenez votre faucille,
Gais moissonneurs, mes bons amis ;
Sous le soleil ardent qui brille
Déjà les blés sont tout jaunis.

L'alouette joyeuse
Dit dans son chant joli :
Lirli ! lirli ! relireli !
Sache, brunette moissonneuse,
Que tout bon cœur sera béni ;
Laisse pour la pauvre glaneuse
Quelques épis de blé jauni.

L'alouette, mes belles,
Dit dans son chant joli :
Lirli ! lirli ! relireli !
Mes chers petits, battant des ailes,
Vont maintenant quitter leurs nids ;
Hâtez-vous donc, mes jouvencelles,
D'aller couper les blés jaunis.

L'alouette volage
Dit dans son chant joli :
Lirli ! lirli ! relireli !
Joyeux garçon, fillette sage,
Dans le travail soyez unis ;
N'attendez pas que le grand âge
Vienne rider vos fronts brunis !

1. Chant extrait du *Livre de Musique*, par Claude Augé. — Librairie Larousse.

176. — Encore les recommandations de ma tante Julie.

Un jour, ma mère était assez gravement malade ; au moment où on la changeait de lit, elle se trouve mal. On court au flacon d'éther, mais il était bouché à l'émeri ; impossible de l'ouvrir, grand émoi de tous. Ma tante était là ; elle prend un ruban, entoure le goulot du flacon, donne au ruban un fort mouvement de va-et-vient ; le goulot s'échauffe et le bouchon se détache. A défaut de ruban, on peut prendre une ficelle ou mouiller le goulot avec un peu d'eau chaude. Cela tient à un principe de physique : la chaleur dilate le verre du goulot, et le bouchon, qui n'a pas eu le temps de se dilater lui-même, peut s'échapper.

Tante Julie s'aperçoit un jour que la sonnerie de la pendule est dérangée ; elle va dans la chambre, soulève le petit crochet qui arrête la sonnerie, et fait aller cette sonnerie jusqu'à l'heure indiquée par les aiguilles.

Un soir d'hiver je fus chargée d'allumer la lampe ; mais, dans ma précipitation, je n'obtins pour résultat que de faire brûler trois ou quatre allumettes et un peu mes doigts. De plus, la mèche noircissait, se charbonnait. Ma tante arrive, voit ce dont il s'agissait, pose en travers de la mèche un bout de fil assez gros dont les extrémités pendent un peu au dehors ; elle allume le fil par ses deux bouts, et il allume lui-même la mèche aux deux points où il se trouve en contact avec elle. On peut poser deux fils en travers et se croisant, alors la mèche s'allume en quatre endroits à la fois.

Y a-t-il rien de plus désagréable, lorsqu'on tient à la main une petite lampe à essence, de la voir s'éteindre au moindre courant d'air ou lorsqu'on marche un peu vite ? Pour remédier à cet inconvénient, il ne s'agit que de pencher un peu la lampe, de manière que la mèche allumée se rapproche de la poitrine dans une position oblique.

Deux médicaments, l'huile de ricin et l'huile de foie de

morue font le désespoir de ceux qui sont obligés d'en absorber une plus ou moins forte dose, de par arrêt du médecin. Certaines personnes les mélangent dans du bouillon gras ou avec du café noir très fort. Ma tante nous fait simplement gargariser la bouche avec un peu d'eau-de-vie avant d'absorber l'huile et après l'avoir avalée. Toutes les médecines peuvent passer ainsi sans provoquer de dégoût.

Avant de nous mettre au bain, elle nous fait frotter le creux de l'estomac avec de l'huile d'amandes douces, ou, à son défaut, avec un corps gras; alors, en nous plongeant dans l'eau, nous ne ressentons pas d'étouffement, ni n'éprouvons de sensation pénible comme il arrive quelquefois.

Maman désirait s'acheter une robe de soie; mais elle voulait, avant de faire cette emplette, s'assurer que le tissu était de pure soie et ne contenait pas de coton mélangé habilement en fabrique; ma tante lui dit :

— Faites-vous d'abord délivrer un échantillon. Effiloquez-en une partie, laissant l'autre intacte. Successivement, soumettez les deux fractions à l'épreuve de la flamme d'une bougie. La soie est-elle pure? — Le tissu fondra, se boursouflera, se convertira finalement en une masse charbonneuse, signe certain qu'il s'agit d'une matière animale; — mais il ne flambera pas. S'il y a du coton, — celui-ci flambera et se consumera, ne laissant que de la cendre.

Je me désolais un jour de voir mon sac de voyage très détérioré. La couleur noire était devenue jaunâtre. Ma tante achète chez un marchand de couleurs pour deux sous de noir de sabotier, elle prend un petit pinceau et étend le noir sur le sac. Au bout de quelques minutes, elle le frotte avec un linge fin, et le sac m'apparaît comme s'il était neuf... On agit de même pour la couverture des livres de messe, des tablettes de bureau recouvertes de cuir. On peut donner plusieurs couches de noir, s'il est nécessaire.

Sujet de rédaction. — Résumez les diverses recommandations de la tante Julie. Parlez de ses maximes, des précautions qu'elle fait prendre pour les voyages, de ses petites recettes.

177. — Riez, jeune fille!

Vous qui ne savez pas combien l'enfance est belle,
Enfant! n'enviez point notre âge de douleurs,
Où le cœur tour à tour est esclave et rebelle,
Où le rire est souvent plus triste que vos pleurs.

Votre âge insouciant est si doux qu'on l'oublie!
Il passe comme un souffle au vaste champ des airs,
Comme une voix joyeuse en fuyant affaiblie,
Comme un alcyon sur les mers.

Oh! ne vous hâtez point de mûrir vos pensées!
Jouissez du matin, jouissez du printemps;
Vos heures sont des fleurs l'une à l'autre enlacées;
Ne les effeuillez pas plus vite que le temps.

Laissez venir les ans! le destin vous dévoue,
Comme nous, aux regrets, à la fausse amitié,
A ces mots sans espoir que l'orgueil désavoue,
A ces plaisirs qui font pitié!

Riez pourtant! du sort ignorez la puissance;
Riez! n'attristez pas votre front gracieux,
Votre œil d'azur, miroir de paix et d'innocence,
Qui révèle votre âme et réfléchit les cieux.

V. Hugo.

178. — L'Idéal de la femme.

M. Rémy me racontait hier le séjour chez lui d'une famille amie.

« M. et Mme Justin Hubert et leur fille Renée sont ici. Justin vient d'être appelé dans une ville voisine avec de l'avancement; il a voulu, en allant rejoindre sa nouvelle résidence, passer quelques jours avec nous.

Au premier abord, Renée a produit sur moi une fâcheuse impression. Elle est petite, maigre, très noire, presque laide! Ses parents nous l'ont présentée sans rien nous en dire, et, pendant les deux premiers jours, j'ai à peine remarqué sa présence; mais, l'autre matin je l'ai entendue parler allemand à son père; j'ai su qu'elle savait également l'anglais et l'espagnol. Mme Rémy l'a forcée à se mettre au piano, et nous nous sommes aperçus qu'elle avait dépassé sa mère de beaucoup. Elle a également appris tout ce qu'à son âge on peut savoir en géographie, en physique, en histoire! Claire, ma fille, est dans l'émerveillement de tant de science. Moi, je m'étonne encore plus de tant de modestie.

Ma tante Roubert, quand on lui a parlé de tout ce que savait Renée, a secoué la tête d'un air de doute; elle n'a jamais pu redresser ses préjugés sur ce point. Elle garde une défiance presque hostile contre ce qu'elle nomme les femmes savantes. A l'en croire, l'étude est inconciliable avec les travaux du ménage; on ne peut mettre l'orthographe et pratiquer le *point-devant*, parler une autre langue que celle de sa mère et soigner convenablement un rôti!

— J'en ai déjà vu de ces petites merveilles, disait-elle hier à Mme Rémy; ça vous parle des révolutions de la Chine avec des bas troués; ça lit des vers et ça ne connaît pas la recette pour les confitures; ça vous décrit le costume des sauvages d'Afrique et ça ne saurait tailler un béguin! Ne me parle point de femmes pareilles, ma fille, c'est bon tout au plus pour faire des portières de l'Académie française.

En dépit de ces préventions, elle traite Renée comme tout le monde, c'est-à-dire avec une bonté quelque peu rude et familière, car Mme Roubert se compare elle-même à un groseillier épineux ; pour avoir ses fruits, il faut s'exposer aux piqûres des épines.

Du reste, la jeune fille ne parait nullement embarrassée. Tout en riant des boutades de Mme Roubert, elle est toujours la première à porter son cabas ou à lui avancer un tabouret de pieds. Aussi la brave tante l'aime-t-elle beaucoup au fond.

— Après tout, disait-elle avant-hier, cette petite a du bon ; ce n'est pas sa faute si on lui a appris plus de grammaire que de cuisine.

Aussi a-t-elle voulu lui faire sentir les inconvénients de son éducation. Elle nous avait invités hier à diner chez elle avec les Hubert, et elle a prié Renée de venir, dès le matin, pour l'aider à tout préparer. Malgré le ton ironique de l'invitation, Renée l'a acceptée sans hésiter.

Mme Roubert tenait à se montrer aux yeux de notre savante dans toute la splendeur de sa royauté ménagère. Renée l'a trouvée cuirassée d'un tablier à poitrail, les manches retroussées jusqu'au coude, et pétrissant un *tôt-fait!* Or, de l'aveu des plus fins connaisseurs, le *tôt-fait* peut être regardé comme la plus haute expression du génie culinaire de la tante Roubert : c'est son Austerlitz !

Elle a donc fait signe à Renée de s'approcher, et, après lui avoir expliqué les mérites et les difficultés spéciales de son plat favori, elle a loyalement procédé devant elle à sa confection, sans taire aucun détail.

— Voyez-vous, ma chère, a-t-elle dit, en mêlant maternellement les préceptes de morale aux explications pratiques, la première science de la femme consiste à savoir tirer parti de toute chose... — Gardez les blancs d'œufs pour une autre occasion... — Il ne s'agit pas seulement dans la vie de conjuguer le verbe *je m'habille* ou *je babille;* mais d'assurer aux siens l'aisance et la santé... — Ne mettez pas trop de jus de citron... — Quand on a pour principe d'être utile... — La pâte se lève... — Il suffit de garder la paix de la conscience... — On met le tout dans le moule de cuivre... — et l'on vit heureux... — sous le four de campagne!

Renée écoutait et regardait en souriant, un peu surprise de ce mélange de philosophie et de cuisine; mais la première a porté sans doute malheur à la seconde, car, chose inouïe! au moment où la tante Roubert, jugeant que la cuisson devait être à point, a soulevé le couvercle avec une sérénité confiante pour montrer aux yeux de son élève la pyramide dorée, elle n'a trouvé qu'un édifice écroulé et noirci par le feu! Son Austerlitz était devenu son Waterloo!

Le désappointement a été aussi cruel qu'inattendu! Les heures s'étaient écoulées d'ailleurs, et, malgré son nom trompeur, le *tôt-fait* aurait demandé, pour être essayé de nouveau, plus de temps qu'on ne pouvait lui en consacrer. Mme Roubert avait à sortir pour plusieurs achats, à surveiller la servante, ministre novice dont elle redoutait l'inexpérience, à ôter les housses du salon et à dresser le couvert! Elle parlait déjà, avec une répugnance résignée, de recourir aux moyens extrêmes et de s'adresser au pâtissier voisin, quand Renée proposa doucement de remplacer le plat manqué par un mets de sa façon. La tante a fait un soubresaut.

— Quoi? que dites-vous là, ma chère? a-t-elle demandé; vous sauriez faire quelque chose qui se mange? Vous, une savante qui parlez toutes les langues de la tour de Babel!

— C'est un pudding de ménage qui réussit toujours et qui peut être prêt en quelques instants, a répondu la jeune fille.

— Pudding! a répété Mme Roubert, d'un air un peu railleur; ah! fort bien! c'est un mets étranger, qui se prépare en anglais! Eh bien! miss Hubert, voyons ce que vous savez faire; la bonne vous donnera les ingrédients nécessaires. Mais Renée a déclaré qu'elle avait tout ce qu'il lui fallait, et elle s'est mise à l'œuvre sans retard.

Lorsque Mme Roubert est rentrée une demi-heure après avec les achats, elle a trouvé le pudding prêt à être servi!

Il avait une apparence qui a frappé son œil connaisseur.

Après l'avoir examiné en tous sens et en avoir aspiré le parfum, elle a fait un petit signe de tête.

— Il n'y a rien à dire de sa mine, a-t-elle repris; je voudrais seulement savoir maintenant, comme le renard de La Fontaine : *si son ramage se rapporte à son plumage.* Au reste, je vois que vous n'êtes pas sans dispositions, ma chère enfant; venez m'aider à dresser le dessert.

Mais ç'a été un nouvel embarras! La servante avait brisé une des corbeilles de porcelaine indispensables au service et on n'en a trouvé, dans le buffet, que les morceaux! Mme Roubert, soumise à la symétrie traditionnelle, se trouvait fort empêchée, lorsque Renée, habituée par sa mère aux expédients des humbles ménages où la richesse du goût cache la pauvreté des ressources, a déclaré que tout pouvait s'arranger. Elle a couru au jardin, dont la verdure et les fleurs, gracieusement mêlées aux fruits, ont aidé à parer la table en déguisant le vide laissé par la corbeille absente. Le linge damassé qui faisait l'orgueil de la tante Roubert, les vieux cristaux, la faïence coloriée, l'argenterie de forme antique ont été élégamment disposés; Renée y a ajouté toutes les amusantes fantaisies des hors-d'œuvre, depuis le beurre en coquilles jusqu'aux radis en bouquet. La tante Roubert était stupéfiée! Mais ç'a été bien autre chose quand tous les plats servis à la fois ont couvert la table et transformé, comme elle l'a dit, « son dîner bourgeois en festin de Balthazar ».

— Ah! la petite masque! s'est-elle écriée en embrassant Renée avec une sorte d'attendrissement; et dire qu'elle cachait tout cela ! Le pudding a été déclaré excellent d'une commune voix, et la tante Roubert n'a pas hésité à raconter l'histoire de son *tôt-fait* avec la noble franchise qui fait le fond de son caractère.

Depuis, son opinion sur Renée s'est singulièrement modifiée. Elle m'a avoué à mi-voix, au dessert, qu'elle l'avait jugée trop sévèrement, que nos amis n'avaient pas négligé, autant qu'elle le supposait, « les connaissances essentielles ».

Cependant, elle récriminait encore contre « le don des langues », qu'elle prétendait n'être utile qu'aux apôtres. Enfin, on s'est levé de table pour regagner le petit salon de travail. En attendant le thé, chaque dame a pris sa couture ou sa broderie, et Mme Roubert a cherché les mitaines qu'elle tricotait; mais dans le bouleversement général elles étaient tombées à terre et une aiguille avait glissé hors des mailles. C'est une des petites misères domestiques auxquelles la digne tante est le plus sensible. Elle a poussé un cri de désolation et est allée chercher ses lunettes; au retour elle a aperçu son tricot aux mains de Renée.

— Ah malheureuse ! que faites-vous là ? s'est-elle écriée.

Renée lui a tendu les mitaines en souriant; elle y a jeté les yeux. Les points avaient été relevés et le dessin continué ! Elle a regardé Renée d'un air stupéfait, puis se tournant vers moi avec un cri d'admiration :

— Elle tricote ! s'est-elle écriée. Ah ! mes amis ! je me rétracte; rien ne lui manque, c'est une éducation complète !

Complète, en effet, car plus nous avons connu Renée, plus

nous avons été frappés de tant de sens des choses pratiques joint à une grande culture intellectuelle. Grâce aux sages conseils de ses parents, elle est montée vers la science comme les humbles pèlerines de nos champs montent vers les saintes chapelles, à pied et dans la simplicité de son cœur! Aussi est-elle, à mes yeux, l'idéal de la femme que notre génération doit préparer pour celle qui naîtra d'elle. Elle sait comprendre et accepter; elle a regardé au plus haut des nuées sans se désaccoutumer de voir à ses pieds; elle est la lumière et l'humilité, le conseil et la soumission. Ah! le rêve de ma vie eût été d'avoir une telle fille; mais puisque ce glorieux bonheur était promis à un autre, béni soit Dieu de l'avoir donné à un ami! »

C'est dans son beau livre *le Mémorial de famille* qu'Émile Souvestre[1] a tracé ce délicieux portrait de la jeune fille qui sait allier à une science vraie, profonde et variée, tous les talents nécessaires à la ménagère.

Puissent toutes nos lectrices — et c'est là notre adieu — ressembler à Renée, et faire admirer en elles les avantages et les charmes d'une éducation complète.

Sujet de rédaction. — Nommez les qualités qui constituent, de nos jours, l'idéal de la femme.

1. SOUVESTRE (*Émile*), littérateur français, né à Morlaix en 1806, mort à Paris en 1854.

APPENDICE

Lors du concours récemment ouvert par le *Manuel général de l'enseignement primaire* pour déterminer les dix meilleurs livres à choisir pour les jeunes filles, *Le Savoir-faire et le Savoir-vivre* fut le seul livre classique d'un auteur actuel qui ait eu l'honneur d'être retenu dans la liste définitive.

Succès oblige ! Aussi profitons-nous de cette nouvelle édition pour ajouter ici plusieurs chapitres dont l'utilité et l'actualité n'échapperont pas à nos lectrices. Nous espérons ainsi rendre notre ouvrage de plus en plus digne de la flatteuse distinction qu'il a obtenue.

1. *La Femme et les Affaires d'argent.*
2. *Termes employés dans les affaires.*
3. *Sociétés de prévoyance. Mutualité.*
4. *Titre perdus, volés ou brûlés.*
5. *L'Alcoolisme.*
6. *La Tuberculose.*
7. *En villégiature.*
8. *La Femme de ménage.*
9. *La Ménagère.*
10. *La Bonne humeur dans la famille.*

179. — La Femme et les Affaires d'argent.

Ordinairement c'est au chef de la famille qu'incombe le devoir de gérer les finances du ménage; mais il arrive souvent que, occupé du soin de son commerce, du tracas des affaires, des préoccupations de chaque jour, il se voit obligé de négliger ses propres intérêts. Dans ce cas, c'est à la femme à suppléer son mari et à prendre part à l'administration de la fortune. Pour cela elle doit se mettre au courant des meilleurs placements, des intérêts qu'ils peuvent produire, des moyens à prendre pour sauvegarder les économies, car on dit avec raison : « De nos jours l'argent est encore plus difficile à conserver qu'à gagner. »

On ne saurait trop prendre de précautions pour les placements de fonds; il faut à ce sujet avoir des principes sur lesquels on ne doit jamais transiger. Par exemple, prendre des rentes sur les États dont les finances sont prospères, ou encore des obligations de grandes lignes de chemins de fer, ou enfin des valeurs industrielles qu'une longue expérience a reconnu être bonnes. Ce sont là des placements de tout repos et de bon père de famille. Rejetez les valeurs industrielles proposées par des sociétés qui se forment et dont on ne peut prévoir les résultats.

Il est sage aussi de préférer les valeurs sûres, donnant un peu moins d'intérêt, à celles qui promettent plus et offrent des aléas. Les personnes qui, sous prétexte d'augmenter leur revenu, prennent des valeurs n'offrant pas toute sécurité et dont le cours varie sans cesse, vivent dans un continuel émoi, sont perplexes, agitées, et gâtent ainsi leur existence.

Nous avons connu un ancien ministre de l'Instruction publique qui, empêché de s'occuper des affaires d'argent, laissa toute liberté à sa femme. Au bout de dix ans celle-ci lui rendit compte de sa gestion, et le ministre, étonné, ravi, constata que sa fortune était considérablement augmentée et reposait sur les bases les plus solides. Que ne peut une femme intelligente comprenant toute l'étendue de ses devoirs !

180. — Termes employés dans les Affaires d'argent et à la Bourse.

> La Bourse est le marché sur lequel se négocient les valeurs financières et les changes.

Du moment où la femme doit s'occuper de placements de fonds, il est nécessaire qu'elle soit au courant des termes employés dans les affaires, à la Bourse, et qu'elle en connaisse la signification. Voici les plus usités :

On appelle action une des parts de propriété d'une

entreprise; toutes les parts sont égales. La valeur de l'action augmente ou diminue selon que la Société est prospère ou non.

Le revenu des actions s'appelle **dividende**; il varie suivant la prospérité ou la non-réussite de l'entreprise.

L'obligation est un titre de créance émis par une société donnant droit à un intérêt fixe et amortissable à époque déterminée. Le porteur d'une obligation est privilégié; il a droit au remboursement de son capital, fût-ce sur le fonds social.

Le revenu des obligations est fixe.

L'arbitrage est une opération qui consiste à vendre ou à acheter une valeur pour, *en même temps*, acheter ou vendre une autre valeur.

On appelle **arrérages** ce qui est dû d'un revenu quelconque.

La **prescription** est le laps de temps après lequel un créancier ne peut plus réclamer ce qui lui est dû d'arrérages. Ainsi les arrérages de rentes et des autres valeurs françaises se prescrivent par cinq ans. *L'État ne paye pas un coupon qui a plus de cinq ans de date.*

Les rentes sur l'État sont **incessibles** et **insaisissables**, c'est-à-dire qu'elles ne peuvent être ni cédées, ni saisies.

Vendre une valeur à **découvert**, c'est vendre un titre qu'on n'a pas.

La **couverture** est une somme d'argent remise à un agent de change en garantie d'opérations de bourse.

Le **courtage** est ce qui est dû à l'agent de change pour achat ou vente de titres.

Le **report** est la location de l'argent nécessaire pour reculer le terme de l'engagement échu.

La **prime** est la plus-value d'un titre sur son prix d'émission.

Le **transfert** est la cession de la propriété d'un titre d'une personne à une autre.

L'opposition est l'acte par lequel on notifie à une compagnie que l'on s'oppose au payement des coupons d'une valeur désignée.

Pour ne pas avoir toujours recours à son agent de change, il faut apprendre à faire vite les opérations d'arithmétique relatives aux finances. Exemple :

Quelle serait la somme nécessaire pour acheter une rente de 600 francs 3 pour 100 au cours de 98 fr. 50?

Quel serait le revenu d'un capital de 30 000 francs en rente 3 pour 100 au cours de 101 francs?

Une personne a de disponible la somme de 15 000 francs; elle désire savoir quel serait le placement le plus avantageux entre des obligations de chemin de fer coûtant 460 francs et rapportant 14 francs, ou une rente sur l'État au cours de 99 fr. 50 et rapportant 3 pour 100.

Ces intéressants et très utiles détails donnés, il nous reste à prémunir nos chères lectrices contre ce qui s'appelle les *jeux de bourse;* qu'elles n'oublient pas que jouer à la bourse c'est le moyen infaillible de se ruiner!

181. — Sociétés de prévoyance. Mutualité.

Assurer l'avenir des siens est un devoir.

Outre les divers placements que nous avons indiqués, il en existe d'autres que les hommes prudents adoptent, ce sont ceux que l'on appelle « placements de prévoyance »; ils regardent non seulement le présent, mais l'avenir (1).

Nous nous contenterons d'indiquer ici les *Sociétés de Secours mutuels* approuvées par le gouvernement et la *Caisse nationale des retraites pour la vieillesse.*

(1) Un chef de famille doit demander conseil à des gens expérimentés et s'enquérir avec soin des diverses sociétés d'assurances sur la vie, afin de choisir celle qui lui offre le plus de sécurité et d'avantages. Il en existe un grand nombre, dont plusieurs sont excellentes. Il existe aussi des assurances contre l'incendie, contre la grêle, contre les accidents; il est très utile d'étudier leur fonctionnement et de connaître leurs avantages. On a dit avec raison : « L'assurance est l'abandon d'une partie d'un bien pour conserver le reste. »

Les sociétés assurent à leurs membres participants ou à leurs familles et cela moyennant une légère cotisation, des secours en cas de maladies, de blessures ou d'infirmités ; elles pourvoient aux frais des funérailles et allouent des secours aux veufs, veuves et orphelins.

La Caisse nationale des retraites est instituée pour recueillir et faire fructifier, par l'accumulation des intérêts, l'épargne réalisée par le déposant en vue de s'assurer une pension de retraite sur ses vieux jours.

Elle permet à l'ouvrier de s'assurer une retraite par les plus petites épargnes capitalisées ; au père de famille, par un léger sacrifice, de mettre ses enfants à l'abri du besoin pour la fin de leur carrière ; aux personnes arrivées à un âge avancé et disposant d'un petit capital, de réaliser le placement le plus avantageux et le plus sûr.

Les versements peuvent être effectués au profit de toute personne résidant en France et âgée de *trois ans*. Le minimum de chaque versement est d'*un franc*, le maximum pour une année *cinq cents francs*. Le maximum de la rente totale inscrite sur une tête est de *douze cents francs*.

L'entrée en jouissance de la pension est fixée à cinquante ans.

Tout déposant réduit à l'incapacité de travailler est mis en possession avant l'âge d'entrée en jouissance, c'est-à-dire avant cinquante ans, d'une rente proportionnelle à son âge et à ses versements.

La Caisse des retraites est garantie par l'État.

Les versements se font à capital *réservé* ou à capital *aliéné*. Dans le premier cas le capital est remis aux héritiers à la mort du titulaire ; dans le second cas, l'État entre en possession du capital.

D'après les tarifs actuels, un père de famille qui verserait par jour dix centimes sur la tête d'un enfant — soit 36 francs par an — depuis l'âge de trois ans jusqu'à l'âge de vingt et un ans, lui assurerait avec jouissance à cinquante ans, une rente de 194 francs à capital réservé, ou de 252 francs à capital aliéné.

Pour s'assurer 360 francs de rente à soixante ans, il faudrait verser par année, si les versements sont commencés à seize ans, 39 francs à capital réservé ou 25 francs à capital aliéné. Si les versements sont commencés à vingt ans, il faudrait verser 50 francs à capital réservé et 31 francs à capital aliéné.

Un père de famille effectue un seul versement de 100 francs sur la tête de son enfant âgé de trois ans, la rente acquise pour la jouissance à cinquante ans serait de 41 francs à capital réservé et de 51 francs à capital aliéné.

Un versement annuel de 10 francs à l'âge de vingt ans donne une rente viagère de 46 francs à cinquante ans, capital aliéné.

Un versement de 100 francs à vingt ans donne une rente viagère de 26 fr. 18 à cinquante ans, capital aliéné.

182. — Titres perdus, volés ou brûlés.

Nous avons déjà parlé, au n° 172, des *Valeurs perdues*, et il nous faut y revenir pour des renseignements plus étendus et plus précis. Le sujet en vaut la peine.

Lorsqu'on a le malheur d'avoir des titres perdus, volés ou brûlés, il faut, sans perdre un instant, se rendre chez son agent de change ou dans l'établissement où les titres ont été achetés et là faire aussitôt notifier par huissier, au syndicat des agents de change de Paris, un *acte d'opposition* indiquant le nombre, la nature, la valeur nominale, le numéro et, s'il y a lieu, la série des titres avec réquisition de publier les numéros des titres dont on a été dépossédé.

On devra aussi, autant que possible, énoncer :

1° L'époque et le lieu où l'on est devenu propriétaire, ainsi que le mode de son acquisition ;

2° L'époque et le lieu où l'on a reçu les derniers intérêts ou dividendes ;

3° Les circonstances qui ont accompagné la perte, c'est-à-dire la dépossession.

Cet acte contiendra un acte de domicile à Paris.

Notification sera également faite par huissier au nom du propriétaire dépossédé à l'établissement débiteur.

S'il s'agit de coupons détachés du titre, et non du titre lui-même, le porteur dépossédé ne sera tenu simplement que de l'opposition à l'établissement débiteur.

Le syndicat des agents de change de Paris sera tenu de publier les numéros des titres dont la dépossession lui est notifiée. Cette publication, qui aura pour effet de prévenir la négociation ou la transmission desdits titres, sera faite le surlendemain au plus tard par les soins et sous la responsabilité du syndicat des agents de change de Paris. Lorsqu'il se sera écoulé *dix ans* depuis l'autorisation obtenue par l'opposant, et si l'opposition n'a pas été contredite, l'opposant pourra exiger de l'établissement débiteur qu'il lui soit remis un titre semblable et subrogé au premier. Ce titre devra porter le même numéro que le titre originaire, avec la mention qu'il est délivré par duplicata. Le titre délivré en duplicata conférera les mêmes droits que le titre primitif et sera négociable dans les mêmes conditions.

Ces détails se rapportent aux titres *au porteur*, c'est-à-dire à ceux qui, n'étant à aucun nom, sont anonymes; quant aux titres *nominatifs*, portant le nom d'une personne désignée, les formalités à remplir sont beaucoup plus simples.

Quand un titre nominatif de rente sur l'État est perdu, volé ou brûlé, le propriétaire, accompagné de deux témoins, en fait devant le maire de son domicile la déclaration, qu'il porte ensuite ou fait porter au ministre des Finances. Après la constatation de la régularité de la déclaration, le ministre des Finances autorise le directeur de la dette inscrite à établir au Grand-Livre une nouvelle inscription dont un extrait est délivré au propriétaire pour remplacer l'ancien.

Terminons cet important chapitre par quelques conseils :

Il est prudent de conserver le bordereau de l'agent de change sur lequel se trouvent mentionnées et la nature des titres achetés et la date de l'achat pour, en cas de perte, vol ou incendie, et s'il en est besoin, avoir recours aux registres de cet officier ministériel.

Il est très prudent aussi de conserver par devers soi, et en différents endroits, plusieurs listes des numéros des titres que l'on possède.

183. — L'Alcoolisme.

Fort heureusement, il existe très peu de femmes se laissant aller au vice honteux et dégradant de l'ivrognerie; aussi c'est surtout pour l'influence heureuse qu'elles peuvent exercer autour d'elles, dans leur famille, que nous voulons les prémunir contre les dangers immenses de l'alcoolisme.

L'alcoolisme est l'empoisonnement qui résulte de l'usage habituel de l'alcool, lors même que celui-ci ne produirait pas l'ivresse.

L'habitude de boire de l'eau-de-vie ou des liqueurs conduit rapidement à l'alcoolisme; mais l'homme qui boit chaque jour une quantité immodérée de vin, de cidre ou de bière (qui contiennent aussi de l'alcool) devient alcoolique, autant que celui qui boit de l'eau-de-vie.

Les boissons dites *apéritives* (absinthe, vermout, amers) sont les plus pernicieuses, parce qu'elles contiennent, outre l'alcool, des essences qui sont également des poisons violents.

L'alcool est-il un *digestif*, comme on le prétend? Non, répond M. Henri de Parville, car son ingestion produit une excitation passagère néfaste au bon fonctionnement des muscles stomacaux, puisque l'alcool anesthésie, après l'avoir irritée, la paroi de l'estomac.

L'alcool est-il un *apéritif?* Non, puisqu'il produit une excitation de l'estomac qui détermine une sensation douloureuse prise illusoirement pour la faim.

L'alcool est-il un *aliment?* Non, car il ne répond pas à cette définition, et les calories qu'il produit ne servent ni à un réchauffement réel ni à une action musculaire.

L'alcool *réchauffe-t-il?* Non, car en fait il y a un afflux de sang à la peau et un refroidissement général.

L'alcool est-il un *stimulant?* En aucun cas, puisqu'il pervertit, puis déprime l'activité physique comme l'activité intellectuelle.

L'alcool préserve-t-il des *contagions?* Non; au contraire, il dispose l'organisme à recevoir la contagion.

L'habitude de boire entraîne la désaffection de la famille, l'oubli de tous les devoirs sociaux, le dégoût du travail, la misère, le vol et le crime. Elle mène, pour le moins, à l'hôpital; car l'alcoolisme engendre les maladies les plus variées et les plus meurtrières : les paralysies, la folie, les affections de l'estomac et du foie, l'hydropisie; il est une des causes les plus fréquentes de la tuberculose. Enfin, il complique et aggrave toutes les maladies aiguës : une fièvre typhoïde, une pneumonie, un érysipèle, qui seraient bénins chez un homme sobre, tuent rapidement le buveur alcoolique.

Si les alcooliques sont coupables vis-à-vis d'eux-mêmes, ils le sont plus encore à l'égard de leurs malheureux enfants. Les pauvres petits sont souvent rachitiques, idiots, mal conformés; ils ont des attaques d'épilepsie et sont emportés par la méningite tuberculeuse ou par la phtisie.

Pour la santé de l'individu, pour l'existence de la famille, pour l'avenir du pays, l'alcoolisme est un des plus terribles fléaux; il fait plus de ravages que la peste, la famine et la guerre. Que chacun de nous travaille de tout son pouvoir à le faire disparaître de notre chère France.

184. — La Tuberculose.

La tuberculose pulmonaire est le fléau le plus terrible qui désole l'humanité; elle tue chaque année plus de 150 000 Français! Ceux qui en sont atteints sont appelés *tuberculeux*, *phtisiques* ou *poitrinaires*. 30 pour 100 des lits de nos hôpitaux sont encombrés par les tuberculeux. Sur 100 décès pris en bloc, 20 lui sont imputables. Plus du tiers des enfants issus de tuberculeux meurent en bas âge; un quart des survivants en présente les stigmates. Dans l'armée, les refus à la conscription ou les réformes atteignent environ 5 000 hommes par classe...

Cette maladie du poumon est causée par la pénétration du bacille (1) de la tuberculose, découvert par un médecin allemand, Koch, en 1882. Elle est caractérisée par la formation d'un grand nombre de petits foyers ayant la forme de petits noyaux ou tubercules, de là son nom de *tuberculose*.

La tuberculose a été démontrée contagieuse par le Dr Villemin, en 1865. Son germe peut pénétrer en nous de diverses manières : par la voie respiratoire, c'est la plus commune et la plus importante ; par la voie digestive en mangeant des aliments contaminés, c'est-à-dire contenant des germes tuberculeux; enfin, par inoculation sous la peau, lorsque les bacilles se trouvent en contact avec une plaie ouverte ou une lésion. On peut contracter aussi la tuberculose en se servant de lait non bouilli provenant de vaches tuberculeuses.

Les germes de la tuberculose se trouvent dans des crachats desséchés. Un seul crachat contient des millions de germes. C'est pourquoi les personnes atteintes de cette cruelle maladie ne doivent cracher ni par terre, ni dans leur mouchoir, car si le crachat vient à se dessécher il se répand dans l'air sous forme de poussière chargée de

(1) Les *microbes*, nommés aussi *bacilles* ou *bactéries*, sont de formes très variées. Ils sont invisibles à l'œil nu et n'ont pas un millième de millimètre. Les microbes se multiplient d'une façon très rapide; une goutte d'eau peut en contenir des millions. Ils altèrent nos organes et en troublent les fonctions.

germes, et celui qui le respire peut devenir tuberculeux. Les malades doivent toujours cracher dans un *crachoir* en faïence ou en métal émaillé. Il doit contenir ou de l'eau de Javel, ou de l'eau phéniquée à 5 0/0, ou de la sciure de bois humide, jamais de matières sèches. On trouve de ces crachoirs dans le commerce.

On ne saurait trop recommander aux maîtresses de maison de faire une guerre acharnée aux poussières qui se dégagent des chambres, et pour cela elles doivent substituer le balayage et l'essuyage humides au balayage et à l'époussetage à sec, qui déplacent les poussières, mais ne les enlèvent pas. Les planchers à balayer sont parsemés au préalable de sable mouillé ou de sciure humide, et les poussières et impuretés recueillies sont brûlées. On peut nettoyer aussi au moyen d'une toile humide.

La tuberculose est contagieuse, mais elle est *évitable* avec des précautions hygiéniques et, de plus, elle est *curable*, principalement au début. On recommande surtout aux tuberculeux un air doux et pur, une alimentation abondante et substantielle, mais composée de mets légers, un repos physique et moral.

Pour lutter avantageusement contre la prédisposition à la phtisie, il faut s'habituer à respirer le plus possible par le nez (Bouche fermée, santé gardée, dit le proverbe), éviter tout excès, pratiquer sur soi et autour de soi une grande propreté, enfin être tempérant.

185. — En villégiature.

Voulez-vous avoir une villégiature agréable pour vos hôtes et pour vous-même? Adoptez les règles suivantes :

Avant toutes choses, évitez soigneusement d'être pour ceux qui vous reçoivent un sujet quelconque de gène. En dehors des moments de réunion comme les repas, les jeux, les promenades en commun, il est bon de savoir se suffire à soi-même, de s'occuper dans sa chambre à lire, à écrire, à broder, à faire de la tapisserie, à rêver ou à se promener dans le jardin. Ne croyez pas que les maîtres et les maîtresses de maison sont dans l'obligation de s'occuper de vous et de vous tenir compagnie à chaque instant du jour; il faut, au contraire, qu'ils ne voient en rien leurs habitudes changées, qu'ils restent presque aussi libres que s'ils n'avaient personne chez eux, en un mot, que votre présence ne soit pour eux, aux heures voulues, qu'une charmante distraction.

Dès votre arrivée, inquiétez-vous de l'heure des repas afin de ne pas vous faire attendre, de l'heure du coucher pour vous retirer en temps voulu. Sachez aussi l'heure du facteur apportant ou emportant des lettres, les heures diverses des levées de boîtes pour les courriers, des départs ou des arrivées de trains de chemins de fer, au besoin, des heures des offices.

Ayez soin de tous les objets qui se trouvent dans votre chambre, laissez-les à leur place habituelle et surtout ne les cassez pas! Inutile de vous dire de ne pas poser les pieds mouillés sur les parquets ou les tapis, de ne pas mettre sur les fauteuils et les canapés d'objets qui pourraient les salir. C'est en agissant ainsi qu'on se fait regretter de ses amis et qu'ils vous disent, au départ, non pas : Adieu! mais un affectueux : Au revoir! A bientôt!

Nota. A l'encontre de ce qui se faisait autrefois, il est bon de ne pas encombrer les chambres à coucher de rideaux, de tapis, de tentures : ce sont des nids à poussière et des réceptacles de microbes, de germes de toute espèce de maladies.

186. — La Femme de ménage.

Après les fonctions d'épouse et de mère, un autre titre investit la femme d'une réelle royauté : c'est le titre de maîtresse de maison, disons mieux, de femme de ménage.

De la femme de ménage dépendent la prospérité intérieure, la santé des enfants, le bien-être du mari. Elle s'occupe du beau comme du bon, car l'arrangement de sa maison est comme une œuvre d'art qu'elle crée et renouvelle chaque jour. La bonne femme de ménage a besoin de toutes les qualités féminines : l'ordre, la finesse, la vigilance, la douceur. Elle répare les fortunes ébranlées; elle sait transformer l'aisance en richesse, le strict nécessaire en aisance. Le nom de mère de famille, de maîtresse de maison a une autorité si réelle qu'on le retrouve entouré d'une auréole de respect et d'amour jusqu'au fond des cœurs qui en ont, ce semble, méconnu la sainteté.

LEGOUVÉ.

187. — La Ménagère.

Quand parait la ménagère,
La lumière
Semble entrer dans la maison;
Le feu pétille et s'agite,
Et plus vite
L'oiseau siffle sa chanson.

Dans le verger, chaque branche
Plie et penche
Vers elle sa tige en fleur.
A son toit les hirondelles
Sont fidèles;
Leurs nids lui portent bonheur.

Dans le logis, son royaume,
Tout embaume;
On sent une bonne odeur
D'abondance et de bien-être
Qui pénètre
Et qui réjouit le cœur.

La ménagère est aimante
Et charmante;
Elle a la grave beauté
Des mauves, des scabieuses,
Si rêveuses,
Et des pâles roses-thé.

Elle travaille à sa tâche
Sans relâche,
Assise au seuil du jardin.
Au linge de la famille
Son aiguille
Redonne un lustre soudain.

Et sur sa tête attentive
Et pensive,
Les lilas, qui font fléchir
Leurs bras chargés de fleurettes
Violettes,
Semblent vouloir la bénir.

André THEURIET,
de l'Académie française.

188. — La Bonne humeur dans la famille.

Il n'est peut-être pas inutile de dire un mot d'un devoir léger en apparence, très sérieux au fond, le devoir de bonne humeur dans la famille.

Rien de plus rare que cette vertu. Je ne parle pas des personnes qui n'ont point reçu une bonne éducation et qui, jugeant qu'on n'a pas à se gêner dans la famille, y sont à l'envi bourrues, désagréables et grossières. Il est des familles, même distinguées, où l'union est parfaite et l'esprit de solidarité remarquable, où l'on est disposé à se soutenir mutuellement, à faire les uns pour les autres de sérieux sacrifices, et où cependant les relations quotidiennes ont toujours quelque chose d'un peu tendu. Si l'on ne se dispute pas tout à fait, on ne se parle que sur un ton aigre et désagréable. Il semble que l'amabilité et la grâce soient une monnaie que l'on réserve pour les indifférents et qui ne saurait avoir cours dans la famille. Si bien que Fontenelle, dans un de ses éloges, voulant faire le portrait le plus favorable du personnage qu'il loue, termine par ce trait qu'il paraît mettre au-dessus de tout le reste : « Enfin, il était d'une humeur agréable, même dans son intérieur. »

On a beau dire que ce n'est que sur les petites choses qu'on se dispute, il n'y a pas de petites choses dans la vie de famille par la raison qu'elle n'est presque faite que de petites choses. Si l'on est insupportable dans tous les détails de la vie, sous prétexte que cela est sans importance, à quel moment se réserve-t-on d'être bon et affectueux? Quand on s'observe si peu dans les petites choses, où il est facile d'être ce qu'on doit, est-on bien sûr d'être irréprochable quand viendront les occasions sérieuses? Chacun devrait donc faire tout son possible pour corriger un tel état de choses, pénible pour tous, et qui dissimule souvent, au point d'en faire douter, des qualités profondes et de solides vertus.

H. Marion,
Philosophe et moraliste contemporain
(1846-1896).

Arrivée à la fin de notre travail, nous voulons remercier les auteurs auxquels nous avons emprunté. Si nous ne les avons pas toujours nommés, c'est que nous nous sommes contentée souvent de résumer leurs idées sans suivre exactement l'ordre qu'ils avaient choisi. Qu'ils veuillent bien recevoir ici l'expression de notre gratitude.

C. J.

TABLE DES MATIÈRES

Éducation. — Instruction. Économie domestique.

Cuisine.

Historiettes. — Anecdotes.

Appendice.

Paris. — Imp. Larousse, 17, rue Montparnasse.

www.ingramcontent.com/pod-product-compliance
Ingram Content Group UK Ltd.
Pitfield, Milton Keynes, MK11 3LW, UK
UKHW020304230726
13925UKWH00001B/207